高等职业教育道桥专业工学结合规划教材

公路工程概算预算

主　编　王　楠

副主编　周敏娟　徐田柏

西南交通大学出版社
·成都·

内 容 简 介

本书介绍了公路工程造价原理、概算预算编制方法、投标报价计价模式等内容，主要由绪论、公路工程概算预算的构成、公路工程概算预算的编制、公路工程工程量清单计价四部分组成。

本书既可作为高等院校工程造价专业、路桥专业、工程管理专业教材使用，同时也可供从事工程造价和公路工程设计、施工与经济核算人员学习参考。

图书在版编目（CIP）数据

公路工程概算预算/王楠主编. —成都：西南交通大学出版社，2010.1（2019.7 重印）
高等职业教育道桥专业工学结合规划教材
ISBN 978-7-5643-0529-1

Ⅰ.①公… Ⅱ.①王… Ⅲ.①道路工程－概算编制－高等学校：技术学校－教材②道路工程－预算编制－高等学校：技术学校－教材 Ⅳ.①U415.13

中国版本图书馆 CIP 数据核字（2009）第 239751 号

高等职业教育道桥专业工学结合规划教材
公路工程概算预算
主编 王 楠

*

责任编辑 张 波
特邀编辑 陈 斌
封面设计 墨创文化

西南交通大学出版社出版发行
四川省成都市二环路北一段 111 号西南交通大学创新大厦 21 楼
邮政编码：610031 发行部电话：028-87600564
http://www.xnjdcbs.com
四川煤田地质制图印刷厂印刷

*

成品尺寸：185 mm×260 mm 印张：12.625
字数：315 千字
2010 年 1 月第 1 版 2019 年 7 月第 3 次印刷
ISBN 978-7-5643-0529-1
定价：22.00 元

图书如有印装质量问题 本社负责退换
版权所有 盗版必究 举报电话：028-87600562

前　言

随着公路工程事业的不断发展、工程质量的不断提高、大跨度桥梁建设的不断增加以及环保的需要，对公路工程的设计、施工、建设都有了崭新的要求。为了满足新形势下公路建设的需求，同时也为了配合新版（JTG/T 06-02—2007）公路工程预算定额及编制办法的普及和使用，我们特编写此教材。

本教材的特点：通俗易懂，言简意赅，由浅入深，理论与大量的实际案例相结合；教材内容新，采用新定额和新编制办法，按照新施工工艺编制例题，紧密联系实际。其既可作为高职高专造价专业、路桥专业、成人教育的学生教材，也可作为工程预算人员、技术人员、监理人员的参考书。

本教材的重点：公路工程建安费的组成、计算方法；公路路基、路面、隧道、桥涵以及其他工程概算预算的编制方法；新材料、新施工工艺、新结构的消耗量计算及价格的确定；工程量清单计价的价格组成。

本教材由王楠主编。具体编写分工如下：绪论由周敏娟编写；第一章由王楠、徐田柏、邱青云编写；第二章由王楠编写；第三章由王楠、周敏娟编写。

在本教材的编写过程中，我们引用和参阅了相关专家、学者的资料，在此向他们表示感谢，并对参与本教材编写的全体合作者和帮助者表示衷心感谢。

由于编者的水平有限，书中难免存在疏漏和不足之处，敬请专家、同行和广大读者批评指正。

编　者
2009 年 6 月

目 录

绪 论 1
第一章 公路工程概算预算的构成 8
第一节 概算预算的作用与文件组成 8
第二节 概算预算项目表 12
第三节 建筑安装工程费 13
第四节 设备、工具、器具及家具购置费 33
第五节 工程建设其他费用 34
第六节 预备费、回收金额 37
第二章 公路工程概算预算的编制 39
第一节 概算预算的编制程序 39
第二节 定额的概念及其分类 42
第三节 机械台班费用定额 44
第四节 公路工程概算预算定额的组成 45
第五节 《公路工程预算定额》总说明 46
第六节 概算预算定额的运用 47
第七节 项目1：临时工程、路基工程预算的编制 49
第八节 项目2：路面工程预算的编制 60
第九节 项目3：隧道工程预算的编制 69
第十节 项目4：桥涵工程预算的编制 73
第十一节 项目5：交通工程及沿线设施预算的编制 94
第三章 公路工程工程量清单计价 104
第一节 工程量清单计价与定额计价 104
第二节 公路工程清单计算总则及相关规范 107
第三节 路基工程工程清单计算规则及相关规范 108
第四节 路面工程工程清单计算规则及相关规范 114
第五节 隧道工程工程清单计算规则及相关规范 119
第六节 桥涵工程工程清单计算规则及相关规范 122
第七节 安全设施及预埋管线工程工程清单计算规则及相关规范 130
第八节 绿化及环境保护工程工程清单计算规则及相关规范 132
第九节 清单计价的施工招标标底与投标报价 134

第十节　项目6：公路工程工程量清单报价实例..139
附录一　全国冬季施工气温区划分表..182
附录二　全国雨季施工雨量区及雨季期划分表..187
附录三　全国风沙地区公路施工区划表..192
附录四　设备与材料的划分标准..193
参考文献..196

绪　论

【教学指导】
1. 解释公路的概念。
2. 叙述公路工程基本建设的内容及项目组成。
3. 要求学生掌握工程造价的分类、用途。

一、公路的概念及主要组成部分

公路是联结城、镇和工矿基地、港口及集散地等，主要供汽车行驶，且具备一定技术和设施的道路。它是一种带状的三维空间实体，其中心线是一条空间曲线。公路中线及沿线地貌、地物在水平面上的投影图称为路线平面图；沿路线中线的竖向断面图称为路线纵断面图；中桩处垂直于公路中心线方向的剖面图称为横断面图。

公路的基本组成部分包括：路基、路面、桥梁、涵洞、隧道、防护与加固工程、排水设施、山区特殊构筑物等。此外，还包括为保证汽车行驶的安全、畅通和舒适所需要的各种附属工程。

公路工程是以公路为对象而进行的规划、设计、施工、养护和管理工作的全过程及其所从事的工程实体。

二、公路工程建设的特点

（1）施工周期长、投资大。

公路工程是线形构造物，体形庞大，不可分割，工作面狭长，施工周期长，在较长时间内占用大量人力、物力、财力，直到整个施工周期结束，才能出产品。

（2）受外界干扰及自然因素影响大。

（3）施工流动性大。

（4）施工管理工作量大、协作性高。

三、公路工程基本建设的内容及项目组成

公路工程基本建设项目是指投资建设用于进行扩大生产能力或增加工程效益为主要目的的新建、扩建工程及有关工作。

1. 公路工程基本建设内容

（1）建筑安装工程。

建筑工程指路基、路面、桥梁、涵洞、隧道、防护等施工活动的工程；安装工程指公路、特大桥梁及隧道所需的各种机械、设备、仪器等的安装测试。

（2）设备及工器具购置。

设备及工器具购置是指为公路营运、服务管理、养护等的需要所购买的设备、工具、器具以及为保证新建、改建公路初期正常生产、使用和管理所需办公和生活家具的采购或自制。

（3）其他基本建设工作。

其他基本建设工作指不属于上述各项的建设工作，包括建设单位管理、勘察设计、土地征用、拆迁等工作。

2. 公路工程基本建设项目的组成

基本建设项目按其工作内容内涵的大小可依次分为建设项目、单项工程、单位工程、分部工程和分项工程。一个建设项目可由一个或多个单项工程组成，一个单项工程由几个单位工程组成，一个单位工程又包含了几个分部工程，分部工程又由几个分项工程组成，具体如下所示：

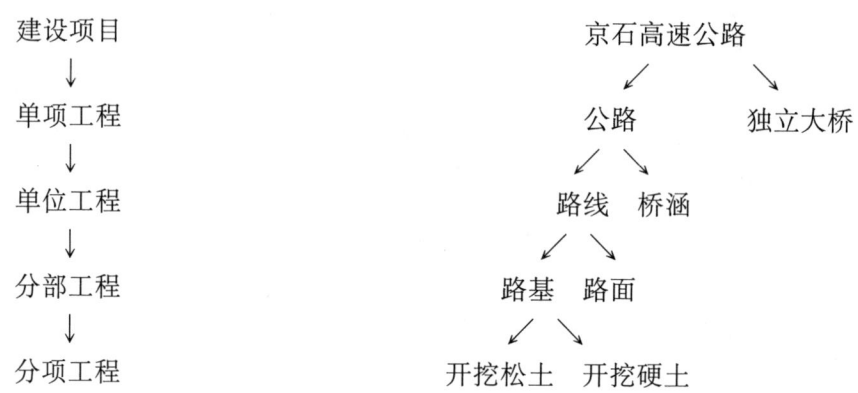

四、公路工程基本建设程序

公路工程基本建设程序是指建设项目从投资前期到投资期，从规划立项到竣工验收的整个建设过程中各项工作的先后次序，它由基本建设的客观规律决定。

公路工程基本建设程序包括规划与研究阶段、设计阶段、施工阶段、交付使用阶段。

1. 规划与研究阶段

（1）项目建议书。

项目建议书是在经济规划、运输规划、道路规划的基础上产生的技术政策文件，是按项目年度列出的待建项目，它既是进行各项前期准备工作的依据，又是可行性研究的基础。项目建议书应对拟建项目的目的、要求、主要技术指标、原材料、投资估算等进行文字说明。

（2）可行性研究。

可行性研究是基本建设前期工作的重要组成部分，是建设项目立项、决策的主要依据。可行性研究的主要任务是：在对拟建工程地区的社会、经济发展和公路网状况进行充分的调查研究、评价、预测和必要的勘察工作的基础上，对项目建议的必要性、经济合理性、技术可行性、实施可能性，提出综合性的研究论证报告。

2. 设计阶段

根据基本建设项目的性质和设计内容的不同，工程设计一般可分为"一阶段设计"、"两阶段设计"、"三阶段设计"3种类型。

公路工程基本建设一般采用两阶段设计，即初步设计和施工图设计。对于技术简单、方案明确的小型建设项目，可采用一阶段设计，即一阶段施工图设计；对于技术复杂又缺乏经验的建设项目或特殊大桥、互通式立体交叉、隧道等采用三阶段设计，即初步设计、技术设计、施工图设计。

3. 施工阶段

为保证施工的顺利进行，在施工准备阶段，建设单位、勘察设计单位、施工单位、监理单位等均应在自己的职责范围内，针对施工的要求充分做好各项准备工作。

在具备开工条件，且开工报告经有关部门批准后，施工单位才可正式施工。施工是实现建设蓝图的重要性、决定性环节，施工单位应遵照合理的施工程序，按照设计要求、施工规范、进度要求，确保工程进度和施工安全，加强施工管理，大力推广和应用新技术、新材料、新工艺，努力缩短工期、降低成本。

4. 交付使用阶段

竣工验收是工程建设过程的最后一环，是一项十分细致又严肃的工作。竣工验收包括两部分内容：一是工程技术验收；二是工程资金决算。竣工验收是对工程质量、数量、工期、生产能力、建设规模、使用条件的审查，应对建设单位和施工单位编制的固定资产移交清单、隐蔽工程说明和竣工报告等进行检查。

当全部基本建设工程经过验收合格，完全符合设计要求后，应移交生产部门正式使用。

五、公路工程施工程序

公路工程施工程序是指施工单位从接受施工任务到竣工验收阶段必须遵守的程序，内容包括：接受施工任务、签订施工合同，施工准备工作，组织施工和竣工验收。

1. 接受施工任务、签订施工合同

接受施工任务是以签订工程合同为前提的。建筑安装企业，凡接受工程项目，都必须同建设单位签订工程合同，明确各自的经济技术责任。合同一经签订，即具有法律效力，双方要严格履行合同。合同内容要具体，责任要明确，条款要简明扼要，文字解释要明确清楚，便于检查。

2. 施工准备工作

施工单位接受施工任务后，即可进行施工准备工作。具体任务是：掌握建设工程特点和进度要求，摸清施工的客观条件；合理安排施工力量；从技术、物资、人力和组织等方面为建筑安装施工创造一切必要的条件。具体内容如下：

（1）技术准备。

① 熟悉、核对设计文件、图纸及有关资料。组织有关人员熟悉和了解设计文件、图纸和有关资料，是为了使施工人员明确设计人员的设计意图，熟悉工程结构的细部构造，掌握各种原始资料。核对路线中线、主要控制点、转交点、三角点、基线等是否准确无误。

② 补充调查材料，进行现场补充调查。主要是为修改设计和编制实施性施工组织设计收集资料。

③ 组织先遣人员进场，做好后勤准备工作。在大批施工人员进场之前，施工先遣人员的任务是，根据任务的具体安排，结合施工现场实际情况，具体落实施工队伍进场后在生产、生活方面必须解决的问题。对施工设计中其他部门的问题，及时与当地政府或部门取得联系，做好工作，签订有关协议书。

④ 编制实施性施工组织设计、施工预算。这是施工准备阶段的一项深入细致的工作，是指导施工的重要技术文件。由于公路建设自身的特点，不可能采用一个定型的、一成不变的施工方法。所以，每个建设项目都要分别确定施工方案和组织方法，在施工阶段必须编制实施性施工组织设计和施工预算。

（2）施工现场准备。依据设计文件及已经编制的实施性组织设计做好施工现场的准备工作。

① 施工复测：测出占地位置、征用土地、拆迁房屋，以及电力、电信设备等各种障碍物。

② 平整场地，做好施工放样。

③ 修建便道、便桥，搭建工棚以及大型临时设施（预制场、拌和站等）。

④ 料场布置，组织进场供水、供电设备等。

⑤ 各种施工物质资源的准备，包括建筑材料、构件、施工机械及机具设备等的货源安排，进场的堆放、入库、保管及安全工作。

⑥ 各种建筑材料和土质的试验，为施工提供可靠依据。

⑦ 施工机构设置、施工队伍集结、进场及开工前的思想政治工作和安全教育工作。

3. 组织施工

施工时要严格按照施工图纸进行，如需变动，应事先取得设计单位同意；要按照施工组织设计确定的施工顺序、施工方法及进度要求，科学、合理地组织施工，接受监理单位和质量监督部门的监理、监督，做好对施工过程的全面控制。对地下工程和隐蔽工程，要检验合格、做好原始记录和签证工作，才能进行下一道工序。施工时必须伴随施工过程的进行，对施工进度、质量成本、安全等实行全面控制，达到全面完成计划任务的目的。

4. 竣工验收

所有建设项目和单位工程要按照设计文件所规定的内容全部建完，完工后以批准的设计文件为依据，根据国家有关规定，评定质量等级，进行质量验收。

六、公路工程造价分类

公路工程造价是指公路工程建设所花费（预期花费或实际花费）的全部费用的总和。为了对公路基本建设工程进行全面而有效的经济管理，公路基本建设从项目建议书到工程竣工验收的各阶段都编制有相应的工程造价文件,这些不同造价文件的投资额要根据其主要内容的不同要求,进行不同的测算工作,构成完整的投资体系。

1. 投资估算

投资估算是基本建设工程前期工作的重要环节之一。它是指在项目规划、建议书、可行性研究阶段,建设单位向国家申请拟建项目或国家对建设项目进行决策时,为了测算建设项目在投资前期的各不同阶段相应的投资总额而编制的造价文件。

2. 工程概算

工程概算是设计文件的重要组成部分。它是指在初步设计或技术设计阶段,由设计单位根据设计资料、概算定额、费用定额、建设地区的自然条件,计算和确定建设项目从筹建至竣工验收的全部建设费用的造价文件,它又分为设计概算、修正概算。

3. 施工图预算

施工图预算是根据施工图设计的工程量和施工组织设计,按预算定额和费用定额编制的反映工程造价的文件。

4. 施工预算

施工预算是指施工阶段,施工单位根据施工图计算的分项工程量、施工定额、施工组织设计、技术资料,计算、确定并分析施工所需的各种人工、材料、机械台班消耗的数量和费用,通过编制施工预算,进行两算对比,采取有效措施,使施工计划成本低于工程预算成本,确保施工单位获得良好的经济效益。

5. 招标标底

标底是由建设单位、招标单位或委托的造价咨询单位以设计概算和施工图预算为基础编制的,并以建筑安装工程费为主的,在招投标工作中起到关键作用的经济文件。标底既是评标的一个基本依据,也是衡量投标人报价水平高低的基本指标。

6. 投标报价

投标报价是施工单位根据招标文件、定额以及项目所在地区的自然、社会、经济条件,并结合自身的能力、施工组织设计,计算完成工程项目所需各项费用的经济文件。投标报价是投标书的重要组成部分,是投标工作的核心。因此,准确合理地确定投标报价是决定能否中标的关键和前提条件。

7. 工程结算

工程结算是根据承包商完成的合格工程量进行合理计价并办理支付的过程,包括计量、计价、支付等工作内容,是业主、监理工程师、承包商共同参与完成的工作。工程价款结算是项目结算的重要组成部分,是指建设单位同施工单位之间,由于拨付预付款和支付已完工程款而发生的费用结算。

8. 竣工决算

竣工决算是指在建设项目完工后竣工验收阶段,由建设单位编制的建设项目从筹建到建成投产或使用的全部实际费用的技术文件。其内容由竣工决算报告说明书、竣工决算报表、竣工工程平面示意图、工程造价比较分析4部分组成。

七、工程造价的计价特点

1. 分阶段多次计价

在不同阶段合理地确定建设项目工程造价的主要目的在于对工程投资的有效控制，其意义在于合理使用人力、物力、财力，以取得最大的投资效益。

2. 以特殊的定价方式单独定价

建筑产品的价格，因其自身的特点，需要采用特殊的计价方式单独定价。在计价过程中，首先确定单位分项工程的人工、材料、机械台班消耗指标，再用货币形式计算出它们的价格，作为建筑产品的计价基础。然后根据施工图纸及工程量计算规则分别乘以上述单价，得出建筑产品的直接费用成本，并以直接费用成本作为基础计算间接成本。最后再计算利润及税金，汇总计算单位工程的完全价格。

3. 必须考虑影响工程造价的动态因素

在建设过程中，人工、材料、机械设备等价格的变动，设计方案的修改、变更，施工方法的变化，都会对工程造价产生影响。因此，工程造价的确定必须考虑影响工程造价的动态因素。采用预留费、价差预备费、材料设备价格指数、包干系数等合理确定动态因素对造价的影响。

4. 计价原则和计价依据是工程造价管理的核心

工程造价的管理贯穿于建设项目从筹建到竣工投产的全过程，管理和监督的核心是计价原则和计价依据，它是影响工程造价计价的主要因素。

八、公路工程造价人员具备的条件

工程造价是一门综合性的学科，涉及多方面的知识，这就要求工程造价人员熟悉定额的编制及运用知识；熟悉工程识图、地质水文、施工等专业知识及施工机械、材料、运输等知识。除此之外，工程造价还是一项政策性很强的工作，要求工程造价人员一定要恪守职业道德，遵纪守法，遵守国家现行的有关政策、法规，考虑地方的相关政策，实事求是，对工程负责，为国家、企业把好经济关。

1. 造价工程师享有的权利

（1）有独立依法执行造价工程师岗位业务并参与工程项目管理的权利。
（2）有在所经办的工程造价成果文件上签字的权利。
（3）有使用造价工程师名称的权利。
（4）有依法申请开办工程造价咨询单位的权利。
（5）造价工程师对违反国家有关法律、法规的意见和决定有提出劝告、拒绝执行并向上级有关部门报告的权利。

2. 造价工程师应履行的义务

（1）必须熟悉并严格执行国家有关工程造价的法律、法规。

（2）对经办的工程造价成果文件质量负有经济和法律责任。

（3）应及时掌握国内外新技术、新材料、新工艺的发展，并为工程造价管理部门制定、修订工程定额提供依据。

（4）自觉接受继续教育，更新知识，积极参加职业培训，不断提高业务技术水平。

（5）不得参与与经办工程有关的其他单位事关本项工程的经营活动。

（6）严格保守职业中得知的技术和经济秘密。

第一章 公路工程概算预算的构成

【教学指导】
1. 解释公路工程概算预算的概念及费用组成。
2. 本章重点内容：
（1）公路工程概算预算的概念及作用；
（2）人工、材料、机械预算单价的组成及计算；
（3）材料运杂费的组成及计算；
（4）工程类别的划分；
（5）建筑安装工程费的组成及计算。
3. 要求学生熟练掌握建筑安装工程费的计算方法。

第一节 概算预算的作用与文件组成

一、公路工程概算预算的概念

公路工程设计概算和施工图预算，是指在执行基本建设程序过程中，根据不同设计阶段设计文件的具体内容和国家规定的定额、编制办法、指标、各项费用的取费标准，预先计算和确定的新建、扩建、改建、重建工程所需要的全部投资额的文件。它是从经济上反映建设项目在不同建设阶段的特点，是基本建设程序的重要组成部分。

概算、预算均由有资格的设计、工程（造价）咨询单位负责编制，编制、审核人员必须持有公路工程造价人员执业资格证书，并对工程造价文件的编制质量负责。

当一个建设项目由两个以上设计（咨询）单位共同承担设计时，各设计（咨询）单位负责编制所承担设计的单项或单位工程概算预算。主体设计（咨询）单位应负责编制原则和依据、工程设备与材料价格、取费标准等的协调与统一，汇编总概算预算，并对全部概算预算的编制质量负责。

二、公路工程概算预算的作用

1. 概算的作用

（1）概算经批准后，是基本建设项目投资的最高限额。

(2) 概算具有编制建设项目计划、签订建设项目总包合同、实行建设项目包干、控制预算的作用。

(3) 概算是考核设计经济合理性和建设成本的依据。

(4) 以批准的初步设计进行施工招标的工程，其设计概算价值是控制标底的最高限额。

设计概算在确定和控制建设项目投资总额等方面的作用最为突出。

2. 预算的作用

(1) 预算是确定工程造价、签订建筑安装合同、办理工程结算、实行经济核算和考核工程成本的依据。

(2) 施工图预算是考核施工图设计经济合理性的依据，施工图设计应控制在批准的初步设计及其概算范围之内。如单位工程预算突破相应概算时，应分析原因，对施工图设计中不合理部分进行修改，对其合理部分应在总概算投资范围内调整解决。

(3) 施工图预算经审定后是编制标底的依据。

(4) 施工图预算是施工企业降低工程成本、搞好经济核算的基础。

施工企业为了加强经营管理、搞好经济核算、降低工程成本、增加利润，就必须以概算预算为基础，制订经营计划，做好施工准备，进行"两算"对比，考核经营效果和完善经济责任制。

"两算"是指施工图预算和施工预算。施工企业通过"两算"的对比、互审，从中发现矛盾并及时进行分析，予以纠正。这样既可以防止多算或漏算，有利于企业对单位工程经济收入的预测与控制，又可以使人工、材料、机械台班等资源需要量计划的编制工作准确无误，还有利于工料机消耗的分析与控制，确保工程施工的顺利进行。

(5) 施工图预算是对工程进行成本分析和统计工程进度的重要指标。

施工图预算在最终确定和控制单项工程或单位工程的计划价格以及作为施工企业加强经济管理等方面的作用最为显著。

三、概算预算费用组成

公路基本建设工程概算预算费用由建筑安装工程费，设备、工具、器具及家具购置费，工程建设其他费用及预备费用（工程造价增涨预留费、预备费）组成（见图 1.1）。

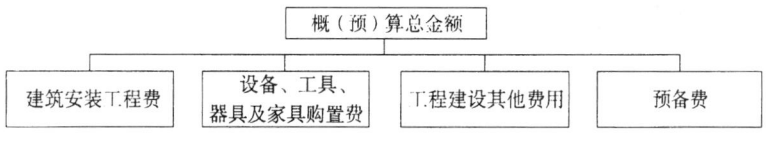

(a)

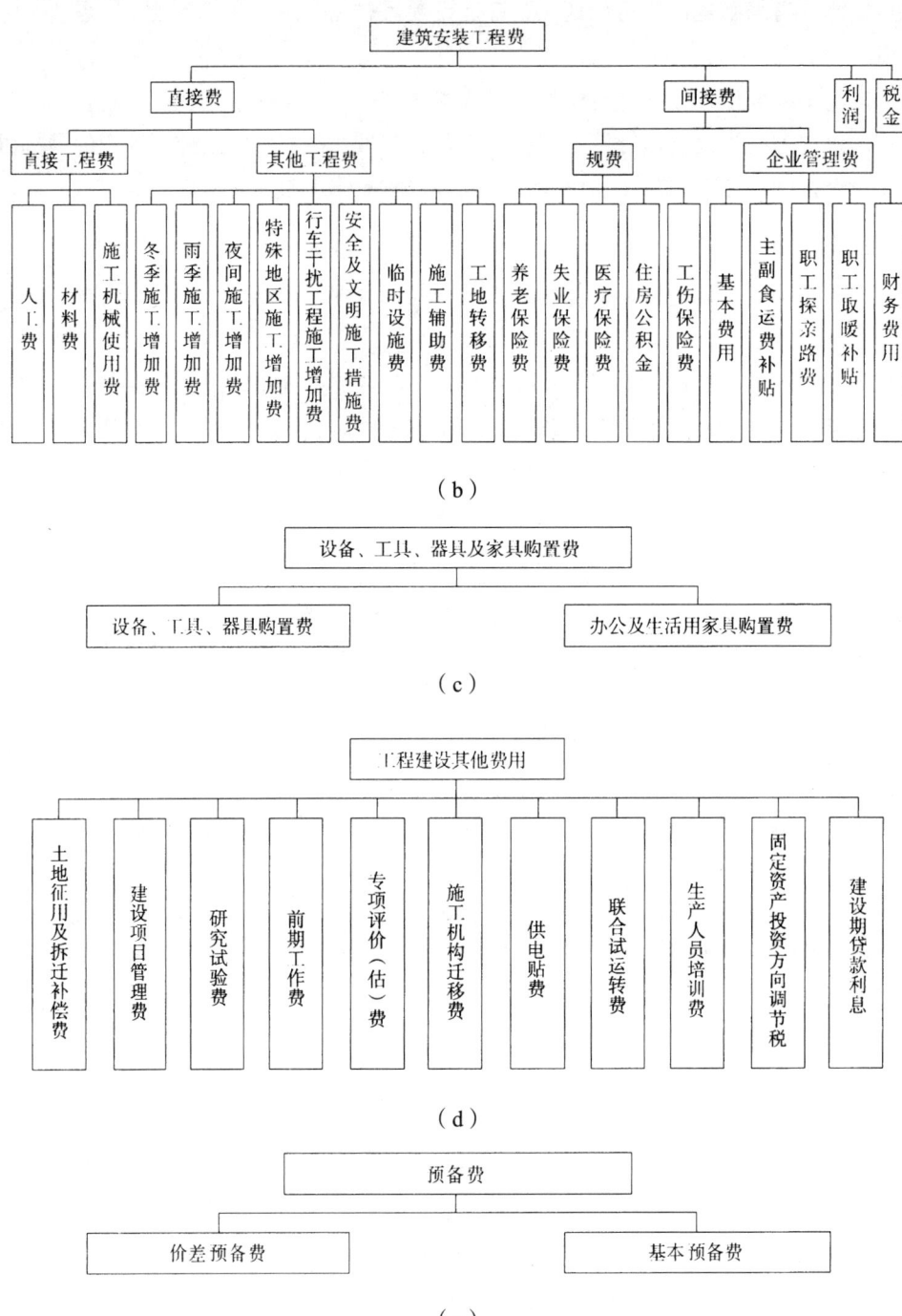

图 1.1 概算预算费用组成

四、概算预算文件组成

概算预算文件由封面及目录、概算预算编制说明和全部概算预算计算表格组成。

1. 封面及目录

概算预算文件的封面和扉页应按《公路工程基本建设项目设计文件编制办法》中的规定制作，扉页的次页应有建设项目名称，编制单位，编制、复核人员姓名并加盖执业（从业）资格印章，编制日期及第几册共几册等内容。目录应按概算预算表的表号顺序编排。

2. 概算预算编制说明

概算预算编制完成后，应写出编制说明，文字力求简明扼要。应叙述的内容一般有：

（1）建设项目设计资料的依据及有关文号，如建设项目可行性研究报告批准文号、初步设计和概算批准文号（编修正概算及预算时），以及根据何时的测设资料及比选方案进行编制的等。

（2）采用的定额、费用标准，人工、材料、机械台班单价的依据或来源，补充定额及编制依据的详细说明。

（3）与概算预算有关的委托书、协议书、会议纪要的主要内容（或将抄件附后）。

（4）总概算预算金额，人工、钢材、水泥、木料、沥青的总需要量情况，各设计方案的经济比较，以及编制中存在的问题。

（5）其他与概算预算有关但不能在表格中反映的事项。

3. 概算预算表格

公路工程概算预算应按统一的概算预算表格计算，其中概算预算相同的表格形式，在印制表格时，应将概算表与预算表分别印制（表格及填写说明详见《公路工程基本建设项目概算预算编制办法》附录五）。

五、甲组文件与乙组文件

概算预算文件是设计文件的组成部分，按不同的需要分为两组，甲组文件为各项费用计算表，乙组文件为建筑安装工程费各项基础数据计算表（只供审批使用）。甲、乙组文件应按《公路工程基本建设项目设计文件编制办法》关于设计文件报送份数的要求，随设计文件一并报送。报送乙组文件时，还应提供"建筑安装工程费各项基础数据计算表"的电子文档和编制补充定额的详细资料，并随同概算预算文件一并报送。

乙组文件中的"建筑安装工程费计算数据表"（08-1表）和"分项工程概（预）算表"（08-2表）应根据审批部门或建设项目业主单位的要求全部提供或仅提供其中的一种。

概算预算应按一个建设项目[如一条路线或一座独立大（中）桥、隧道]进行编制。当一个建设项目需要分段或分部编制时，应根据需要分别编制，但必须汇总编制"总概算预算汇总表"。

（1）甲组文件包括：

① 编制说明；

② 总概算预算汇总表（01-1表）；

③ 总概算预算人工、主要材料、机械台班数量汇总表（02-1表）；

④ 总概算预算表（01表）；

⑤ 人工、主要材料、机械台班数量汇总表（02表）；

⑥ 建筑安装工程费计算表（03 表）；
⑦ 其他工程费及间接费综合费率计算表（04 表）；
⑧ 设备、工具、器具及家具购置费计算表（05 表）；
⑨ 工程建设其他费用及回收金额计算表（06 表）；
⑩ 人工、材料、机械台班单价汇总表（07 表）。
（2）乙组文件包括：
① 建筑安装工程费计算数据表（08-1 表）；
② 分项工程概算预算表（08-2 表）；
③ 材料预算单价计算表（09 表）；
④ 自采材料料场价格计算表（10 表）；
⑤ 机械台班单价计算表（11 表）；
⑥ 辅助生产工、料、机械台班单位数量表（12 表）。

第二节　概算预算项目表

公路工程概算预算的费用是由建筑安装工程费，设备、工具、器具及家具购置费，工程建设其他费用，预备费组成，其费用构成庞大、内容繁多。为防止在计算过程中出现混乱、错列、重列、漏列的现象，必须对公路工程项目进行科学的分析与分解，列出组成工程项目的具体名称及相应费用，以便于工程概算预算的编制与审核，同时有利于建设项目的管理、计划和经济比较分析等工作。为了使公路工程概算预算的编制合理化、规范化，《公路工程基本建设项目概算预算编制办法》对工程项目名称、费用名称、层次作了统一的规定，项目划分（具体划分详见《公路工程基本建设项目概算预算编制办法》附录四）如下：

第一部分　建筑安装工程费
　　第一项　临时工程
　　第二项　路基工程
　　第三项　路面工程
　　第四项　桥梁涵洞工程
　　第五项　交叉工程
　　第六项　隧道工程
　　第七项　公路设施及预埋管线工程
　　第八项　绿化及环境保护工程
　　第九项　管理、养护及服务房屋
第二部分　设备、工具、器具及家具购置费
第三部分　工程建设其他费用

编制公路工程概算预算时，应按项目表规定的项目序列及内容编制，编制时需要注意以下事项：

（1）一、二、三部分和"项"的序号应保留不变。如第二部分，设备、工具、器具及家具购置费在该项工程中不发生时，第三部分工程建设其他费用仍为第三部分；工程第一部分第四项为桥梁涵洞工程，第六项为隧道工程，若实际实施工程中无桥梁涵洞工程项目，但其序号仍保留，隧道工程仍为第六项。

（2）"目"、"节"、"细目"可随需要增减，并按项目表的顺序以实际出现的"目"、"节"、"细目"依次排列，不保留缺少的"目"、"节"、"细目"的序号，可依次递补改变序号。

（3）"目"、"节"的名称一般要与定额表的工程名称一致。

（4）工程建设项目中的互通式立体交叉、辅道、支线，如工程规模较大时，也可按概算预算项目表单独编制建筑安装工程，然后将其概算预算建筑安装工程费总金额列入总概算预算表中相应的项目内。

第三节　建筑安装工程费

建筑安装工程费是指概算预算中直接用于形成工程实体所发生的费用，包括直接费、间接费、利润及税金。

一、直接费

直接费由直接工程费和其他工程费组成。

（一）直接工程费

直接工程费是指施工过程中耗费的构成工程实体和有助于工程形成的各项费用，包括人工费、材料费、施工机械使用费。

1. 人工费

人工费是指列入概算预算定额的并为直接从事建筑安装工程施工的生产工人开支的各项费用。

（1）人工费包括以下内容：

① 基本工资。指发放给生产工人的基本工资、流动施工津贴和生产工人劳动保护费，以及为职工缴纳的养老、失业、医疗保险费和住房公积金等。

生产工人劳动保护费是指按国家有关部门规定标准发放的劳动保护用品的购置费及修理费、徒工服装补贴、防暑降温费及在有碍身体健康环境中施工的保健费用等。

② 工资性补贴。指按规定标准发放的物价补贴，煤、燃气补贴，交通费补贴，地区津贴等。

③ 生产工人辅助工资。指生产工人年有效施工天数以外非作业天数的工资，包括开会和执行必要的社会义务时间的工资，职工学习、培训期间的工资，调动工作、探亲、休假期间的工资，因气候影响停工期间的工资，女工哺乳期间的工资，病假在 6 个月以内的工资及

产、婚、丧假期的工资。

④ 职工福利费。指按国家规定标准计提的职工福利费。

(2) 人工费的计算：人工费按概算预算定额人工工日数乘以每工日人工费计算。

$$人工费=(工程量÷定额单位)×定额值×人工预算单价$$

(3) 人工费预算单价的计算。

① 按公式计算。

$$人工预算单价\genfrac{}{}{0pt}{}{(元/工日)}{}=[基本工资(元/月)+地区生活补贴(元/月)+工资性津贴(元/月)]×(1+14\%)×12(月)÷240(工日)$$

式中 生产工人基本工资——按不低于工程所在地政府主管部门发布的最低工资标准的 1.2 倍计算；

地区生活补贴——指国家规定的边远地区生活补贴、特区补贴；

工资性津贴——指物价补贴，煤、燃气补贴，交通费补贴等。

以上各项标准由各省、自治区、直辖市公路（交通）工程造价（定额）管理站根据当地人民政府的有关规定核定后公布执行，并抄送交通部公路司备案。同时，并应根据最低工资标准的变化情况及时调整公路工程生产工人工资标准。

② 查询工程所在地造价主管部门颁发的造价信息，确定人工预算单价。

人工预算单价仅作为编制概算预算的依据，不作为施工企业实发工资的依据。

2. 材料费

材料费是指施工过程中耗用的构成工程实体的原材料、辅助材料、构（配）件、零件、半成品、成品的用量和周转材料的摊销量，按工程所在地的材料预算价格计算的费用。

$$材料费=(工程量÷单位定额单位)×定额值×材料预算价格$$

材料预算价格内容包括材料原价、运杂费、场外运输损耗、采购及保管费。

材料预算价格可以查询工程所在地颁发的造价信息确定，也可以按计算公式确定。

$$材料预算价格=(材料原价+运杂费)×(1+场外运输损耗率)×(1+采购及保管费率)-包装品回收价值$$

(1) 材料原价。

各种材料原价按以下规定计算。

① 外购材料：国家或地方的工业产品，按工业产品出厂价格或供销部门的供应价格计算，并根据情况加计供销部门手续费和包装费。如供应情况、交货条件不明确时，可采用当地规定的价格计算。

② 地方性材料：地方性材料包括外购的砂、石材料等，按实际调查价格或当地主管部门规定的预算价格计算。

③ 自采材料：自采的砂、石、黏土等材料，按定额中开采单价加辅助生产间接费和矿产资源税（如有）计算。

材料原价应按实计取。各省、自治区、直辖市公路（交通）工程造价（定额）管理站应通过调查，编制本地区的材料价格信息，供编制概算预算使用。

(2) 运杂费。

运杂费指材料自供应地点至工地仓库（施工地点存放材料的地方）的运杂费用，包括装卸费、运费，如果发生，还应计囤存费及其他杂费（如过磅、标签、支撑加固、路桥通行等）。

$$单位运杂费=单位运费+单位装卸费+单位杂费$$

通过铁路、水路和公路运输部门运输的材料，按铁路、航运和当地交通部门规定的运价计算运费。

① 外雇车辆公路运输。

$$单位运费=(运价率×运距+吨次费)×单位毛重$$

式中 运价率——运输单位材料、单位距离的费用，按当地运输部门的规定或市场价格计算；
运　距——材料自供应地点至工地仓库的距离；
吨次费——因短途运输所增加的费用。

对于有包装及容器的材料及长大轻浮的材料，单位毛重按下式计算：

$$单位毛重=单位重×毛重系数$$

毛重系数应按表 1.1 规定的计算。桶装沥青、汽油、柴油按每吨摊销一个旧汽油桶计算包装费（不计回收）。

$$外雇装卸单位装卸费=装卸费率×单位毛重$$

表 1.1 部分材料毛重系数及单位毛重

材料名称	单位	毛重系数	单位毛重
爆破材料	t	1.35	—
水泥、块状沥青	t	1.01	—
铁钉、铁件、焊条	t	1.10	—
液体沥青、液体燃料、水	t	桶装 1.17，油罐车装 1.00	—
木 料	m³	—	1.000 t
草 袋	个	—	0.004 t

② 施工单位自办的运输及装卸，根据不同里程分别计算运费。

· 单程运距 15 km 以上的长途汽车运输按当地交通部门规定的统一运价计算运费。

· 单程运距 5～15 km 的汽车运输按当地交通部门规定的统一运价计算运费，当工程所在地交通不便、社会运输力量缺乏时，如边远地区和某些山岭区，允许按当地交通部门规定的统一运价加 50%计算运费。

· 单程运距 5 km 及以内的汽车运输以及人力场外运输，按预算定额计算运费，其中人力装卸和运输另按人工费加计辅助生产间接费。

一种材料如有两个以上的供应点时，都应根据不同的运距、运量、运价采用加权平均的方法计算运费。

【例 1】 某公路建设所需水泥数量 380 t，选用 3 个供应商提供水泥。甲供应商提供 100 t，供应地点距工地现场 8 km；乙供应商提供 130 t，供应地点距工地现场 6 km；丙供应商提供 150 t，供应地点距工地现场 5 km，求其平均运距。

解 (100×8 + 130×6 + 150×5)/380 = 6.13 km

③ 由于预算定额中汽车运输台班已考虑工地便道特点，以及定额中已计入了"工地小搬运"项目，因此平均运距中汽车运输便道里程不得乘调整系数，也不得在工地仓库或堆料场之外再加场内运距或二次倒运的运距。

（3）场外运输损耗。

场外运输损耗是指有些材料在正常的运输过程中发生的损耗，这部分损耗应摊入材料单价内。材料场外运输操作损耗率见表 1.2。

表 1.2 材料场外运输操作损耗率   %

材 料 名 称		场外运输（包括一次装卸）	每增加一次装卸
块状沥青		0.5	0.2
石屑、碎砾石、砂砾、煤渣、工业废渣、煤		1.0	0.4
砖、瓦、桶装沥青、石灰、黏土		3.0	1.0
草 皮		7.0	3.0
水泥（袋装、散装）		1.0	0.4
砂	一般地区	2.5	1.0
	多风地区	5.0	2.0

注：汽车运水泥，如运距超过 500 km 时，增加损耗率，袋装 0.5%。

（4）采购及保管费。

采购及保管费是指材料供应部门（包括工地仓库以及各级材料管理部门）在组织采购、供应和保管材料过程中，所需的各项费用及工地仓库的材料储存损耗。

材料采购及保管费，以材料的原价加运杂费及场外运输损耗的合计数为基数，乘以采购保管费率计算。材料的采购及保管费费率为 2.5%。

外购的构件、成品及半成品的预算价格，其计算方法与材料相同，但构件（如外购的钢桁梁、钢筋混凝土构件及加工钢材等半成品）的采购保管费率为 1%。

商品混凝土预算价格的计算方法与材料相同，但其采购保管费率为 0。

计算材料费时要注意计算定额中的其他材料费。

【例 2】 某桥梁需钢材 800 t，原价 2 800 元/t，外雇汽车运输，运距 25 km，运价率 0.35 元/t·km，囤存费 3.0 元/t，装卸费 1.1 元/t。计算钢材预算单价、材料费。

解 钢材单位运费：25×0.35=8.75 元/t

钢材单位杂费：3.0+1.1=4.1 元/t

钢材单位原价：2 800 元/t

钢材预算单价=(2 800+8.75+4.1)×(1+0%)×(1+2.5%)=2 883.17 元/t

材料费：800×2 883.17=2 306 537 元

3. 施工机械使用费

施工机械使用费是指列入概算预算定额的施工机械台班数量，与按相应的机械台班费用定额计算的施工机械台班单价相乘所得的施工机械使用费和小型机具使用费。

$$机械费=(工程量÷单位定额单位)×定额值×机械预算单价$$

施工机械台班预算单价应按交通部（现交通运输部）公布的现行《公路工程机械台班费用定额》（JTG/TB06-03-2007）计算，台班单价由不变费用和可变费用组成。不变费用包括折旧费、大修理费、经常修理费、安装拆卸及辅助设施费等；可变费用包括机上人员人工费、动力燃料费、养路费及车船使用税。可变费用中的人工工日数及动力燃料消耗量，应以机械台班费用定额中的数值为准。台班人工费工日单价与生产工人人工费单价相同。动力燃料费用则按材料费的计算规定计算。

当工程用电为自行发电时，电动机械每千瓦·时（度）电的单价可由下述近似公式计算：

$$A=0.24\frac{K}{N}$$

式中 A——每千瓦·时电的单价（元）；
K——发电机组的台班单价（元）；
N——发电机组的总功率（kW）。

（二）其他工程费

由于直接工程费是按定额消耗量计算的费用，而定额的消耗量是按正常、合理的施工条件下生产单位合格产品计算的资源消耗数量，因此当工程在特殊条件和特殊环境下施工时所消耗资源的数量、费用也会有所增加。其他工程费就是指直接工程费以外在施工过程中发生的直接用于工程的费用，内容包括冬季施工增加费、雨季施工增加费、夜间施工增加费、特殊地区施工增加费、行车干扰工程施工增加费、安全及文明施工措施费、临时设施费、施工辅助费、工地转移费等九项。公路工程中的水、电费及因场地狭小等特殊情况而发生的材料二次搬运等其他工程费已包括在概算预算定额中，不再另计。

1. 其他工程费及间接费取费标准的工程类别划分

其他工程费按取费率进行计算。由于同一环境对不同项目产生的影响不同，其他工程费的费率也不相同，计取费率之前应对工程项目进行类别划分。

（1）人工土方。指人工施工的路基、改河等土方工程，以及人工施工的砍树、挖根、除草、平整场地、挖盖山土等工程项目，并适用于无路面的便道工程。

（2）机械土方。指机械施工的路基、改河等土方工程，以及机械施工的砍树、挖根、除草等工程项目。

（3）汽车运输。指汽车、拖拉机、机动翻斗车等运送的路基、改河土（石）方、路面基层和面层混合料、水泥混凝土及预制构件、绿化苗木等。

（4）人工石方。指人工施工的路基、改河等石方工程，以及人工施工的挖盖山石项目。

（5）机械石方。指机械施工的路基、改河等石方工程（机械打眼即属机械施工）。

（6）高级路面。指沥青混凝土路面、厂拌沥青碎石路面和水泥混凝土路面的面层。

（7）其他路面。指除高级路面以外的其他路面面层，各等级路面的基层、底基层、垫层、透层、黏层、封层，采用结合料稳定的路基和软土等特殊路基处理等工程，以及有路面的便道工程。

（8）构造物Ⅰ。指无夜间施工的桥梁、涵洞、防护（包括绿化）及其他工程，交通工程及沿线设施工程（设备安装及金属标志牌、防撞钢护栏、防眩板/网、隔离栅、防护网除外），以及临时工程中的便桥、电力电信线路、轨道铺设等工程项目。

（9）构造物Ⅱ。指有夜间施工的桥梁工程。

（10）构造物Ⅲ。指商品混凝土（包括沥青混凝土和水泥混凝土）的浇筑和外购构件及设备的安装工程。商品混凝土和外购构件及设备的费用不作为其他工程费和间接费的计算基数。

（11）技术复杂大桥。指单孔跨径在 120 m 以上（含 120 m）和基础水深在 10 m 以上（含 10 m）的大桥主桥部分的基础、下部和上部工程。

（12）隧道。指隧道工程的洞门及洞内土建工程。

（13）钢材及钢结构。指钢桥及钢索吊桥的上部构造，钢沉井、钢围堰、钢套箱及钢护筒等基础工程，钢索塔，钢锚箱，钢筋及预应力钢材，模数式及橡胶板式伸缩缝，钢盆式橡胶支座，四氟板式橡胶支座，金属标志牌，防撞钢护栏，防眩板/网，隔离栅，防护网等工程项目。

购买路基填料的费用不作为其他工程费和间接费的计算基数。

2. 其他工程费包括的内容

（1）冬季施工增加费。

冬季施工增加费指按照公路工程施工及验收规范所规定的冬季施工要求，为保证工程质量和安全生产所需采取的防寒保温设施、工效降低和机械作业率降低以及技术操作过程的改变等所增加的有关费用。冬季施工增加费的内容包括：

① 因冬季施工所需增加的一切人工、机械与材料的支出。

② 施工机具所需修建的暖棚（包括拆、移）、增加油脂及其他保温设备费用。

③ 因施工组织设计确定，需增加的一切保温、加温及照明等有关支出。

④ 与冬季施工有关的其他各项费用，如清除工作地点的冰雪等费用。

冬季气温区的划分是根据气象部门提供的满 15 年以上的气温资料确定的。每年秋冬第一次连续 5 天出现室外日平均温度在 5 ℃ 以下，日最低温度在-3 ℃ 以下的第 1 天算起，至第 2 年春夏最后一次连续 5 天出现同样温度的最末一天为冬季期。冬季期内平均气温在-1 ℃ 以上者为冬一区，-1～-4 ℃ 者为冬二区，-4～-7 ℃ 者为冬三区，-7～-10 ℃ 者为冬四区，-10～-14 ℃ 者为冬五区，-14 ℃ 以下者为冬六区。冬一区内平均气温低于 0 ℃ 的连续天数在 70 天以内的为Ⅰ副区，在 70 天以上的为Ⅱ副区；冬二区内平均气温低于 0 ℃ 的连续天数在 100 天以内的为Ⅰ副区，在 100 天以上的为Ⅱ副区。

气温高于冬一区，但砖石、混凝土工程施工须采取一定措施的地区为准冬季区。准冬季区分两个副区，简称准一区和准二区。凡一年内日最低气温在 0 ℃ 以下的天数多于 20 天，日平均气温在 0 ℃ 以下的天数少于 15 天的为准一区，多于 15 天的为准二区。

全国冬季施工气温区划分见附录一。若当地气温资料与附录一中划定的冬季气温区划分有较大出入时，可按当地气温资料及上述划分标准确定工程所在地的冬季气温区。

冬季施工增加费的计算方法：冬季施工增加费以各类工程的直接工程费之和为基数，按工程所在地的气温区选用表 1.3 的费率计算。

冬季施工增加费=直接工程费×冬季施工增加费费率

计算冬季施工增加费的注意事项：① 根据各类工程的特点，规定各气温区的取费标准。采用全年平均摊销的方法，即不论是否在冬季施工，均按规定的取费标准计取冬季施工增加费。如按工程施工进度计划，路基工程在当地7月份施工，未经历冬季施工，也应该计取冬季施工增加费。② 一条路线穿过两个以上的气温区时，可分段计算或按各区的工程量比例求得全线的平均增加率，计算冬季施工增加费。

表1.3　冬季施工增加费费率　　　　　　　　　　　　　　　　　　　　　　　　%

工程类别 \ 气温及区划	-1℃以上 冬一区		-1~-4℃ 冬二区		-4~-7℃ 冬三区	-7~-10℃ 冬四区	-10~-14℃ 冬五区	-14℃以下 冬六区	准一区	准二区
	Ⅰ	Ⅱ	Ⅰ	Ⅱ						
人工土方	0.28	0.44	0.59	0.76	1.44	2.05	3.07	4.61	—	—
机械土方	0.43	0.61	0.93	1.17	2.21	3.14	4.71	7.07	—	—
汽车运输	0.08	0.12	0.17	0.21	0.40	0.56	0.84	1.27	—	—
人工石方	0.06	0.10	0.13	0.15	0.30	0.44	0.65	0.98	—	—
机械石方	0.08	0.13	0.18	0.21	0.42	0.6	0.91	1.37	—	—
高级路面	0.37	0.52	0.72	0.81	1.48	2.00	3.00	4.50	0.06	0.16
其他路面	0.11	0.20	0.29	0.31	0.62	0.80	1.20	1.80	—	—
构造物Ⅰ	0.34	0.49	0.66	0.75	1.36	1.84	2.16	4.14	0.06	0.15
构造物Ⅱ	0.42	0.60	0.81	0.92	1.61	2.27	3.40	5.10	0.08	0.19
构造物Ⅲ	0.83	1.18	1.60	1.81	3.29	4.46	6.69	10.03	0.15	0.37
技术复杂大桥	0.48	0.68	0.93	1.05	1.91	2.58	3.87	5.81	0.08	0.21
隧道	0.10	0.19	0.27	0.35	0.58	0.75	1.12	1.69	—	—
钢材及钢结构	0.02	0.05	0.07	0.09	0.15	0.19	0.29	0.43	—	—

（2）雨季施工增加费。

雨季施工增加费指雨季期间施工为保证工程质量和安全生产所需采取的防雨、排水、防潮和防护措施，工效降低和机械作业率降低以及技术作业过程的改变等所需增加的费用。雨季施工增加费的内容包括：

① 因雨季施工所需增加的工、料、机费用的支出，包括工作效率的降低及易被雨水冲毁的工程所增加的工作内容等（如基坑坍塌和排水沟等堵塞的清理、路基边坡冲沟的填补等）。

② 路基土方工程的开挖和运输，因雨季施工（非土壤中水影响）而引起的黏附工具，降低工效所增加的费用。

③ 因防止雨水必须采取的防护措施费用，如挖临时排水沟，防止基坑坍塌所需的支撑、挡板等费用。

④ 材料因受潮、受湿的耗损费用。

⑤ 增加防雨、防潮设备的费用。

⑥ 其他有关雨季施工所需增加的费用，如因河水高涨致使工作困难而增加的费用等。

雨量区和雨季期的划分，是根据气象部门提供的满 15 年以上的降雨资料确定的。凡月平均降雨天数在 10 天以上，月平均日降雨量在 3.5～5 mm 之间者为Ⅰ区，月平均日降雨量在 5 mm 以上者为Ⅱ区。全国雨季施工雨量区及雨季期的划分见附录二。若当地气象资料与附录二所划定的雨量区及雨季期出入较大时，可按当地气象资料及上述划分标准确定工程所在地的雨量区及雨季期。

雨季施工增加费的计算方法：以各类工程的直接工程费之和为基数，按工程所在地的雨量区、雨季期选用表 1.4 的费率计算。

$$雨季施工增加费 = 直接工程费 \times 雨季施工增加费费率$$

计算雨季施工增加费的注意事项：① 将全国划分为若干雨量区和雨季期，并根据各类工程的特点规定各雨量区和雨季期的取费标准，采用全年平均摊销的方法，即不论是否在雨季施工，均按规定的取费标准计取雨季施工增加费。② 一条路线通过不同的雨量区和雨季期时，应分别计算雨季施工增加费或按工程量比例求得平均的增加率，计算全线雨季施工增加费。③ 室内管道及设备安装工程不计雨季施工增加费。

表 1.4 雨季施工增加费费率　　　　　　　　　　　%

雨季期/月数 雨量区 工程类别	1	1.5		2		2.5		3		3.5		4		4.5		5		6		7	8
	Ⅰ	Ⅰ	Ⅱ	Ⅰ	Ⅱ	Ⅰ	Ⅱ	Ⅰ	Ⅱ	Ⅰ	Ⅱ	Ⅰ	Ⅱ	Ⅰ	Ⅱ	Ⅰ	Ⅱ	Ⅰ	Ⅱ	Ⅱ	Ⅱ
人工土方	0.04	0.05	0.07	0.11	0.09	0.13	0.11	0.15	0.13	0.17	0.15	0.20	0.17	0.23	0.19	0.26	0.21	0.31	0.36	0.42
机械土方	0.04	0.05	0.07	0.11	0.09	0.13	0.11	0.15	0.13	0.17	0.15	0.20	0.17	0.23	0.19	0.27	0.22	0.32	0.37	0.43
汽车运输	0.04	0.05	0.07	0.11	0.09	0.13	0.11	0.16	0.13	0.19	0.15	0.22	0.17	0.25	0.19	0.27	0.22	0.32	0.37	0.43
人工石方	0.02	0.03	0.05	0.07	0.06	0.09	0.07	0.11	0.08	0.13	0.09	0.15	0.10	0.17	0.12	0.19	0.15	0.23	0.27	0.32
机械石方	0.03	0.04	0.06	0.10	0.08	0.12	0.10	0.14	0.12	0.16	0.14	0.19	0.16	0.22	0.18	0.25	0.20	0.29	0.34	0.39
高级路面	0.03	0.04	0.06	0.10	0.08	0.13	0.10	0.15	0.12	0.17	0.14	0.19	0.16	0.22	0.18	0.25	0.20	0.29	0.34	0.39
其他路面	0.03	0.04	0.06	0.09	0.08	0.12	0.09	0.14	0.10	0.16	0.12	0.18	0.14	0.21	0.16	0.24	0.19	0.28	0.32	0.37
构造物Ⅰ	0.03	0.04	0.05	0.08	0.06	0.09	0.07	0.11	0.08	0.13	0.10	0.15	0.12	0.17	0.14	0.19	0.16	0.23	0.27	0.31
构造物Ⅱ	0.03	0.04	0.05	0.08	0.07	0.10	0.08	0.12	0.09	0.14	0.11	0.16	0.13	0.18	0.15	0.21	0.17	0.25	0.30	0.34
构造物Ⅲ	0.06	0.08	0.11	0.17	0.14	0.21	0.17	0.25	0.20	0.30	0.23	0.35	0.27	0.40	0.31	0.45	0.35	0.52	0.60	0.69
技术复杂大桥	0.03	0.05	0.07	0.10	0.08	0.12	0.10	0.14	0.12	0.16	0.14	0.19	0.16	0.22	0.18	0.25	0.20	0.29	0.34	0.39
隧　　道	—	—	—	—	—	—	—	—	—	—	—	—	—	—	—	—	—	—	—	—
钢材及钢结构	—	—	—	—	—	—	—	—	—	—	—	—	—	—	—	—	—	—	—	—

（3）夜间施工增加费。

夜间施工增加费指根据设计、施工的技术要求和合理的施工进度要求，必须在夜间连续施工而发生的工效降低、夜班津贴以及有关照明设施（包括所需照明设施的安拆、摊销、维修及油燃料、电）等增加的费用。

夜间施工增加费的计算方法：按夜间施工工程项目（如桥梁工程项目包括上、下部构造全部工程）的直接工程费之和为基数，按表 1.5 的费率计算。

$$夜间施工增加费 = 直接工程费 \times 夜间施工增加费费率$$

表 1.5 夜间施工增加费费率　　　　　　　　　　　　　　　　　　　　　%

工程类别	费率	工程类别	费率
构造物Ⅱ	0.35	技术复杂大桥	0.35
构造物Ⅲ	0.70	钢材及钢结构	0.35

注：设备安装工程及金属标志牌、防撞钢护栏、防眩板（网）、隔离栅、防护网等不计入夜间施工增加费。

（4）特殊地区施工增加费。

特殊地区施工增加费包括高原地区施工增加费、风沙地区施工增加费和沿海地区施工增加费三项。

① 高原地区施工增加费。

高原地区施工增加费是指在海拔高度 1 500 m 以上地区施工，由于受气候、气压的影响，致使人工、机械效率降低而增加的费用。

高原地区施工增加费的计算方法：以各类工程人工费和机械使用费之和为基数，按表 1.6 的费率计算。

$$高原地区施工增加费 = (人工费 + 机械使用费) \times 高原地区施工增加费费率$$

计算高原地区施工增加费的注意事项：一条路线通过两个以上(含两个)不同的海拔高度分区时，应分别计算高原地区施工增加费或按工程量比例求得平均的增加率，计算全线高原地区施工增加费。

表 1.6 高原地区施工增加费费率　　　　　　　　　　　　　　　　　　　%

工程类别	海拔高度 / m							5 000 以上
	1 501~2 000	2 001~2 500	2 501~3 000	3 001~4 000	3 501~4 000	4 001~4 500	4 501~5 000	
人工土方	7.00	13.25	19.50	29.75	43.25	60.00	80.00	110.00
机械土方	6.56	12.60	18.66	25.60	36.05	49.08	64.72	83.80
汽车运输	6.50	12.50	18.50	25.00	35.00	47.50	62.50	80.00
人工石方	7.00	13.25	19.75	29.75	43.25	60.00	80.00	110.00
机械石方	6.11	12.82	19.03	27.01	38.50	52.80	69.92	92.72
高级路面	6.58	12.61	18.69	25.72	36.26	49.41	65.17	84.58
其他路面	6.73	12.84	19.07	27.15	38.74	53.17	70.44	93.60
构造物Ⅰ	6.87	13.06	19.44	28.56	41.18	56.86	75.61	102.47
构造物Ⅱ	6.77	12.90	19.17	27.54	39.41	54.18	71.85	96.03
构造物Ⅲ	6.73	12.85	19.08	27.19	38.81	53.27	70.57	93.84
技术复杂大桥	6.70	12.81	19.01	26.94	38.37	52.61	69.65	92.27
隧　道	6.76	12.90	19.16	27.50	39.35	54.09	71.72	95.81
钢材及钢结构	6.78	12.92	19.20	27.66	39.62	54.50	72.30	96.80

② 风沙地区施工增加费。

风沙地区施工增加费指在沙漠地区施工时，由于受风沙影响，按照施工及验收规范的要求，为保证工程质量和安全生产而增加的有关费用。内容包括防风、防沙及气候影响的措施费,材料费,人工、机械效率降低增加的费用,以及积沙、风蚀的清理修复等费用。

风沙地区的划分,根据《公路自然区划标准》及《沙漠地区公路建设成套技术研究报告》的公路自然区划和沙漠公路区划,结合风沙地区的气候状况,将风沙地区分为三区九类:半干旱、半湿润沙地为风沙一区,干旱、极干旱寒冷沙漠地区为风沙二区,极干旱炎热沙漠地区为风沙三区;根据覆盖度(沙漠中植被、戈壁等覆盖程度),又将每区分为固定沙漠(覆盖度>50%)、半固定沙漠(覆盖度10%~50%)、流动沙漠(覆盖度<10%)三类,覆盖度由工程勘察设计人员在公路工程勘察设计时确定。

全国风沙地区公路施工区划见附录三。若当地气象资料及自然特征与附录三中的风沙地区划分有较大出入时,由工程所在省、自治区、直辖市公路(交通)工程造价(定额)管理站按当地气象资料和自然特征及上述划分标准确定工程所在地的风沙区划,并抄送交通运输部公路司备案。

风沙地区施工增加费的计算方法:以各类工程的人工费和机械使用费之和为基数,根据工程所在地的风沙区划及类别,按表1.7的费率计算。

风沙地区施工增加费=(人工费+机械使用费)×风沙地区施工增加费费率

计算风沙地区施工增加费的注意事项:一条路线穿过两个以上(含两个)不同风沙区时,按路线长度经过不同的风沙区加权计算项目全线风沙地区的施工增加费。

③ 沿海地区施工增加费。

沿海地区施工增加费是指工程项目在沿海地区施工受海风、海浪和潮汐的影响,致使人工、机械效率降低等所需增加的费用。本项费用由沿海各省、自治区、直辖市交通厅(局)制定具体的适用范围(地区),并抄送交通运输部公路司备案。

表 1.7 风沙地区施工增加费费率　　　　　　　　　　　　　　%

风沙区划及类别 工程类别	风沙一区			风沙二区			风沙三区		
	沙 漠 类 型								
	固 定	半固定	流 动	固 定	半固定	流 动	固 定	半固定	流 动
人工土方	6.00	11.00	18.00	7.00	17.00	26.00	11.00	24.00	37.00
机械土方	4.00	7.00	12.00	5.00	11.00	17.00	7.00	15.00	24.00
汽车运输	4.00	8.00	13.00	5.00	12.00	18.00	8.00	17.00	26.00
人工石方	—	—	—	—	—	—	—	—	—
机械石方	—	—	—	—	—	—	—	—	—
高级路面	0.50	1.00	2.00	1.00	2.00	3.00	2.00	3.00	5.00
其他路面	2.00	4.00	7.00	3.00	7.00	10.00	4.00	10.00	15.00
构造物Ⅰ	4.00	7.00	12.00	5.00	11.00	17.00	7.00	16.00	24.00
构造物Ⅱ	—	—	—	—	—	—	—	—	—
构造物Ⅲ	—	—	—	—	—	—	—	—	—
技术复杂大桥	—	—	—	—	—	—	—	—	—
隧 道	—	—	—	—	—	—	—	—	—
钢材及钢结构	1.00	2.00	4.00	1.00	3.00	5.00	2.00	5.00	7.00

沿海地区施工增加费的计算方法：以各类工程的直接工程费之和为基数，按表1.8的费率计算。

$$沿海地区施工增加费=直接工程费×沿海地区施工增加费费率$$

表 1.8 沿海地区工程施工增加费费率   %

工程类别	费率	工程类别	费率
构造物Ⅱ	0.15	技术复杂大桥	0.15
构造物Ⅲ	0.15	钢材及钢结构	0.15

（5）行车干扰工程施工增加费。

行车干扰工程施工增加费是指由于边施工边维持通车，受行车干扰的影响，致使人工、机械效率降低而增加的费用。

行车干扰工程施工增加费的计算方法：以受行车影响部分的工程项目的人工费和机械使用费之和为基数，按表1.9的费率计算。

$$行车干扰工程施工增加费=(人工费+机械使用费)×行车干扰工程施工增加费费率$$

表 1.9 行车干扰工程施工增加费费率   %

工程类别	施工期间平均每昼夜双向行车次数（汽车、畜力车合计）							
	51~100	101~500	501~1 000	1 001~2 000	2 001~3 000	3 001~4 000	4 001~5 000	5 000以上
人工土方	1.64	2.46	3.28	4.10	4.76	5.29	5.86	6.44
机械土方	1.39	2.19	3.00	3.89	4.51	5.02	5.56	6.11
汽车运输	1.36	2.09	2.85	3.75	4.35	4.84	5.36	5.89
人工石方	1.66	2.40	3.33	4.06	4.71	5.24	5.81	6.37
机械石方	1.16	1.71	2.38	3.19	3.70	4.12	4.56	5.01
高级路面	1.24	1.87	2.50	3.11	3.61	4.01	4.45	4.88
其他路面	1.17	1.77	2.36	2.94	3.41	3.79	4.20	4.62
构造物Ⅰ	0.94	1.41	1.89	2.36	2.74	3.04	3.37	3.71
构造物Ⅱ	0.95	1.43	1.90	2.37	2.75	3.06	3.39	3.72
构造物Ⅲ	0.95	1.42	1.90	2.37	2.75	3.05	3.38	3.72
技术复杂大桥	—	—	—	—	—	—	—	—
隧道	—	—	—	—	—	—	—	—
钢材及钢结构	—	—	—	—	—	—	—	—

（6）安全及文明施工措施费。

安全及文明施工措施费是指工程施工期间为满足安全生产、文明施工、职工健康生活所发生的费用。

安全及文明施工措施费的计算方法：以各类工程的直接工程费之和为基数，按表 1.10 的费率计算。

安全及文明施工措施费＝直接工程费×安全及文明施工措施费费率

计算安全及文明施工措施费的注意事项：此费用不包括施工期间为保证交通安全而设置的临时安全设施和标志、标牌的费用，需要时，应根据设计要求计算。

（7）临时设施费。

临时设施费指施工企业为进行建筑安装工程施工所必需的生活和生产用的临时建筑物、构筑物和其他临时设施的费用等，但不包括概算预算定额中临时工程在内。

临时设施包括：临时生活及居住房屋（包括职工家属房屋及探亲房屋），文化福利及公用房屋（如广播室、文体活动室等）和生产、办公房屋（如仓库、加工厂、加工棚、发电站、变电站、空压机站、停机棚等），工地范围内的各种临时的工作便道（包括汽车、畜力车、人力车道）、人行便道，工地临时用水、用电的水管支线和电线支线，临时构筑物（如水井、水塔等）以及其他小型临时设施。

表 1.10　安全及文明施工措施费费率　　　　　　　　　　　　　　　　　%

工程类别	费率	工程类别	费率
人工土方	0.59	构造物Ⅰ	0.72
机械土方	0.59	构造物Ⅱ	0.78
汽车运输	0.21	构造物Ⅲ	1.57
人工石方	0.59	技术复杂大桥	0.86
机械石方	0.59	隧道	0.73
高级路面	1.00	钢材及钢结构	0.53
其他路面	1.02		

注：设备安装工程按表中费率的 50% 计算。

临时设施费用包括：临时设施的搭设、维修、拆除费或摊销费。

临时设施费的计算方法：以各类工程的直接工程费之和为基数，按表 1.11 的费率计算。

临时设施费＝直接工程费×临时设施费费率

表 1.11　临时设施费费率　　　　　　　　　　　　　　　　　　　　　%

工程类别	费率	工程类别	费率
人工土方	1.57	构造物Ⅰ	2.65
机械土方	1.42	构造物Ⅱ	3.14
汽车运输	0.92	构造物Ⅲ	5.81
人工石方	1.60	技术复杂大桥	2.92
机械石方	1.97	隧道	2.57
高级路面	1.92	钢材及钢结构	2.48
其他路面	1.87		

(8) 施工辅助费。

施工辅助费包括生产工具用具使用费、检验试验费和工程定位复测、工程点交、场地清理等费用。

生产工具用具使用费是指施工所需不属于固定资产的生产工具、检验用具、试验用具及仪器、仪表等的购置、摊销和维修费，以及支付给生产工人自备工具的补贴费。

检验试验费是指施工企业对建筑材料、构件和建筑安装工程进行一般鉴定、检查所发生的费用。包括自设试验室进行试验所耗用的材料和化学药品的费用，以及技术革新和研究试验费，但不包括新结构、新材料的试验费和建设单位要求对具有出厂合格证明的材料进行检验以及对构件进行破坏性试验及其他特殊要求检验的费用。

施工辅助费的计算方法：以各类工程的直接工程费之和为基数，按表 1.12 的费率计算。

$$施工辅助费 = 直接工程费 \times 施工辅助费费率$$

表 1.12　施工辅助费费率　　　　　　　　　　　%

工程类别	费　率	工程类别	费　率
人工土方	0.89	构造物Ⅰ	1.30
机械土方	0.49	构造物Ⅱ	1.56
汽车运输	0.16	构造物Ⅲ	3.03
人工石方	0.85	技术复杂大桥	1.68
机械石方	0.46	隧　道	1.23
高级路面	0.80	钢材及钢结构	0.56
其他路面	0.74		

(9) 工地转移费。

工地转移费是指施工企业根据建设任务的需要，由已竣工的工地或后方基地迁至新工地的搬迁费用。其内容包括：

① 施工单位全体职工及随职工迁移的家属向新工地转移的车费、家具行李运费、途中住宿费、行程补助费、杂费及工资与工资附加费等。

② 公物、工具、施工设备器材、施工机械的运杂费，以及外租机械的往返费及本工程内部各工地之间施工机械、设备、公物、工具的转移费等。

③ 非固定工人进退场及一条路线中各工地转移的费用。

工地转移费的计算方法：以各类工程的直接工程费之和为基数，按表 1.13 的费率计算。

$$工地转移费 = 直接工程费 \times 工地转移费费率$$

计算工地转移费的注意事项：① 转移距离以工程承包单位（如工程处、工程公司等）转移前后驻地距离或两路线中点的距离为准；② 编制概算预算时，如施工单位不明确时，高速、一级公路及独立大桥、隧道按省会（自治区首府）至工地的里程，二级及以下公路按地区（市、盟）至工地的里程计算工地转移费；③ 工地转移里程数在表列里程之间时，费率可内插计算；④ 工地转移距离在 50 km 以内的工程不计取本项费用。

表 1.13　工地转移费费率　　　　　　　　　　　　%

工程类别	工地转移距离 / km					
	50	100	300	500	1 000	每增加 100
人工土方	0.15	0.21	0.32	0.43	0.56	0.03
机械土方	0.50	0.67	1.05	1.37	1.82	0.08
汽车运输	0.31	0.40	0.62	0.82	1.07	0.05
人工石方	0.16	0.22	0.33	0.45	1.58	0.03
机械石方	0.36	0.43	0.74	0.97	1.28	0.06
高级路面	0.61	0.83	1.30	1.70	2.27	0.12
其他路面	0.56	0.75	1.18	1.54	2.06	0.10
构造物 Ⅰ	0.56	0.75	1.18	1.54	2.06	0.11
构造物 Ⅱ	0.66	0.89	1.40	1.83	2.45	0.13
构造物 Ⅲ	1.31	1.77	2.77	3.62	4.85	0.25
技术复杂大桥	0.75	1.01	1.58	2.06	2.76	0.14
隧　　道	0.52	0.71	1.11	1.45	1.94	0.10
钢材及钢结构	0.72	0.97	1.51	1.97	2.64	0.13

【例3】　某工程为挖掘机挖路基土方，工地转移距离 130 km，试计算工地转移费费率。

解　$0.67\% + (1.05 - 0.67) \div (300 - 100) \times (130 - 100) \times 100\% = 0.73\%$

二、间接费

间接费是指虽不直接由施工的工艺过程所引起，但却与工程的总体条件有关，间接为建筑安装生产服务的各项费用。间接费由规费和企业管理费两项组成。

（一）规　费

规费是指法律、法规、规章、规程规定施工企业必须缴纳的费用（简称规费），包括：

(1) 养老保险费。由施工企业按规定标准为职工缴纳，它是指劳动者在达到法定退休年龄以后，从政府和社会得到一定的经济补偿和服务的一项社会保险制度。

(2) 失业保险费。由施工企业按国家规定标准为职工缴纳，它是指国家通过立法强制执行，由政府负责建立基金，对因非本人意愿中断就业而失去工资收入的劳动者提供一定时期的物资帮助及再就业服务的一项社会保险制度。

(3) 医疗保险费。由施工企业按规定标准为职工缴纳的基本医疗保险费和生育保险费，它是指向法定劳动者部分或全部提供预防和治疗疾病的费用，并保证其在治疗期间的经济来源及基本生活需求的社会保险项目。

(4) 住房公积金。由施工企业按规定标准为职工缴纳，它是指企事业单位及在职职工按照规定缴存的具有保障性和互助性的一种长期住房基金，归职工个人所得，职工离退休时本息余额一次付偿退还给职工本人。

（5）工伤保险费。由施工企业按规定标准为职工缴纳，它是指为了保证因工作遭受事故伤害或者患职业病的职工获得医疗救治和经济补偿的费用。

各项规费的计算方法：以各类工程的人工费之和为基数，按国家或工程所在地法律、法规、规章、规程规定的标准计算。

$$规费 = 人工费 \times 规费费率$$

（二）企业管理费

企业管理费由基本费用、主副食运费补贴、职工探亲路费、职工取暖补贴和财务费用五项组成。

1. 基本费用

企业管理费基本费用是指施工企业为组织施工生产和经营管理所需的费用，内容包括：

（1）管理人员工资。指管理人员的基本工资、工资性补贴、职工福利费、劳动保护费以及缴纳的养老、失业、医疗、生育、工伤保险费和住房公积金等。

（2）办公费。指企业办公用的文具、纸张、账表、印刷、邮电、书报、会议、水和集体取暖（包括现场临时宿舍取暖）用煤（气）等费用。

（3）差旅交通费。指职工因公出差和工作调动（包括随行家属的旅费）的差旅费、住勤补助费、市内交通费和误餐补助费，职工探亲路费，劳动力招募费，职工离退休、退职一次性路费，工伤人员就医路费，以及管理部门使用的交通工具的油料、燃料、养路费及牌照费。

（4）固定资产使用费。指管理和试验部门及附属生产单位使用的属于固定资产的房屋、设备、仪器等的折旧、大修、维修或租赁费等。

（5）工具用具使用费。指管理使用的不属于固定资产的生产工具、器具、家具、交通工具和检验、试验、测绘、消防用具等的购置、维修和摊销费。

（6）劳动保险费。指企业支付离退休职工的异地安家补助费、职工退职金、6个月以上的病假人员工资、职工死亡丧葬补助费、抚恤费以及按规定支付给离休干部的各项经费。

（7）工会经费。指企业按职工工资总额计提的经费。

（8）职工教育经费。指企业为职工学习先进技术和提高文化水平，按职工工资总额计提的费用。

（9）保险费。指企业财产保险、管理用车辆保险等费用。

（10）工程保修费。指工程竣工交付使用后，在规定保修期以内的修理费用。

（11）工程排污费。指施工现场按规定缴纳的排污费用。

（12）税金。指企业按规定缴纳的房产税、车船使用税、土地使用税、印花税等。

（13）其他。指上述项目以外的其他必要的费用支出，包括技术转让费、技术开发费、业务招待费、绿化费、广告费、投标费、公证费、定额测定费、法律顾问费、审计费、咨询费等。

基本费用的计算方法：以各类工程的直接费之和为基数，按表1.14的费率计算。

$$基本费用 = 直接费 \times 基本费用费率$$

表 1.14　基本费用费率　　　　　　　　　　　　　　　　　　　　　　　%

工程类别	费率	工程类别	费率
人工土方	3.36	构造物Ⅰ	4.44
机械土方	3.26	构造物Ⅱ	5.53
汽车运输	1.44	构造物Ⅲ	9.79
人工石方	3.45	技术复杂大桥	4.72
机械石方	3.28	隧道	4.22
高级路面	1.91	钢材及钢结构	2.42
其他路面	3.28		

2. 主副食运费补贴

主副食运费补贴是指施工企业在远离城镇及乡村的野外施工购买生活必需品所需增加的费用。

主副食运费补贴的计算方法：以各类工程的直接费之和为基数，按表 1.15 的费率计算。

$$主副食运费补贴 = 直接费 \times 主副食运费补贴费率$$

$$综合里程 = 粮食运距 \times 0.06 + 燃料运距 \times 0.09 + 蔬菜运距 \times 0.15 + 水运距 \times 0.70$$

粮食、燃料、蔬菜、水的运距均为全线平均运距；综合里程数在表列里程之间时，费率可内插计算；综合里程在 1 km 以内的工程不计取本项费用。

表 1.15　主副食运费补贴费率　　　　　　　　　　　　　　　　　　　%

工程类别	综合里程 / km											
	1	3	5	8	10	15	20	25	30	40	50	每增加 10
人工土方	0.17	0.25	0.31	0.39	0.45	0.56	0.67	0.76	0.89	1.06	1.22	0.16
机械土方	0.13	0.19	0.24	0.30	0.35	0.43	0.52	0.59	0.69	0.81	0.95	0.13
汽车运输	0.14	0.20	0.25	0.32	0.37	0.45	0.55	0.62	0.73	0.86	1.00	0.14
人工石方	0.13	0.19	0.24	0.30	0.34	0.42	0.51	0.58	0.67	0.80	0.92	0.12
机械石方	0.12	0.18	0.22	0.28	0.33	0.41	0.49	0.55	0.65	0.76	0.89	0.12
高级路面	0.08	0.12	0.15	0.20	0.22	0.28	0.33	0.38	0.44	0.52	0.60	0.08
其他路面	0.09	0.12	0.15	0.20	0.22	0.28	0.33	0.38	0.44	0.52	0.61	0.09
构造物Ⅰ	0.13	0.18	0.23	0.28	0.32	0.40	0.49	0.55	0.65	0.76	0.89	0.12
构造物Ⅱ	0.14	0.20	0.25	0.30	0.35	0.43	0.52	0.60	0.70	0.83	0.96	0.13
构造物Ⅲ	0.25	0.36	0.45	0.55	0.64	0.79	0.96	1.09	1.28	1.51	1.76	0.24
技术复杂大桥	0.11	0.16	0.20	0.25	0.29	0.36	0.43	0.49	0.57	0.68	0.79	0.11
隧道	0.11	0.16	0.19	0.24	0.28	0.34	0.42	0.48	0.56	0.66	0.77	0.10
钢材及钢结构	0.11	0.16	0.20	0.26	0.30	0.37	0.44	0.50	0.59	0.69	0.80	0.11

3. 职工探亲路费

职工探亲路费是指按照有关规定,施工企业职工在探亲期间发生的往返车船费、市内交通费和途中住宿费等费用。

职工探亲路费的计算方法:以各类工程的直接费之和为基数,按表 1.16 的费率计算。

$$职工探亲路费=直接费×职工探亲路费费率$$

表 1.16 职工探亲路费费率   %

工程类别	费 率	工程类别	费 率
人工土方	0.10	构造物Ⅰ	0.29
机械土方	0.22	构造物Ⅱ	0.34
汽车运输	0.14	构造物Ⅲ	0.55
人工石方	0.10	技术复杂大桥	0.20
机械石方	0.22	隧 道	0.27
高级路面	0.14	钢材及钢结构	0.16
其他路面	0.16		

4. 职工取暖补贴

职工取暖补贴是指按规定发放给职工的冬季取暖费或在施工现场设置的临时取暖设施的费用。

职工取暖补贴的计算方法:以各类工程的直接费之和为基数,按工程所在地的气温区(见附录一)选用表 1.17 的费率计算。

$$职工取暖补贴=直接费×职工取暖补贴费率$$

表 1.17 职工取暖补贴费率   %

工程类别	气 温 区						
	准二区	冬一区	冬二区	冬三区	冬四区	冬五区	冬六区
人工土方	0.03	0.06	0.10	0.15	0.17	0.26	0.31
机械土方	0.06	0.13	0.22	0.33	0.44	0.55	0.66
汽车运输	0.06	0.12	0.21	0.31	0.41	0.51	0.62
人工石方	0.03	0.06	0.10	0.15	0.17	0.25	0.31
机械石方	0.05	0.11	0.17	0.26	0.35	0.44	0.53
高级路面	0.04	0.07	0.13	0.19	0.25	0.31	0.38
其他路面	0.04	0.07	0.12	0.18	0.24	0.30	0.36
构造物Ⅰ	0.06	0.12	0.19	0.28	0.36	0.46	0.56
构造物Ⅱ	0.06	0.13	0.20	0.30	0.41	0.51	0.62
构造物Ⅲ	0.11	0.23	0.37	0.56	0.74	0.93	1.13
技术复杂大桥	0.05	0.10	0.17	0.26	0.34	0.42	0.51
隧 道	0.04	0.08	0.14	0.22	0.28	0.36	0.43
钢材及钢结构	0.04	0.07	0.12	0.19	0.25	0.31	0.37

5. 财务费用

财务费用指施工企业为筹集资金而发生的各项费用,包括企业经营期间发生的短期贷款利息净支出、汇兑净损失、调剂外汇手续费、金融机构手续费,以及企业筹集资金发生的其他财务费用。

财务费用的计算方法:以各类工程的直接费之和为基数,按表1.18的费率计算。

$$财务费用=直接费×财务费用费率$$

表 1.18 财务费用费率　　　　　　　　　　　%

工程类别	费率	工程类别	费率
人工土方	0.23	构造物Ⅰ	0.37
机械土方	0.21	构造物Ⅱ	0.40
汽车运输	0.21	构造物Ⅲ	0.82
人工石方	0.22	技术复杂大桥	0.46
机械石方	0.20	隧道	0.39
高级路面	0.27	钢材及钢结构	0.48
其他路面	0.30		

（三）辅助生产间接费

（1）辅助生产间接费是指由施工单位自行开采加工的砂、石等材料及施工单位自办的人工装卸和运输的间接费。

辅助生产间接费按人工费的 5%计,该项费用并入材料预算单价内构成材料费,不直接出现在概（预）算中。

（2）当在高原地区施工单位进行辅助生产时,也应计取高原地区施工增加费。

① 计算方法:按其他工程费中高原地区施工增加费费率,以直接工程费为基数计算高原地区施工增加费。

② 计算公式:

$$辅助生产高原地区施工增加费=直接工程费×高原地区施工增加费费率$$

③ 工程类别划分:人工采集、加工材料,人工装卸、运输材料按人工土方费率计算;机械采集、加工材料按机械石方费率计算;机械装卸、运输材料按汽车运输费率计算。

④ 辅助生产高原地区施工增加费不作为辅助生产间接费的计算基数。

三、利 润

利润是指施工企业完成所承包工程应取得的赢利,利润按直接费与间接费之和扣除规费的 7%计算。

由于建筑市场竞争程度以及业主对项目的要求不同,企业自身生产能力与管理水平不同,因此中标项目的实际利润也与计算建筑安装工程费所计取的利润不同。

四、税　金

税金是指按国家税法规定应计入建筑安装工程造价内的营业税、城市维护建设税及教育费附加等。计算公式为

$$综合税金额=(直接费+间接费+利润)\times 综合税率$$

（1）纳税地点在市区的企业，综合税率为

$$综合税率=\left(\frac{1}{1-3\%-3\%\times 7\%-3\%\times 3\%}-1\right)\times 100\%=3.41\%$$

（2）纳税地点在县城、乡镇的企业，综合税率为

$$综合税率=\left(\frac{1}{1-3\%-3\%\times 5\%-3\%\times 3\%}-1\right)\times 100\%=3.35\%$$

（3）纳税地点不在市区、县城、乡镇的企业，综合税率为

$$综合税率=\left(\frac{1}{1-3\%-3\%\times 1\%-3\%\times 3\%}-1\right)\times 100\%=3.22\%$$

五、建筑安装工程费计算程序、公式

直接工程费（工、料、机费）：按编制年工程所在地的预算价格计算。
其他工程费计算公式：

$$其他工程费=直接工程费\times 其他工程费综合费率$$
$$其他工程费=各类工程人工费和机械费之和\times 其他工程费综合费率$$

直接费计算公式：

$$直接费=直接工程费+其他工程费$$

间接费计算公式：

$$间接费=各类工程人工费\times 规费综合费率+直接费\times 企业管理费综合费率$$

利润计算公式：

$$利润=(直接费+间接费-规费)\times 利润率$$

税金计算公式：

$$税金=(直接费+间接费+利润)\times 综合税率$$

建筑安装工程费计算公式：

$$建筑安装工程费=直接费+间接费+利润+税金$$

六、公路交工前养护费和绿化费

公路交工前养护费和绿化费也属于建筑安装工程费中的项目，由于其计算方法比较特殊，因此单独计列。

1. 公路交工前养护费

公路交工前养护费为陆续完工的路段，在路段交工初验时止，以路面为主包括路基、构造物在内的养护费用。该费用按全线里程及平均养护月数，以下列标准计算：

三、四级公路每月养护费按每千米每月 60 个工日计算；

二级及二级以上公路每月养护费按每千米每月 30 个工日计算；

另按路面工程类别计算其他工程费和间接费。

【例 4】 某二级公路交工前需要养护，公路长 5 km，养护 2 个月，当地人工预算单价为 50 元/工日，计算其人工费。

解 人工费=5×2×30×50=15 000 元

2. 绿化补助费

对于无绿化设计的二级以下等级公路建设项目新建公路的绿化补助费指标如下：

平原微丘区：5 000 元/km

山岭重丘区：1 000 元/km

以上费用标准内已包括其他工程费和间接费。

七、冬季、雨季、夜间施工增工

冬季、雨季、夜间施工增工是指在冬、雨季节及夜间施工时为保证工程质量和安全而采取的各项防护措施及工作效率降低所需增加的人工工日数量。冬、雨季施工增工百分率如表 1.19 所示。

1. 冬季施工增加工日数量

$$冬季施工增加工日＝各类工程概算预算工数之和×冬季施工增工百分率$$

2. 雨季施工增加工日数量

$$雨季施工增加工日＝各类工程概算预算工数之和×雨季施工增工百分率×雨季期月数$$

3. 夜间施工增加工日数量

$$夜间施工增加工日＝夜间施工工程项目概算预算工数×4\%$$

表 1.19　冬、雨季施工增工百分率

项目	雨季施工		冬季施工							
	雨量区		冬一区		冬二区		冬三区	冬四区	冬五区	冬六区
	Ⅰ	Ⅱ	Ⅰ	Ⅱ	Ⅰ	Ⅱ				
路线	0.30	0.45	0.70	1.00	1.40	1.80	2.40	3.00	4.50	6.75
独立大中桥	0.30	0.45	0.30	0.40	0.50	0.60	0.80	1.00	1.50	2.25

八、临时设施用工数量

临时设施用工是指临时设施的搭设、维修、拆除所需的人工数量，其用工指标如表 1.20 所示。

表 1.20　临时设施用工指标

项目	路线/1 km					独立大中桥
	公路等级					(100 m² 桥面)
	高速公路	一级公路	二级公路	三级公路	四级公路	
工日	2 340	1 160	340	160	100	60

第四节　设备、工具、器具及家具购置费

一、设备购置费

设备购置费指为满足公路的营运、管理、养护的需要，购置的达到固定资产标准的设备和虽低于固定资产标准但属于设计明确列入设备清单的设备费用。需要安装的设备，应在第一部分建筑安装工程费的有关项目内另计设备的安装工程费。

设备购置费=设备原价+运杂费+运输保险费+采购及保管费

二、工器具及生产家具（简称工器具）购置费

工器具购置费指建设项目交付使用后为满足初期正常营运必须购置的第一套不构成固定资产的设备、仪器、仪表、工卡模具、器具、工作台等的费用。

三、办公及生活用家具购置费

办公及生活用家具购置费指为保证新建、改建项目初期正常生产、使用和管理所必须购置的办公和生活用家具、用具的费用。

第五节　工程建设其他费用

工程建设其他费用是指从工程筹建到工程验收交付使用的整个建设期间，除建筑安装工程费和设备工器具购置费以外的，为保证工程建设顺利进行和交付使用后能够正常发挥效用的各项费用。

一、土地征用及拆迁补偿费

土地征用及拆迁补偿费包括：土地补偿费、征用耕地安置补偿费、拆迁补偿费、复耕费、耕地开垦费、森林植被恢复费。其费用按国家有关规定及工程所在地人民政府颁发的有关规定和标准计算。

二、建设项目管理费

1. 建设单位管理费

建设单位管理费是指建设单位为工程项目的立项、筹建、建设、竣工验收等工作的完成所发生的费用。建设单位管理费以建筑安装工程费总额为基数，按表1.21中的费率，以累进的方式计算。

表1.21　建设单位管理费费率

建筑安装工程费/万元	费率/%	建筑安装工程费/万元	费率/%	建筑安装工程费/万元	费率/%
500以下	3.48	10 001~30 000	1.52	150 001~200 000	0.59
501~1 000	2.73	30 001~50 000	1.27	200 001~300 000	0.43
1 001~5 000	2.18	50 001~100 000	0.94	300 000以上	0.32
5 001~10 000	1.84	100 001~150 000	0.76		

【例5】某建设项目的建筑安装工程费为3 000万元，计算其建设单位管理费。

解　500×3.48%+500×2.73%+2 000×2.18%=74.69万元

2. 工程质量监督费

工程质量监督费是根据国家有关部门规定，各级公路工程质量监督部门对工程建设质量和安全生产实施监督所收取的费用。工程质量监督费以建筑安装工程费总额为基数，按0.15%计算。

3. 工程监理费

工程监理费是指建设单位委托具有公路工程监理资格的单位，按施工监理规范进行工程的全面监督与管理所发生的费用。工程监理费以建筑安装工程费总额为基数，按表1.22中的费率计算。

表 1.22　工程监理费费率

工程类别	高速公路	一、二级公路	三、四级公路	桥梁及隧道
费率/%	2.0	2.5	3.0	2.5

4．工程定额测定费

工程定额测定费是指各级公路（交通）工程定额（造价管理）站为测定劳动定额，收集定额资料，编制工程定额及定额管理所需要的费用。其费用以建筑安装工程费总额为基数，按 0.12%计算。

5．设计文件审查费

设计文件审查费是指国家和省级交通主管部门在项目审批前，为保证勘察设计工作的质量，组织有关专家或委托有资质的单位，对设计单位提交的建设项目可行性研究报告和勘察设计文件、设计变更、调整概算进行审查所需要的费用。其费用以建筑安装工程费总额为基数，按 0.1%计算。

6．竣（交）工验收试验检查费

竣（交）工验收试验检查费是指在公路建设项目交工验收和竣工验收前，由建设单位或工程质量监督部门委托有资质的公路工程质量检测单位，按照有关的规定对建设项目的工程质量进行检测，并出具检测意见的的费用。其费用按表 1.23 计算。

表 1.23　竣（交）工验收试验检查费费用

项目	路线/（元/km）				独立大桥/（元/座）	
	高速公路	一级公路	二级公路	三四级公路	一般大桥	技术复杂大桥
试验检测费用	15 000	12 000	1 000	5 000	30 000	100 000

三、研究试验费

研究试验费是指为本建设项目提供或验证设计数据、资料进行必要的研究试验和按照设计规定在施工过程中必须进行试验、验证所需的费用，以及支付科技成果、先进技术的一次性技术转让费。其中：① 应由科技三项费用（新产品试制费、中间试验费、重要科学研究补助费）开支的费用；② 应由施工辅助费开支的施工企业对建筑材料、构件、建筑物进行一般鉴定检查所发生的费用；③ 应由勘察设计费或建筑安装工程费开支的费用。上述 3 种费用不包括在研究试验费中，研究试验费按设计提出的研究试验内容和要求进行计算。

四、建设项目前期工作费

建设项目前期工作费是指委托勘察设计、咨询单位对建设项目进行可行性研究、工程勘察设计、设计、监理、施工招标文件及标底或造价控制文件编制时，按国家颁发的标准、规定或合同计算的费用。

五、专项评估费

专项评估费是指依据国家法律、法规规定对环境影响、水土流失、地震安全性、地质灾害危险性、通航等方面进行评价、评估的费用。其费用按国家的收费标准和相关规定计算。

六、施工机构迁移费

施工机构迁移费是指施工机构根据建设任务的需要，经有关部门决定成建制地（指工程处等）由原驻地迁移到另一地区所发生的一次性搬迁费。其费用应经建设项目主管部门同意并按实际计算，若迁移地点为新工地地点，则建筑安装工程费中的工地转移费不再计算。

七、供电贴费

供电贴费是指按国家规定，建设项目应交付的供电工程贴费和施工临时用电贴费。

八、联合试运转费

联合试运转费是指新建、改建、扩建项目，在竣工验收前按照设计规定的工程质量标准，进行动（静）载试验所需的费用以及进行整套设备带负荷联合试运转期间所需的全部费用（扣除试车期间的收入）。联合试运转费以建筑安装工程费为基数，独立特大桥梁按 0.075% 计算，其他工程按 0.05% 计算。

九、生产人员培训费

生产人员培训费是指新建、改建、扩建工程项目，为保证生产的正常运行，在工程竣工验收交付使用前对运营部门生产人员和管理人员进行培训所必需的费用。

十、固定资产投资方向调节税

固定资产投资方向调节税是指为控制投资规模，引导投资方向，促进国民经济持续稳定发展，对工程项目征收的固定资产投资方向调节税。

十一、建设期贷款利息

建设期贷款利息是指建设期内使用贷款进行工程建设所应归还的贷款利息，其费用根据不同的资金来源按利息付款。

第六节 预备费、回收金额

一、预备费

建设项目为在建设期内可能会发生增加工程，遇到自然灾害，物价变动，国家政策法律法规调整等现象而提前准备的费用。预备费包括价差预备费和基本预备费。

（一）价差预备费

价差预备费是指设计文件编制年至竣工年期间，由于政策、价格变化可能上浮引起费用增加而预留的费用。

价差预备费是以概算预算或修正概算预算第一部分建筑安装工程费总额为基数，按设计文件编制年至建设项目竣工年年终的时间（年）和年工程造价增长率计算。

（二）基本预备费

基本预备费是指在初步设计和概算中难以预料的工程和费用。

(1) 基本预备费的用途。

① 在进行技术设计、施工图设计和施工过程中，在批准的初步设计和改善范围内所增加的工程费用。

② 由于自然灾害所造成的损失及预防自然灾害所采取的措施费用。

③ 设备规格、型号变化的价差；材料运输方式、距离、规格改变发生的价差。

④ 在项目主管部门组织竣（交）工验收时，验收委员会为鉴定工程质量必须开挖和修复的隐蔽工程费用。

⑤ 投保的工程根据工程特点和保险合同发生的工程保险费用。

(2) 基本预备费的计算方法。

① 设计概算基本预备费：

$$设计概算基本预备费=(建筑安装工程费+设备工器具购置费+工程建设其他费-固定资产投资方向调节税-建设期贷款利息)\times 5\%$$

② 修正概算基本预备费：

$$修正概算基本预备费=(建筑安装工程费+设备工器具购置费+工程建设其他费-固定资产投资方向调节税-建设期贷款利息)\times 4\%$$

③ 施工图预算基本预备费：

$$施工图预算基本预备费=(建筑安装工程费+设备工器具购置费+工程建设其他费-固定资产投资方向调节税-建设期贷款利息)\times 3\%$$

④ 采用施工图预算加系数包干承包的工程，包干费用为：

包干费=(施工图预算的直接费+施工图预算的间接费)×3%

包干费用内容为：在施工过程中，设计单位对分部分项工程修改设计而增加的费用，不包括因水文地质变化造成的基础变更、结构变更、标准提高、工程规模改变而增加的费用；预算审定后，施工单位负责采购的材料由于货源变更、运输距离或方式变化以及因规格不同而代换使用等原因发生的价差；由于自然灾害所造成的损失及预防自然灾害所采取的措施费用。包干费用由施工单位包干使用。

二、回收金额

在公路工程概算预算定额中，只对按全部材料计价的一些临时工程项目和由于工程规模或工期限制达不到规定周转次数的就地现浇混凝土梁用的支架及拱圈用的拱盔、支架和金属设备的材料（如钢护筒、钢壳沉井）计算回收金额。回收率见表1.24，其他材料一般不计算回收金额。

表1.24 回 收 率

回收项目	使用年限或周转次数				计算基数
	一年或一次	两年或两次	三年或三次	四年或四次	
临时电力电信线路	50%	30%	10%	—	材料原价
拱盔、支架	60%	45%	30%	15%	材料原价
施工金属设备	65%	65%	50%	30%	材料原价

第二章 公路工程概算预算的编制

【教学指导】
1. 本章重点内容：
（1）公路工程概算预算的编制程序；
（2）公路预算定额的组成及应用；
（3）机械台班定额的组成及应用；
（4）公路路基、路面、桥涵、隧道等工程预算的编制。
2. 要求学生熟练掌握定额的应用。
3. 要求学生掌握公路工程建筑安装工程费的计算方法。

第一节 概算预算的编制程序

一、概算预算编制的依据

概算预算的编制是一项细致、复杂、烦琐的工作，在编制过程中要严格执行国家的方针、政策和有关制度，并且要符合公路设计规范和施工技术规范，编制时必须有据可依，主要依据如下：
（1）法令性文件。
（2）设计资料。
（3）概预算定额、取费标准。
（4）施工组织设计资料。
（5）当地物资、劳力供应情况。
（6）施工单位的施工能力。
（7）当地的自然条件。
（8）其他工程及沿线设施。

二、概算预算的编制步骤

1. 熟悉设计图纸资料

对施工图设计文件中设计图纸资料全面的熟悉了解，是准确全面编制预算的前提条件。

2. 进行外业调查

编制施工图预算外业调查工作，是为计算人工、材料、机械单价提供依据，也是为编制预算提供原始资料。外业调查是否深入细致，资料收集是否齐全、准确，直接影响预算的编制质量。外业调查的内容有：① 各类材料的来源（外购或自采）、运输方式、运距、运费标准；② 沿线的临时设施，三通一平工作；③ 劳动力供应情况；④ 当地的地形、地貌、气候、水文风土人情等。

3. 分析施工组织设计

同一施工内容采用不同的施工组织、工艺，不同的施工机械对工程的工期、质量、造价均有很大的影响，应认真分析其可行性、合理性、经济性。

4. 分项计算工程量

工程量是以物理计量单位或自然计量单位所表示的建筑安装工程各个分项工程或结构构件的实物数量。

工程量计算是根据施工图、预算定额划分的项目及工程量计算规则，列出分部分项工程名称和工程量计算式，然后计算其结果的过程。

预算工程量计算规则是确定工程施工数量和预算工程数量的依据，分散在公路预算定额手册的各章节说明中，是在套用定额时确定定额数量的工作依据。

由概算预算费用组成内容可知，公路工程项目概算预算金额由建筑安装工程费、设备工器具购置费、工程建设其他费、预留费 4 部分组成。其中后 3 部分费用可分别按国家规定的有关费用标准和相应的产品价格直接计算，较易确定。而建筑安装工程费则不同，它是由相当数量的分项工程组成的庞大复杂综合体，直接计算出它的全部人工、材料、机械台班消耗量及价格，较为困难。为了准确计算建筑安装工程费，必须对工程项目进行分项。分项必须满足以下要求：① 按照概算预算项目表的要求；② 符合定额项目表的要求；③ 符合费率的要求。按要求分项后，便可将工程系目列出并填入 08 表。

按照施工图纸、技术文件、施工方案、工程量计算规则、定额计算工程量，将计算的分项工程量填入 08 表（具体表格格式及填写要求详见《公路工程基本建设项目概算预算编制办法》附录五）。

5. 查定额

按照分项工程不同的施工方法、材料、结构，查找相应的定额细目，并将查找的定额号、定额单位、定额值列入 08 表相应栏目。

6. 计算人工、材料、机械预算单价

人工、材料、机械预算单价是计算建筑安装工程费的基础，由 09 表、10 表、11 表计算后汇入 07 表。

（1）根据 08 表所列出的材料名称、规格，机械油燃料、水、电，编制 09 表材料预算单价。

（2）对于 09 表中的自采材料按不同种类、规格列入 10 表计算其料场价格，并将计算结果汇入 09 表的材料原价中。

(3) 根据 08 表、10 表所列机械以及 09 表中自办运输机械，按不同型号、规格列入 11 表计算机械预算单价。

7. 计算其他工程费费率、间接费费率

根据项目分项、工程类别划分规定，计算其他工程费费率、间接费费率，并填入 04 表中。

8. 计算建筑安装工程费

（1）将 07 表的预算单价填入 08-2 表中的单价栏中，由单价与数量相乘得出人工费、材料费、机械使用费，并计算出直接工程费。

（2）根据 04 表中其他工程费费率Ⅰ，以直接工程费为基数；根据 04 表中其他工程费费率Ⅱ，以人工费、机械费之和为基数；计算其他工程费。

（3）根据 04 表中规费综合费率，以人工费为基数计算规费；根据 04 表中企业管理费综合费率，以直接费为基数计算企业管理费。

（4）08 表中利润以直接费、间接费之和减规费的百分比计算。

（5）08 表中税金以直接费、间接费、利润之和为基数，按一定的税率计算。

（6）根据 08 表中分项工程的数据，按不同的工程名称（项或目）填写 03 表建筑安装工程费。

9. 实物指标计算

（1）将 09 表、机械 10 表、11 表中的人工、材料、机械、数量汇总编制 12 表。

（2）汇总 08 表中人工、材料、机械消耗量。

（3）计算各种增工（冬、雨季，夜间施工等）。

（4）将上面 3 项内容汇总，填入 02 表中。

10. 计算其他有关费用

（1）按规定计算设备、工器具购置费，填入 05 表中。

（2）按规定计算工程建设其他费，填入 06 表中。

（3）计算回收金额，填入 06 表中。

11. 编制总概算预算表

（1）将 03 表、05 表、06 表中的各项按项目表的顺序填入 01 表，并计算各项的技术经济指标。

（2）造价分析。根据概算预算总金额，对各项工程的费用比值和经济指标进行分析、评价。

12. 编制总概算预算汇总表

（1）一个建设项目分若干单项工程编制概预算时，应汇总全部项目，计算总金额。

（2）汇总 01 表填入 01-1 表中。

（3）汇总 02 表填入 02-1 表中。

13. 编制说明

概算预算表格编制完毕后，应编写概算预算说明，主要内容有编制依据、存在问题、工

程总造价、三材数量、经济指标和其他不能在表格中反映的事项。

14. 复核、装订

当概算预算表格、编制说明全部完成后,应进行全面复核,确认无误并签字后,对甲、乙组文件分别装订成册。

三、注意事项

(1) 工程量的计算要准确,要按照计算规则、定额单位进行计算。

(2) 08 表的"工程名称"(即 01 表中的"项")要按项目填写,应注意将费率相同的填写于一张表中。

(3) 注意各取费费率范围、计算基数。如商品混凝土的浇注为构造物Ⅲ,商品混凝土的费用不作为计算基数。

(4) 加强复核工作。由于概预算工作较复杂、烦琐,每步必须复核无误后再进行下一步,切勿单人自编自核,更不允许不复核。

(5) 概算预算表格是一个有机整体,互相联系、补充,在编制时,要交叉进行。

(6) 编制 02 表时注意增工及材料场外运输损耗。

(7) 概算预算的编制要遵循国家和地方的有关规定,每次编制之前要查询有无新的文件或规定。

(8) 使用定额时避免套用错误,熟悉掌握主要章、节说明及注解。

(9) 公路工程概算预算费用中属于非公路专业的工程,如概算预算项目表中第九项管理、养护及服务房屋,应按照相应的建筑安装预算定额要求计算。

第二节 定额的概念及其分类

一、定额的概念

定额指在合理的生产组织、合理的使用资源和合理的生产技术条件下,经过国家或主管部门科学地测定、分析、计算而加以合理确定的生产单位合格产品或劳动量所消耗资源的消耗量标准。

二、定额的特点、作用

(1) 特点:法令性、科学性、群众性、相对稳定性及时效性。

(2) 作用:

① 定额是计划管理的基础。

② 定额是确定工程造价的依据。

③ 定额是加强施工管理与提高劳动效率的手段。
④ 定额是总结推广先进生产方法的工具。

三、工程定额的分类

（1）按定额的编制单位和使用范围分类：国家定额、地方定额、企业定额。
（2）按专业分类：公路定额、铁路定额。
（3）按生产因素分类：劳动消耗定额、材料消耗定额、设备定额。
（4）按用途分类：施工定额、预算定额、概算定额、估价指标。

四、按生产因素分类的定额

（1）劳动消耗定额。它是在一定的生产技术和生产组织条件下，为生产或完成单位合格产品或工作，所规定的劳动量消耗标准。它有两种表现形式：时间定额、产量定额。

① 时间定额是指在技术条件正常、生产工具使用合理和劳动组织正确的条件下，工人为生产合格产品所消耗的劳动时间。计量单位为：工时单位/产品数量单位。

$$时间定额 = 消耗工时数量 \div 完成单位合格产品数量$$

② 产量定额是指在技术条件正常、生产工具使用合理和劳动组织正确的条件下，工人在单位时间内完成合格产品的数量。计量单位为：产品数量单位/工时单位。时间定额与产量定额互为倒数。

$$产量定额 = 完成单位合格产品数量 \div 消耗时间数量$$

【例1】某工程搅拌混凝土，所需中砂由人力架子车装卸，现场测试，装卸一车为 0.5 m^3，运距 125 m，耗时 20 min，计算其装卸中砂的时间定额及产量定额。

解　　　时间定额 $= (20 \div 60 \div 8) \div 0.5 \text{ m}^3 = 0.084$ 工日$/\text{m}^3$
　　　　　产量定额 $= 1 \div 0.084 = 11.91 \text{ m}^3/$工日

（2）材料消耗定额。它是指在节约和合理使用条件下，为生产单位数量合格产品所规定的消耗一定规格的建筑材料、半成品、配件、构件等的数量标准，它包括材料的净消耗量和必要的损耗量。

【例2】计算《公路预算定额》2-1-3-1 石灰稳定土基层中，10%石灰土中石灰的含量。

解　　　石灰含量 = 混合料体积×混合料压实干密度×[石灰比例÷(1 + 石灰比例)]×(1 + 场内运输及操作损耗率)

　　　　　石灰含量 $= 1\,000 \times 0.15 \times 1.712 \times [10\% \div (1 + 10\%)] \times (1 + 3\%) = 24.046$ t

石灰土干密度、石灰损耗率参见《公路预算定额》附录一、附录四。

（3）设备定额。包括机械台班消耗定额和机械台班费用定额。

① 机械台班消耗定额是指完成单位数量合格产品，所规定的机械台班消耗的数量标准。

② 机械台班费用定额是以机械的一个台班为单位，规定其所消耗的工时、燃料及费用等数量标准并可折算为货币形式表现的定额。

五、按用途分类的定额

（一）施工定额

施工定额是规定建筑安装工人或小组在正常施工条件下，完成单位合格产品的劳动力、机械消耗的数量标准；是企业内部进行计划经营管理和内部组织生产、指挥生产的依据；是企业内部计算工人劳动报酬的依据。施工定额与其他定额不同，它是企业定额，它可以由企业根据自身的条件、市场行情、国家规定的法律法规，自行编制，并自行决定定额水平。

（二）预算定额

预算定额是编制施工图预算的依据，是进行工程结算和施工单位进行经济分析的依据。其计量单位比施工定额大，其定额水平比施工定额低。预算定额还是编制概算定额和估价指标的基础。

（三）概算定额

概算定额是编制设计概算、修正概算的主要依据，是在预算定额的基础上加以综合而成的，其定额水平比预算定额低。概算定额是进行设计方案经济比较的依据。

（四）估算指标

估算指标是以主要工程项目的人工、主要材料、机械使用费的消耗量指标基价为表现形式的指标。估算指标是项目建议书和可行性研究报告的基础，是建设项目造价确定和控制的依据。

第三节 机械台班费用定额

一、适用范围、内容、用途

本定额是编制公路基本建设概算、预算的依据，公路养护大、中修工程可参考使用。

本定额包括：土石方工程机械，路面工程机械，混凝土及灰浆机械，水平运输机械，起重及垂直运输机械，打桩、钻孔机械，泵类机械，金属、木石料加工机械，动力机械，工程船舶，其他机械等共计11类。它的用途为：

（1）据以计算机械台班单价。
（2）据以计算台班消耗的人工、燃料等实物量。
（3）直接引用作为预算单价。
（4）进行经济比较。

二、台班费用的组成

(1) 不变费用：折旧费、大修理费、经常修理费、安拆及辅助设施费。编制机械台班单价时，除青海、新疆、西藏等边远地区外，应直接采用。边远地区可根据实际情况，由省、自治区交通厅制定系数备案执行。

(2) 可变费用：人工费、动力燃料费、养路费及车船使用税。编制机械台班单价时，随机操作人员数量及动力物资消耗以本定额的数值为准。工资按概预算编制办法的规定执行；工程船舶和潜水设备的工日单价，按当地有关规定计算；动力燃料费按当地的动力物资的工地预算价格计算；养路费及车船使用税，如需缴纳时，应按各省、自治区、直辖市及国务院有关部门的规定标准，按机械的年工作台班计入台班费中。

三、台班费用定额表

内容包括：表号、代号、子目、不变费用、可变费用、定额基价。

【例3】 某路面基层施工采用 12~15 t 光轮压路机施工碾压，已知当地人工单价 40 元/工日，柴油 4 元/kg，计算其机械预算单价。

解 查机械台班费用定额代号 1078。

$$\text{机械预算单价} = \text{不变费用} + \text{可变费用}$$
$$= 164.32 + 1 \times 40 + 40.46 \times 4$$
$$= 366.16 \text{ 元/台班}$$

第四节 公路工程概算预算定额的组成

一、概预算定额的内容及组成

(1) 定额的颁发文件。它是关于发布定额、实行日期、适用范围、负责解释单位的部门等的法令性文件。

(2) 总说明。是涉及定额使用方面的全面性规定和解释，并阐述了定额的编制原则、指导思想和编制依据及定额的作用。

(3) 章说明。主要介绍各章的工程内容及主要施工过程、工程量计算方法和规定、计算单位等。

(4) 附录。包括路面材料计算基础数据、基本定额、材料的周转、人工和材料代号4部分。

二、定额表的组成内容（结合定额第198页内容讲解）

(1) 表号及定额表名称。位于表最上端，为分部分项工程的名称。如"3-1-2 机械开挖轻轨斗车运输"是指第三章隧道工程的第一节洞身工程中的机械开挖隧道、轻轨斗车运输废渣项目。

(2) 工程内容。位于表的左上方，指该工程项目所涉及的主要内容。查定额时，必须将实际发生的项目操作内容与表中的工程内容进行比较，若不一致，应进行换算或采取其他措施。

(3) 工程项目计量单位。位于表的右上方，指本工程的计量单位。如"3-1-2 机械开挖轻轨斗车运输"单位是"100 m³ 自然密实岩石"。

(4) 顺序号。位于表左，按工料机顺序排列。

(5) 项目。指该工程所消耗的工料机的名称。

(6) 单位。指项目内容对应的单位，如人工单位是工日。注意该单位与定额表的单位是不同的概念。

(7) 代号。指项目所涉及的计算机识别符号，每个项目只有一个固定的代号。

(8) 子目名称。指本项涉及的不同子目录名称，如"3-1-2 机械开挖轻轨斗车运输"中围岩级别"Ⅲ级"。

(9) 子目栏号。指本项涉及的不同子目录的数字代码，如"3-1-2 机械开挖轻轨斗车运输"中围岩级别"Ⅲ级"栏号为2。

(10) 定额值。即定额表中各种资源的消耗数值。

(11) 基价。指本项目的工料机定额基价。

(12) 注。位于定额表的下方，使用定额时须仔细阅读，以免发生错误。

第五节 《公路工程预算定额》总说明

(1) 定额的类属、作用、适用范围。

适用于公路新建、改建工程；不适用于独立核算执行产品出厂价格的构件和配件。

(2) 定额的表现形式。

是以人工、材料、机械台班消耗量表现的定额。

(3) 定额的组成。由路基工程、路面工程、隧道工程、桥涵工程、防护工程、交通工程及沿线设施、材料的采集及加工、材料运输等共九章及附录组成。

(4) 定额的抽换规定。

定额是按合理的施工组织和一般正常的施工条件编制的。除定额中规定允许换算外，均不得因具体工程的施工组织、操作方法和材料消耗量与定额不同而变更定额。

(5) 工作时间规定。

除潜水工作每工日6小时，隧道工作每工日7小时，其余均为每工日8小时。

(6) 定额表的工程内容。均包括定额项目的全部施工过程。

(7) 材料消耗。均包括净用量、场内运输及操作损耗。

(8) 周转性材料说明。

定额中周转材料的数量，已经考虑了材料的正常周转次数并记入定额内，除定额规定的特殊情况外，一般不予抽换。

（9）定额中列有混凝土、砂浆的标号及用量，其材料用量已经按定额附录中配合比表规定的数量列入定额，不得重复。如设计标号与定额所列标号不同时，可按配合比表进行换算。

（10）本定额中各类混凝土均未考虑外掺剂的费用，如设计需要添加外掺剂时，可按设计要求另行计算外掺剂的费用并适当调整定额中水泥的用量。

（11）本定额中各类混凝土均按施工现场拌和进行编制，当采用商品混凝土时，可将相关定额中的水泥、中砂、碎石的消耗量扣除，并按定额中所列的混凝土消耗量增加商品混凝土的消耗。

（12）水泥混凝土、钢筋、模板工程的规定一般列在桥涵章说明中，该规定同样适用于其他各类工程。

（13）定额中各项目的施工机械种类、规格是按一般合理的施工组织确定的，一律不得换算。

（14）定额中的施工机械台班消耗，已经考虑了工地合理的停置、空转和必要的备用量等因素。

（15）定额中只列工程所需的主要材料用量和主要机械台班数量。

（16）定额未包括公路养护管理费，这类工程应执行建筑安装预算定额。

（17）其他未包括的项目，可编制补充定额。

（18）遇有冬季、雨季、夜间等情况，可按有关规定处理。

（19）定额表中注明"某某数以内"或"某某数以下"者，均包括某某数本身；而注明"某某数以外"或"某某数以上"者，均不包括某某数本身。定额内数量带"（）"者，则表示基价中未包括其价值。

（20）凡定额名称带有※者，均为参考定额，使用时，可根据情况进行调整。

（21）定额的基价＝定额人工费＋定额材料费＋定额机械费＝∑（定额值×定额单价）。其中，人工费、材料费定额单价为 2007 年北京市公布的人工、材料预算单价，机械单价按 2007 年交通部公布的《公路工程机械台班费用定额》。

（22）定额中的"工料机代号"不应随意变动。

第六节　概算预算定额的运用

一、定额的编号

定额中均是按工程项目的不同，以章为单元将定额表有序的排列起来，这种排列的序号就是定额表号。而定额的编号则是指在编制造价文件时，根据定额表号采用简单的编号将所应用的定额表示出来。一般采用"表-栏"的编号方法。如"1-1-6-1"就是表示表 1-1-6 的第一栏，也就是"人工挖运土方"中的挖运松土的预算定额。

二、定额的运用步骤

(1) 根据设计文件、运用定额的目的，确定所用定额的种类（概算定额还是预算定额）。

(2) 根据施工内容、方法、步骤，找到所需定额的章节，例如混凝土灌注桩基础为第四章桥涵章，第四节灌注桩节。

(3) 按目录查到定额表后：

① 看工程内容、作业方式与设计是否一致，若一致，则在表中查找到相应的子目及栏号。

② 检查定额计量单位与项目是否一致。

③ 查看总说明、章说明、节说明、注解是否与定额有关，若有关，采取相应的措施。

④ 根据施工图纸和施工组织设计，检查一下子目有无抽换的定额，若有抽换，进行抽换计算。

⑤ 抄算定额值，无换算的定额值，直接抄录，需要换算的定额值计算后抄录。

(4) 复核定额的内容及定额值。

三、定额的抽换、补充

（一）定额的抽换

(1) 路面基层中各稳定类基层设计比例与定额不同时，按公式换算。

(2) 路面基层混合料分层碾压施工时，人工、机械数量需要换算。

(3) 混凝土、砂浆设计标号与定额标号不同时，允许按配合比表进行换算。

(4) 就地浇筑的钢筋混凝土梁用的拱盔、支架，如确因施工安排达不到规定的周转次数时，可根据具体情况进行换算并按规定计算回收。

(5) 桥梁拱盔、支架实际有效宽度与定额规定宽度不同时，允许按实际宽度换算定额值。

（二）定额的补充

随着科学技术的发展，新结构、新工艺、新材料、新设备在公路工程上推广使用很快，但是定额的制定是有一定的局限性与周期性，为了正确合理地反映工程造价和经济效益，在现行使用的概算预算定额基础上，按照定额的编制原则，结合实际工程内容，编制补充定额。

【例 4】 某公路砌筑挡土墙工程，由于工程所在地气候条件特殊，所用砂浆加入添加剂，工程每 $10 m^3$ 砌体需要砂浆 $4.5 m^3$，经过现场实测 200 L 砂浆搅拌机一次循环工作所需时间：装料 60 s，搅拌 120 s，卸料 40 s，不可避免中断 20 s，机械利用系数 0.8，机械幅度差 15%，计算其预算定额中（$10 m^3$ 砌体单位）所消耗的机械台班数量。

解　　搅拌机 1 h 循环的次数：$(60×60)÷(60+120+40+20)=15$ 次

机械产量定额：$15×8×0.2×0.8=19.2 m^3/台班$

时间定额：$1÷19.2=0.052$ 台班$/m^3$

$10 m^3$ 砌体单位所消耗的机械台班数量：$0.052×(1+15\%)×4.5=0.27$ 台班

四、定额运用应注意的事项

（1）计量单位应与项目之间一致。
（2）按说明、注解换算定额值。
（3）注意每增减定额的换算。
（4）定额值变化时基价一定换算。
（5）鉴别工程项目的类别，避免套错定额（如混凝土分为现浇、预制、预应力；土方运输分为路基土石方、材料土方的运输）。
（6）注意定额中成品、半成品的预算价格。

五、预算定额中列入其他材料费的材料名称（仅供参考）

环氧树脂、机油、润滑油、煤油、木炭、氧气、电石、沥青麻布、油纸、麻絮、麻思、麻绳、草绳、稻草、木柴、树枝、调和漆、防锈漆、防水粉、玻璃、石棉粉、道钉等。

六、预算定额中列入小型机械使用费的机具（仅供参考）

（1）土石方工程机械：凿岩机、锻钎机、钻头磨床、打夯机、抓土斗等。
（2）路面工程机械：手摇式沥青撒布机、双铧犁等。
（3）混凝土及灰浆机械：灰浆搅拌机、灰浆输送泵、振捣器等。
（4）起重及垂直运输机械：手摇卷扬机、皮带运输机等。
（5）金属、木、石料加工机械：钢筋切断机、钢筋弯曲机、钢筋调直机、气焊设备、木工刨床、电钻、刨木机等。

第七节 项目1：临时工程、路基工程预算的编制

【教学指导】

教	知识重点	1. 路基工程、临时工程、防护工程的项目内容。 2. 工程量的计算。 3. 路基工程章、临时工程章、防护工程章定额的应用。 4. 路基工程、临时工程、防护工程的人工、材料、机械费用的计算。 5. 路基工程、临时工程、防护工程建筑安装工程费的计算。
	知识难点	1. 土石方计算，天然方与压实方的换算。 2. 计价土石方的计算。 3. 工程类别划分。 4. 各项费用的计算。

续 表

教	推荐教学方式	1. 采用多媒体教学。 2. 实践教学，组织学生参观路基、防护工程，增加学生对路基工程名称的认识。 3. 学生积极参与讲解与讨论，使原来在课堂上的被动听转化为课堂上的主动探索，调动学生学习的主动性
学	推荐学习方法	以路基工程项目为载体，设立相关的学习单元，创建相应的学习环境，增加学生的自学空间，通过学习，学生了解路基工程、临时工程、防护工程章定额及施工顺序，并能灵活运用
	必须掌握的理论知识	1. 路基工程预算编制的程序。 2. 路基工程章、临时工程章、防护工程章定额的说明。 3. 路基工程章、临时工程章、防护工程章定额的应用。 4. 各项费用的计算
	必须掌握的技能	1. 能够按照施工图纸准确计算工程量。 2. 能够正确使用定额。 3. 具有编制补充定额的能力。 4. 能够按照施工图纸，完整准确地计算路基工程的建筑安装工程费
做（实训）	某公路路基工程	1. 内容：按施工图纸计算路基工程的建筑安装工程费。 2. 要求： ① 学生按图纸不同标段划分小组。 ② 各组根据图纸自选施工方法。 ③ 根据市场行情调查预算单价。 ④ 完成后讲解讨论

一、路基的概念

路基是公路工程的重要组成部分，它是在地表按照线路位置和一定的技术要求开挖或填筑而成的。由土质或石质材料组成的带状构筑物，既是线路的主体，又是路面的基础。由于公路沿线地形的起伏变化，路基横断面形式有：路堤（高于原地面的填方是路堤）、路堑（低于原地面的挖方是路堑）、半填半挖（一部分路基由填筑而成，另一部分由开挖形成的结构）、零填挖等形式。

二、临时工程、路基工程预算的编制程序

（一）按施工顺序、图纸、项目表划分工程项目

临时工程包括了临时道路、临时便桥、临时轨道铺设、临时电力线路、临时电信线路、临

时码头六个工程目(节、细目的划分详见《公路工程基本建设项目概算预算编制办法》附录四)。

路基工程包括了场地清理、挖方、填方、特殊路基处理、排水工程、防护与加固工程六个工程目。

(二) 计算工程量

临时工程工程量的计算根据施工组织设计确定,路基工程工程量按以下方法计算。

1. 路基土石方量的计算方法

路基土石方量计算一般采用平均断面法,即

$$V = L \times (A_1 + A_2)/2$$

式中 A_1、A_2——相邻两桩号的横断面面积;

L——相邻两桩号之间的间距。

2. 路基各种土石方套用定额、计量单位及计价内容

(1) 在土石方调配中,所有挖方无论是"弃"或"调走",都应予与计价。但对于填方要根据土源来决定是否计价。如果是路外借土,则应计价;倘若是移挖作填调配利用,则不应计价。

$$计价土石方数量 = 挖方数量 + 借方数量$$

一般工程所说的土石方数量,实际是指计价土石方数量。

(2) 各种土石方套用定额、计量单位及计价内容。

① 挖方:按土质分类分别套用相应的定额,定额单位为天然密实方。

② 填方:套用相应的压实定额,定额单位为压实方。

③ 本桩利用:不参与费用的计算。

④ 远运利用:只计算运输的费用。

⑤ 借方:计算其挖、装、运的费用,所填内容已在"填方"内计算。

⑥ 弃方:只计算运输费用。

(三) 临时工程、路基工程相关定额的的应用,计算消耗量

根据划分的工程项目查找相关定额,计算完成分部分项工程所消耗的人工、材料、机械的数量。

$$人、材、机消耗量 = (工程量 \div 定额单位) \times 定额值$$

(四) 计算各项费用

按照公路工程概算预算编制办法(详见本教材第一章),计算建筑安装工程费,设备、工具、器具及家具购置费,工程建设其他费和预备费。

三、路基工程相关定额的说明与使用

(一)公路工程预算定额第一章——路基工程定额

1. 章说明

(1)土壤岩石类别。

根据土石方开挖难易程度,土壤分为松土、普通土、硬土;岩石分为软石、次坚石、坚石。

本定额土、石分类与十六级土、石分类对照见表 2.1。

表 2.1

本定额分类	松土	普通土	硬土	软石	次坚石	坚石
六级	Ⅰ	Ⅱ	Ⅲ	Ⅳ	Ⅴ	Ⅵ
十六级	Ⅰ~Ⅱ	Ⅲ	Ⅳ	Ⅴ~Ⅵ	Ⅶ~Ⅸ	Ⅹ~ⅩⅥ

(2)定额工程内容除注明者外,均包括:① 各种机械 1 km 内由停车场至工作地点的往返空驶;② 工具小修;③ 钢钎淬火。

2. 节说明

(1)路基土石方节说明。

① "人工挖运土方"、"人工开炸石方"、"机械打眼开炸石方"、"抛坍爆破石方"等定额中,已包括边沟消耗的工、料和机械台班数量,因此,开挖边沟的数量应在路基土、石方数量内计算。

② 各种开炸石方定额中均已包括清理边坡工作。

③ 机械施工土、石方,挖方部分机械达不到需由人工完成的工程量由施工组织设计确定,其中人工操作部分按相应定额乘以系数 1.15。

④ 本定额按地面横坡坡度划分,地面横坡变化复杂,为简化计算,凡变化长度在 20 m 以内,以及零星变化长度累计不超过设计长度的 10%时,可并入附近路段计算。

抛坍爆破的石方清运及增运定额,系按设计数量×(1-抛坍率)编制。

⑤ 自卸汽车运输路基土石方定额项目和洒水车定额项目,仅适用于平均运距在 15 km 以内的土石方或水的运输。当平均运距超过 15 km 时,应按社会运输的有关规定计算其运输费用。当运距超过第一个运距单位时,其运距尾数不足一个增运定额单位的半数时不计;等于或超过半数时按一个增运定额运距单位计算。

⑥ 路基加宽部分若需清除时,按刷坡定额中普通土子目计算(注意不要按人工挖土方计算);清除的土方如需远运,按土方运输定额。

⑦ 为避免漏算工程数量,计算工程量时应参照施工组织设计。以下内容应由施工组织设计提出,并入路基填方数量内计算。

A.清除表土或零填方地段的基底压实、耕地填前夯(压)实后,回填至原地面高程所需的土、石方数量。

B.因路基沉陷需增加填筑的土、石方数量。

C．为保证路基边缘的压实度，须加宽填筑时所需的土、石数量。

⑧ 工程量计算规则。

A．土石方体积的计算。

除定额中另有说明外，土方挖方按天然密实体积计算；填方按压(夯)实体积计算；石方爆破按天然密实体积计算。当以填方压实体积为工程量，采用以天然密实方为单位的定额时，所采用的定额应乘以表2.2中的系数。

表2.2

土　类 公路等级	土　方			石方
	松土	普通土	硬土	
二级及以上等级公路	1.23	1.16	1.09	0.92
三、四级公路	1.11	1.05	1.0	0.84

其中，推土机、铲运机施工的土方的增运定额按普通土栏目的系数；人工挖运土方的增运定额和机动翻斗车、手扶拖拉机运输土方、自卸汽车运输土方的运输定额在表2.2的基础上增加0.03的土方运输损耗，但弃方运输不应计算损耗。

注意：计算土石方工程数量时单位应保持一致。

例如，某一级公路工程开挖普通土 2 000 m^3（全部利用），填筑土方工程数量 3 000 m^3，需要借土方数量应是：3 000－2 000/1.16=1276 m^3（压实方）。

B．零填及挖方地段基底压实面积等于路槽底面和宽度(m)、长度(m)的乘积。

C．抛坍爆破的工程量，按抛坍爆破设计计算。

D．整修边坡的工程量，按公路路基长度计算。

（2）排水工程节说明。

① 边沟、排水沟、截水沟的挖基费用按人工挖排水沟、截水沟定额计算，其他排水工程的挖基费用按第一节土石方工程的相关定额计算。

② 边沟、排水沟、截水沟、急流槽定额均未包括垫层的费用，需要时按有关定额另行计算。

③ 雨水箅子的规格与定额不同时，可按设计用量抽换定额中铸铁箅子的消耗。

（3）软基处理工程说明。

① 袋装砂井及塑料排水板处理软土地基，工程量为设计深度，定额材料消耗中已包括了砂袋或塑料排水板的预留长度。

② 振冲碎石桩定额中不包括污泥排放处理的费用，需要时另行计算。

③ 土工布的铺设面积为锚固沟外边缘所包围的面积，包括锚固沟的底面积和侧面积。定额中不包括排水内容，需要时另行计算。

【例5】某高速路基填土 500 m^3 压实方，全部为借土，需采用 1 m^3 挖掘机挖土（普通土），6 t自卸汽车运土，运距 1 800 m。经当地调查得知：人工预算单价50元/工日，柴油5元/kg，工程所在地为石家庄，工地转移距离100 km，主副食运距5 km，规费费率40%，试计算挖运土方所需要的建筑安装工程费。

解 （1）完成本工程工作内容需要两步，即挖土、运土。

（2）按工作内容查找路基章土石方节定额。

（3）查找挖土方定额 1-1-9-5，定额单位为天然密实方。

工程量换算：500×1.16＝580 天然密实方

消耗量：人工：4.5×580/1 000＝2.61 工日

推土机：0.46×580/1 000＝0.27 台班

挖掘机：2.15×580/1 000＝1.25 台班

（4）计算挖土方建安费。

① 直接工程费：131＋167＋1 042＝1 340 元

人工费：2.61×50＝131 元

机械费：推土机：0.27×(245.14＋2×50＋54.97×5)＝167 元

挖掘机：1.25×(411.15＋2×50＋64.53×5)＝1 042 元

② 其他工程费：9＋1＋8＋19＋7＋9＝53 元

其他工程费指直接工程费以外在施工过程中发生的直接用于工程的费用。内容包括冬季施工增加费、雨季施工增加费、夜间施工增加费、特殊地区施工增加费、行车干扰工程施工增加费、安全及文明施工措施费、临时设施费、施工辅助费、工地转移费 9 项。

工程类别：机械土方。

冬季施工增加费＝直接工程费×冬季施工增加费费率
　　　　　　　＝1 340×0.67%＝9 元

雨季施工增加费＝直接工程费×雨季施工增加费费率
　　　　　　　＝1 340×0.11%＝1 元

无夜间施工、非特殊地区、无行车干扰，费用均为 0。

安全及文明施工措施费＝直接工程费×安全及文明施工增加费费率
　　　　　　　　　　＝1 340×0.59%＝8 元

临时设施费＝直接工程费×安全及文明施工增加费费率
　　　　　＝1 340×1.42%＝19 元

施工辅助费＝直接工程费×安全及文明施工增加费费率
　　　　　＝1 340×0.49%＝7 元

工地转移费＝直接工程费×安全及文明施工增加费费率
　　　　　＝1 340×0.67%＝9 元

③ 间接费：52＋45＋3＋3＋2＋3＝108 元

规　费：131×40%＝52 元

企业管理费基本费用：1 393×3.26%＝45 元

主副食运费补贴：1 393×0.24%＝3 元

职工探亲路费：1 393×0.22%＝3 元

职工取暖补贴：1 393×0.13%＝2 元

财务费用：1 393×0.21%＝3 元

④ 利润：(1 393＋108－52)×7%＝101 元

⑤ 税金：(1 393＋108＋101)×3.41%＝55 元

挖掘机挖土方建安费＝1 393＋108＋101＋55＝1 657 元

（5）查找运土方定额 1-1-11-5 和 1-1-11-6，定额单位为天然密实方。

工程量换算：500×(1.16＋0.03)＝595 天然密实方

所需自卸汽车：(13.65＋2.02×2)×595/1 000＝10.53 台班

（6）计算运土方建安费。

① 直接工程费：4 301 元

机械费：

自卸汽车：10.53×(138.42＋1×50＋44×5)＝4 301 元

② 其他工程费：5＋5＋9＋40＋7＋17＝83 元

其他工程费指直接工程费以外在施工过程中发生的直接用于工程的费用。内容包括冬季施工增加费、雨季施工增加费、夜间施工增加费、特殊地区施工增加费、行车干扰工程施工增加费、安全及文明施工措施费、临时设施费、施工辅助费、工地转移费 9 项。

工程类别：汽车运输。

冬季施工增加费＝直接工程费×冬季施工增加费费率

＝4 301×0.12%＝5 元

雨季施工增加费＝直接工程费×雨季施工增加费费率

＝4 301×0.11%＝5 元

无夜间施工、非特殊地区、无行车干扰，费用均为 0。

安全及文明施工措施费＝直接工程费×安全及文明施工增加费费率

＝4 301×0.21%＝9 元

临时设施费＝直接工程费×安全及文明施工增加费费率

＝4 301×0.92%＝40 元

施工辅助费＝直接工程费×安全及文明施工增加费费率

＝4 301×0.16%＝7 元

工地转移费＝直接工程费×安全及文明施工增加费费率

＝4 301×0.40%＝17 元

③ 间接费：0＋63＋11＋6＋5＋9＝94 元

规费：0 元

企业管理费基本费用：4 384×1.44%＝63 元

主副食运费补贴：4 384×0.25%＝11 元

职工探亲路费：4 384×0.14%＝6 元

职工取暖补贴：4 384×0.12%＝5 元

财务费用：4 384×0.21%＝9 元

④ 利润：(4 384＋94－0)×7%＝313 元

⑤ 税金：(4 384＋94＋313)×3.41%＝163 元

自卸车运土方建安费＝4 384＋94＋313＋163＝4 954 元

（7）本工程挖运土方的建筑安装工程费：

1 657＋4 954＝6 611 元

【例6】 某路基工程采用 1 m^3 装载机装土 3 000 m^3，计算所需机械工、柴油的数量。

解 查定额 1-1-10-1，装载机数量：2.59×3 000/1 000＝7.77 台班，代号 1048。

按机械台班费用定额查代号 1048，机械工：1×7.77 = 7.77 工日
柴油：49.03×7.77 = 380.96 kg

3. 练习题

（1）某高速路基填土 50 m³ 压实方，全部为借土，若采用人工挖土，机动翻斗车运土，运距 200 m，计算所需人工及翻斗车的数量。

（2）某高速路基填土 500 m³ 压实方，全部为借土，采用推土机推运土方（普通土），运距 50 m，计算所需人工及推土机数量。

（3）某高速路基工程 1 m³ 挖掘机挖土方 2 000 天然密实方（普通土），可利用 1 500 方，利用土方平均运距 1 km，弃土运距 5 km，6 t 自卸汽车运输；填土 5 000 压实方，除本工程土方外无利用方，借方均为松土，采用 10 m³ 自行式铲运机铲运土方，运距 200 m。试计算完成挖、运土方所需的人工和机械台班数量。

（二）公路工程预算定额第五章——防护工程定额

防护工程是指为保证道路全天候使用，使路基不致因地表水流和气候变化而失稳所采取的必要工程措施。

（1）本章定额中未列出的其他结构形式的砌石防护工程，需要时按"桥涵工程"项目的有关定额计算。

（2）本章定额中除已注明者外，均不包括挖基、基础垫层的工程内容，需要时按"桥涵工程"项目的有关定额计算。

（3）本章定额中除已注明者外，均已包括按设计要求设置的伸缩缝、沉降缝的费用。

（4）本章定额中除已注明者外，均已包括水泥混凝土的拌和费用。

（5）植草护坡定额中均已综合考虑黏结剂、保水剂、营养土、肥料、覆盖薄膜等的费用，使用定额时不得另行计算。

（6）现浇拱形骨架护坡可参考本章定额中的现浇框格（架）式护坡进行计算。

（7）预应力锚索护坡定额中的脚手架系按钢管脚手架编制的，脚手架宽度按 2.5 m 考虑。

（8）工程量计算规则：

① 铺草皮工程量按所铺边坡的坡面面积计算。

② 护坡定额中以 100 m² 或 1 000 m² 计量单位的子目工程量，按设计需要防护的边坡坡面面积计算。

③ 木笼、竹笼、铁丝笼填石护坡的工程量按填石体积计算。

④ 本章定额砌筑工程的工程量为砌体的实际体积，包括构成砌体的砂浆体积。

⑤ 本章定额预制混凝土构件的工程量为预制构件的实际体积，不包括预制构件中空心部分的体积。

⑥ 预应力锚索的工程量为锚索（钢绞线）长度与工作长度的质量之和。

⑦ 抗滑桩挖孔工程量按护壁外缘所包围的面积乘设计孔深计算。

【例7】某路基防护工程为植物防护，人工叠铺草皮，边坡高度 2 m，计算人工及材料定额值。

解 查定额 5-1-1-1，按注解叠铺草皮时，人工和草皮数量加倍。

人工：33.6×2＝67.2 工日；草皮：1 100×2＝2 200 m²；其他材料费：339.9 元

（三）公路工程预算定额第七章——临时工程定额

1. 章说明

（1）本章定额包括汽车便道、临时码头、轨道铺设、架设输电线路、架设电讯线路、人工夯打小圆木桩共 6 个项目。

（2）汽车便道按路基宽度为 7.0 m 和 4.5 m 分别编制，便道路面宽度按 6.0 m 和 3.5 m 分别编制，路基宽度 4.5 m 的定额中已包括错车道的设置。汽车便道项目中未包括便道使用期内养护所需的工、料、机数量，如便道使用期内需要养护，编制预算时，可根据施工期按表 2.3 增加数量。

表 2.3　　　　　　　　　　　　　　　　　　km·月

序号	项目	单位	代号	汽车便道路基宽度/m	
				7.0	4.5
1	人工	工日	1	3.0	2.0
2	天然级配	m³	908	18.00	10.80
3	6～8 t 光轮压路机	台班	1075	2.20	1.32

（3）临时汽车便桥桥面按净宽 4 m、单孔跨径 21 m 编制。

（4）重力式砌石码头定额中不包括码头拆除的工程内容，需要时可按"桥涵工程"项目的"拆除旧建筑物"定额另行计算。

（5）轨道铺设定额中轻轨(11 kg/m，15 kg/m)部分未考虑道碴，轨距为 75 cm，枕距为 80 cm，枕长为 1.2 m；重轨(32 kg/m)部分轨距为 1.435 m，枕距为 2.5 m，岔枕长为 3.35 m，并考虑了道碴铺筑。

（6）人工夯打小圆木桩的土质划分及桩入土深度的计算方法与打桩工程相同。圆木桩的体积根据设计桩长和梢径(小头直径)，按木材材积表计算。

（7）本章定额中便桥，输电、电讯线路的木料、电线的材料消耗均按一次使用量计列，编制预算时应按规定计算回收；其他各项定额分别根据不同情况，按其周转次数摊入材料数量。

【例 8】某工程修筑汽车便道，路基宽 7 m，路面为天然砂砾，厚度 15 cm，宽度 6 m，长度 3 km，使用 10 个月，使用期间需要养护，工程位于平原地区，经调查当地人工预算单价 35 元/工日，水 2 元/m³，天然级配 30 元/m³，柴油 5.5 元/kg，计算完成该便道的直接费。已知工程所在地为山西太原，工地转移距离 300 km。

解 直接工程费是指施工过程中耗费的构成工程实体和有助于工程形成的各项费用，包括人工费、材料费、施工机械使用费。

人工费、材料费、施工机械使用费＝工程量÷定额单位×定额值×人工或材料
或机械预算单价

按施工顺序分别计算路基、路面、养护各分项工程的人、材、机费。

（1）便道路基：查定额 7-1-1-1。

人工费：3×41×35 = 4 305 元

机械费：75 kW 推土机：3×10.42×(245.14 + 2×35 + 54.97×5.5) = 19 302 元

　　　　6~8 t 压路机：3×0.94×(107.57 + 1×35 + 19.33×5.5) = 702 元

　　　　8~10 t 压路机：3×0.71×(117.5 + 1×35 + 23.2×5.5) = 597 元

　　　　12~15 t 压路机：3×2.79×(164.32 + 1×35 + 40.46×5.5) = 3 531 元

机械费合计：19 302 + 702 + 597 + 3531 = 24 132 元

直接工程费：24 132 + 4 305 = 28 437 元

（2）便道路面：查定额 7-1-1-5。

人工费：3×248.1×35 = 26 050 元

材料费：水：3×112×2 = 672 元

　　　　天然级配：3×1 193.4×30 = 107 406 元

材料费合计：672 + 107 406 = 108 078 元

机械费：8~10 t 压路机：3×1.62×(117.5 + 1×35 + 23.2×5.5) = 1 361 元

　　　　12~15 t 压路机：3×3.24×(164.32 + 1×35 + 40.46×5.5) = 4 100 元

　　　　0.6 t 振动碾：3×5.65×(38.1 + 1×35 + 2.96×5.5) = 1 515 元

机械费合计：1 361 + 4 100 + 1 515 = 6 976 元

直接工程费：26 050 + 108 078 + 6 976 = 141 104 元

（3）便道养护：按临时工程章说明 2 增加工料机数量。

人工费：3×10×3×35 = 3 150 元

材料费：

　　　　天然级配：3×10×18×30 = 16 200 元

机械费：6~8 t 压路机：3×10×2.2×(107.57 + 1×35 + 19.33×5.5) = 16 426 元

直接工程费：3 150 + 16 200 + 16 426 = 35 776 元

（4）完成该便道的直接工程费：28 437 + 141 104 + 35 776 = 205 317 元

（5）直接费由直接工程费和其他工程费组成。

其他工程费指直接工程费以外施工过程中发生的直接用于工程的费用。内容包括冬季施工增加费、雨季施工增加费、夜间施工增加费、特殊地区施工增加费、行车干扰工程施工增加费、安全及文明施工措施费、临时设施费、施工辅助费、工地转移费等 9 项。

工程类别：其他路面。

冬季施工增加费 = 直接工程费×冬季施工增加费费率
　　　　　　　= 205 317×0.37% = 760 元

雨季施工增加费 = 直接工程费×雨季施工增加费费率
　　　　　　　= 205 317×0.04% = 82 元

无夜间施工、非特殊地区、无行车干扰，费用均为 0。

安全及文明施工措施费 = 直接工程费×安全及文明施工增加费费率
　　　　　　　　　　= 205 317×1.02% = 2 094 元

临时设施费 = 直接工程费×安全及文明施工增加费费率
　　　　　= 205 317×1.87% = 3 839 元

施工辅助费 = 直接工程费×安全及文明施工增加费费率
　　　　　= 205 317×0.74% = 1 519 元

工地转移费 = 直接工程费×安全及文明施工增加费费率
　　　　　= 205 317×1.18% = 2 423 元

完成该便道的直接费：205 317+(760 + 82 + 2 094 + 3 839 + 1 519 + 2 423) = 216 034 元

【例 9】某公路路基为软土路基，采用路基填 5%石灰处理，稳定土拌和机拌和，经调查当地人工预算单价为 40 元/工日，生石灰 120 元/t，柴油 6 元/kg，施工地点为石家庄市，该市施工期间受行车干扰，每昼夜次数为 80 次，主副食运距 1 km，工地转移距离 300 km，计算处理 1 000 m³ 软土路基的建安费。

解 建筑安装工程费包括直接费、间接费、利润及税金。

(1) 直接费 = 直接工程费 + 其他工程费 = 17 194 元

① 直接工程费 = 人工费 + 材料费 + 机械费 = 16 289 元

查定额 1-3-14-1。

人工费：86.4×40 = 3 456 元

材料费：83.97×120 = 10 076 元

机械费：1.46×(922.43 + 2×40 + 147.72×6) = 2 757 元

② 其他工程费：33 + 15 + 73 + 166 + 305 + 121 + 192 = 905 元

冬季施工增加费：16 289×0.2% = 33 元

雨季施工增加费：16 289×0.09% = 15 元

行车干扰费：(3 456 + 2 757)×1.17% = 73 元

安全文明措施施工增加费：16 289×1.02% = 166 元

临时设施费：16 289×1.87% = 305 元

施工辅助费：16 289×0.74% = 121 元

工地转移费：16 289×1.18% = 192 元

(2) 间接费：1 382 + 564 + 15 + 28 + 12 + 52 = 2 053 元

规费：3 456×40% = 1 382 元

企业管理费基本费用：17 194×3.28% = 564 元

主副食运费补贴：17 194×0.09% = 15 元

职工探亲路费：17 194×0.16% = 28 元

职工取暖补贴：17 194×0.07% = 12 元

财务费用：17 194×0.3% = 52 元

(3) 利润：(17 194 + 2 053 − 1 382)×7% = 1 251 元

(4) 税金：(17 194 + 2 053 + 1 251)×3.41% = 699 元

建安费 = 17 194 + 2 053 + 1 251 + 699 = 21 197 元

2. 练习题

某高原地区海拔 2 500 m，浆砌片石挡土墙采用 10 号砂浆进行砌筑及勾缝，所需片石一半由附近路基开炸后捡清所得，翻斗车运输 500 m 至工地现场，另一半由施工单位到采石场机械开采后，由 1 m³ 装载机装车，4 t 载重汽车运 3 km 运回，已知当地人工预算单价 35 元/工日，汽油 4 元/kg，计算修筑 500 m³ 挡土墙所消耗的人、材、机数量及高原地区施工增加费。

第八节　项目 2：路面工程预算的编制

【教学指导】

教	知识重点	1. 路面工程的项目内容、施工工艺。 2. 工程量的计算。 3. 路面工程章、材料采集及加工章、材料运输章定额的应用。 4. 路面工程人工、材料、机械费用的计算。 5. 路面工程建筑安装工程费的计算
	知识难点	1. 定额值的换算。 2. 施工单位自采材料、自办运输材料消耗量的计算、预算单价的计算。 3. 工程类别划分。 4. 各项费用的计算
	推荐教学方式	1. 采用多媒体教学。 2. 实践教学，组织学生参观路面工程，增加学生对路面工程名称的认识。 3. 学生积极参与讲解与讨论，使原来在课堂上的被动听转化为课堂上的主动探索，调动学生学习的主动性
学	推荐学习方法	以路面工程项目为载体，设立相关的学习单元，创建相应的学习环境，增加学生自学的空间，通过学习，学生了解路面工程章、材料采集及加工章、材料运输章定额及施工顺序，并能灵活运用
	必须掌握的理论知识	1. 路面工程预算编制的程序。 2. 路面工程章定额的说明。 3. 路面工程章、材料采集及加工章、材料运输章定额的应用。 4. 各项费用的计算
	必须掌握的技能	1. 能够按照施工图纸准确计算工程量。 2. 能够正确使用定额。 3. 具有编制补充定额的能力。 4. 能够按照施工图纸，完整准确地计算路面工程的建筑安装工程费
做（实训）	某公路路面工程	1. 内容：按施工图纸计算路面工程的建筑安装工程费。 2. 要求： ① 学生按图纸不同标段划分小组。 ② 根据图纸自选施工方法。 ③ 根据市场行情调查预算单价。 ④ 每组自选一种材料按自采材料或自办运输材料计算其预算单价。 ⑤ 完成后讲解讨论

一、路面的概念

路面是指用各种筑路材料分层铺筑在路基上供车辆行驶的层状结构物。路面不仅承受行车荷载的作用,而且要经常承受自然因素和其他人为因素的作用。因此,路面应具有足够的强度、刚度,良好的稳定性、耐久性和表面抗滑性。路面按面层所用材料的不同,可分为沥青路面、水泥混凝土路面、块料路面、粒料路面四类。通常按照各个层次功能的不同,路面结构可分为面层、基层、底基层和垫层。

二、路面工程预算的编制程序

(一)按施工顺序、图纸、项目表划分工程项目

路面工程按照路面结构形式来划分目次。一般包括路面垫层、路面底基层、路面基层、透层、黏层、封层、沥青混凝土面层、水泥混凝土面层、其他面层、路槽路肩分隔带和路面排水九个工程目。

(二)计算工程量

路面工程根据结构层组合设计,按施工顺序从下向上计算工程数量,主要有:
(1)挖路槽的面积和厚度,修筑泄水槽的长度。
(2)培路肩的面积和厚度。
(3)各种路面垫层的面积和厚度。
(4)各种路面底基层、基层的面积和厚度。
(5)泥结碎石路面、级配碎石路面、天然砂砾路面的面积和厚度。
(6)沥青表面处治路面的面积与厚度。
(7)沥青贯入式或沥青上拌下贯式路面的面积与厚度。
(8)沥青混合料类路面实体体积。
(9)透层、黏层、封层的面积。
(10)水泥混凝土路面的面积和厚度、钢筋的质量。
(11)人行道的面积、路缘石、沥青路面镶边石的体积。

(三)路面工程相关定额的应用,计算消耗量

根据划分的工程项目查找相关定额,计算完成分部分项工程所消耗的人工、材料、机械的数量。

$$人、材、机消耗量=(工程量÷定额单位)×定额值$$

(四)计算各项费用

按照公路工程概算预算编制办法(详见本教材第一章),计算建筑安装工程费,设备、

工具、器具及家具购置费，工程建设其他费，预备费。

三、路面工程相关定额的说明与使用

（一）公路工程预算定额第二章——路面工程定额

1. 章说明

（1）本章定额包括各类型路面以及路槽、路肩、垫层、基层等，除沥青混合料路面以 1 000 m^3 路面实体为计算单位外，其余均以 1 000 m^2 为计算单位。

（2）路面项目中的厚度均为压实厚度，培路肩厚度为净路肩的夯实厚度。

（3）混合料路面系按最佳含水量编制，定额中已包括养生用水并适当扣除材料的天然含水量。但山西、青海、甘肃、宁夏、新疆、西藏等省、自治区，由于湿度偏低，用水量可根据出现的具体情况，按定额数量酌情增加。

（4）本章定额中凡列有洒水汽车的子目均按 5 km 范围的洒水汽车在水源处自吸水编制，不计水费。如工地附近无天然水源可利用，必须采用供水部门供水（如自来水）时，可根据定额子目中洒水汽车的台班数量，按每台班 35 m^3 计算定额用水量，乘以供水部门规定的水价增列水费。洒水汽车取水的平均运距超过 5 km 时，可按路基工程的洒水汽车洒水定额中增运定额增列洒水汽车台班，增列的洒水汽车台班不得再计水费。

（5）本章定额中的水泥混凝土均已包括其拌和的费用，使用定额时不得再另行计算。

（6）压路机台班按行驶速度两轮光轮压路机为 2.0 km/h；三轮光轮压路机为 2.5 km/h；轮胎式压路机为 5.0 km/h；振动压路机为 3.0 km/h 计算编制。如设计为单车道路面宽度时，两轮光轮压路机乘以系数 1.14；三轮光轮压路机乘以系数 1.33；轮胎压路机和振动压路机乘以系数 1.29。

（7）自卸汽车运输稳定土混合料、沥青混合料、水泥混凝土定额项目，仅适用于平均运距在 15 km 以内的混合料运输。当平均运距超过 15 km 时，应按社会运输的有关规定计算其运输费用。当运距超过第一个运距单位时，其运距尾数不足一个增运定额单位的半数时不计，等于或超过半数时按一个增运定额运距单位计算。

2. 节说明

（1）路面基层及垫层。

基层是指设在面层之下，与面层一起承受行车荷载的反复作用，并将荷载传递到底基层、垫层和土基，起主要承重作用的路面结构层次。

底基层是指设在基层之下，与面层、基层一起承受行车荷载的反复作用，并将荷载传递到垫层和土基，起次要承重作用的路面结构层次。对底基层材料的强度指标要求，比基层材料略低。

垫层是指为改善土基的湿度和温度状况，以保证面层和基层的强度、刚度和稳定性不受土基水温状况变化所造成的不良影响，而在基层（或底基层）和土基之间采用水稳性和隔热性好的材料修筑而成的路面结构层次。

① 各类稳定土基层、级配碎石、级配砾石路面的压实厚度在 15 cm 以内，填隙碎石一层

的压实厚度在 12 cm 以内，垫层和其他种类的基层压实厚度在 20 cm 以内，拖拉机、平地机和压路机台班按定额数量计算。如超过以上压实厚度进行分层拌和、碾压时，拖拉机、平地机和压路机台班按定额数量加倍，每 1 000 m² 增加 3.0 工日。

A．设计厚度小于上述规定基本压实厚度时。

$$各定额值及基价 = 基本压实厚度定额值或基价 - 每增减 1\ cm\ 定额值或基价 \times (基本压实厚度 - 设计厚度)$$

B．设计厚度大于上述规定基本压实厚度并进行分层拌和碾压时。

$$人工定额值 = 基本压实厚度定额值 + 每增减 1\ cm\ 定额值 \times (设计厚度 - 基本压实厚度) + 3.0$$

$$拖拉机、平地机、压路机台班定额值\\ = [基本压实厚度定额值 + 每增减 1\ cm\ 定额值 \times (设计厚度 - 基本压实厚度)] \times 2$$

$$材料及其他机械定额值 = 基本压实厚度定额值 + 每增减 1\ cm\ 定额值 \times (设计厚度 - 基本压实厚度)$$

② 水泥、石灰稳定类基层定额中的水泥或石灰与其他材料系按一定配合比编制，当设计配合比与定额标明的配合比不同时，有关材料可分别按下列公式换算：

$$C_i = [C_d + B_d \times (H_1 - H_0)] \times L_i \div L_d$$

式中　C_i —— 按设计配合比换算后的材料数量；
　　　C_d —— 定额中基本压实厚度的材料数量；
　　　B_d —— 定额中压实厚度每增减 1 cm 的材料数量；
　　　H_0 —— 定额中基本压实厚度；
　　　H_1 —— 设计的压实厚度；
　　　L_d —— 定额标明的材料百分率；
　　　L_i —— 设计配合比的材料百分率。

③ 人工沿路翻拌和筛拌稳定土混合料，土的过筛均已包括在定额中，其预算价格中不应再计过筛费用。

④ 本节定额中土的预算价格，按材料采集及加工和材料运输定额中的有关项目计算。

⑤ 稳定土基层定额中水泥碎石土、水泥砂砾土、石灰碎石土、石灰砂砾土中的碎石土、砂砾土指天然碎石土和天然砂砾土。

⑥ 各类稳定土底基层定额采用稳定土基层定额时，每 1 000 m² 减少 12～15 t 光轮压路机 0.18 台班。

⑦ 沿路施工定额与厂集中拌和施工定额的差别：

A．沿路拌和施工是指采用人工或利用拖拉机、稳定土拌和机在路上或路槽中沿线就地拌和混合料的施工方法，其定额工程内容包括：清理下承层、消解材料、铺料、洒水、拌和、整形、碾压、养护。

B．厂集中拌和施工是指在固定的拌和工厂或移动式拌和站采用专业设备拌制混合料的施工方法，完成全部工序需要四个定额，分别是：拌和站安拆，材料拌和，材料运输，摊铺、碾压（注意不要漏项）。

（2）路面面层。

面层是直接承受行车荷载反复作用和自然因素影响，并将荷载传递到基层的路面结构层。

① 泥结碎石、级配碎石、级配砾石、天然砂砾、砾料改善土壤路面面层的压实厚度在 15 cm 以内，拖拉机、平地机和压路机台班按定额数量计算。如超过以上压实厚度进行分层拌和、碾压时，拖拉机、平地机和压路机台班消耗按定额数量加倍，每 1 000 m² 增加 3.0 个工日。

② 泥结碎石及级配碎、砾石面层，不包括磨耗层或保护层，需要时应另按磨耗层及保护层定额计算。

③ 沥青表面处治路面、沥青贯入式路面和沥青上拌下贯式路面的下贯层以及透层、黏层、封层的定额中已计入热化、熬制沥青用的锅和灶等设备费用，编制预算时，不得另行计算。

④ 沥青碎石混合料、沥青混凝土和沥青碎石玛蹄脂混合料路面中，均已包括混合料拌和、运输、摊铺作业时的损耗因素，路面实体按路面设计面积乘以压实厚度计算。

⑤ 沥青路面定额中均未包括透层、黏层、封层，需要时可按有关定额另行计算。

透层是指为使沥青面层与非沥青材料基层良好结合，在基层上浇洒低黏度液体沥青而形成的透入基层表面的薄层。其作用是将沥青里面的基层与沥青下面层黏结成一个整体。

黏层是为加强路面的沥青层与沥青层之间、沥青层与水泥混凝土路面之间的黏结而洒布的沥青材料薄层。其作用在于使上下沥青层或沥青层与构造物完全黏结成整体。

封层是为封闭表面空隙、防止水分浸入面层或基层而铺筑的沥青薄层。

⑥ 沥青路面定额中的乳化沥青和改性沥青，均按外购成品料进行编制；如在现场自行配置时，其配置费用计入材料预算价格中。

⑦ 如沥青碎石玛蹄脂混合料设计采用的纤维稳定剂的掺加比例与定额不同时，可按设计比例用量调整定额中纤维稳定剂的消耗。

⑧ 沥青路面定额中，均未考虑为保证石料与沥青的黏附性而采用的抗剥离措施的费用，需要时，应根据石料的性质，按设计提出的抗剥离措施计算其费用。

⑨ 在冬五区、冬六区沥青路面采用层铺法施工时，其用油量可按定额用油量乘以下列系数：

沥青表面处治 1.05；沥青贯入式基层 1.02；面层 1.028；沥青上拌下贯式下贯部分 1.043。

⑩ 本定额是按一定的油石比编制的。当设计采用的油石比与定额不同时，可按设计油石比调整定额中的沥青用量。计算公式如下：

$$换算后的沥青数量 = 定额中的沥青数量 \times (设计采用的油石比 / 定额表明的油石比)$$

（3）路面附属工程。

① 整修和挖除旧路面按设计提出的需要整修的旧路面面积和需要挖除的旧路体积计算。

② 整修旧路面定额中，沙石路面均按整修厚度 6.5 cm 计算，沥青表处面层按整修厚度 2 cm 计算，沥青混凝土面层按整修厚度 4 cm 计算，黑色路面基层的整修厚度均按 6.5 cm 计算。

③ 硬路肩工程项目，根据其不同的设计层次结构，分别采用不同的路面定额项目进行

计算。

④ 铺砌水泥混凝土预制块人行道、路缘石、沥青路面镶边和土硬路肩加固定额中，均已包括水泥混凝土预制块的预制，使用定额时不得另行计算。

【例10】 某段高速公路全长 2 km，基层为 12%石灰稳定土，路面宽 20 m，厚度 25 cm，拌和机沿路分层拌和，平地机功率 120 kW，用 6 000 L 洒水汽车养护，洒水汽车运输距离 8 km，计算所需人工、材料、机械数量。

解 按节说明超过压实厚度 15 cm，每 1 000 m² 增加 3 工日，拖拉机、平地机、压路机台班按定额表数量加倍；设计配合比与定额配合比不同时需做材料换算。

工程量：$2\,000 \times 20 = 40 \times 10^3$ m²

查定额 2-1-3-19、20，按照查出的值乘以 10 计算。

人工： $40 \times (29.4 + 1.6 \times 10 + 3) = 1\,936$ 工日

材料：生石灰：$40 \times (24.046 + 1.603 \times 10) \times 12 \div 10 = 1\,923.65$ t

　　　土：$40 \times (195.8 + 13.05 \times 10) \times 88 \div 90 = 12\,761.96$ m³

机械：120 kW 平地机：$40 \times 0.37 \times 2 = 29.6$ 台班

　　　6~8 t 压路机：$40 \times 0.27 \times 2 = 21.6$ 台班

　　　12~15 t 压路机：$40 \times 1.27 \times 2 = 101.6$ 台班

　　　235 kW 拌和机：$40 \times (0.29 + 0.02 \times 10) = 19.6$ 台班

　　　6 000 L 洒水汽车：$40 \times (1.07 + 0.05 \times 10) = 62.8$ 台班

洒水汽车洒水：按说明洒水汽车运距超过 5 km 时，按路基工程洒水汽车洒水定额中的增运定额增列洒水汽车台班。

查定额 1-1-22-7，按照查出的值乘以 6 计算。

工程量：$62.8 \times 35 = 2\,198$ m³

洒水汽车：$2.198 \times 0.88 \times 6 = 11.61$ 台班

【例11】 某路面基层为水泥砂基层，水泥、砂、土的设计比例为 15∶80∶5，面积 5 000 m²，厚度 25 cm，分层施工，机械铺筑，平地机功率 120 kW，采用厂集中拌和混合料，厂拌设备生产能力为 300 t/h，混合料由 8 t 自卸汽车运输，运距 2 km。计算完成本工程所需要的人工、材料、机械数量及自卸汽车所需消耗的机械工、柴油数量。

解 本工程为厂集中拌和施工，其工程项目包括稳定土厂拌设备安拆、稳定土厂拌、运输、铺筑 4 个子目。

（1）稳定土厂拌设备安拆，查定额 2-1-10-4，工程量：1 座。

人工：868.3 工日；锯材：0.01 m³；型钢：0.04 t；组合钢模板：0.086 t；铁件：85.3 kg；32.5 级水泥：69.04 t；水：353 m³；中砂：230.01 m³；片石：288.18 m³；碎石：80.36 m³；块石：263.12 m³；其他材料费：126.5 元；0.6 m³ 单斗挖掘机：5.08 台班；250 L 混凝土搅拌机：4.06 台班；20 t 平板车：7.74 台班；12 t 汽车式起重机：1.88 台班；40 t 汽车式起重机：11.79 台班；75 t 汽车式起重机：11.79 台班；小型机具使用费：376.3 元。

（2）厂集中拌和混合料，查定额 2-1-7-1、2，按照查出的值乘以 10 计算，工程量：5 000 m²。

人工：$5 \times (2.5 + 0.2 \times 10) = 22.5$ 工日

32.5 级水泥：$5 \times (28.799 + 1.92 \times 10) \times 15 \div 10 = 359.99$ t

水：5×(25 + 2×10) = 225 m³
土：5×(18.42 + 1.23×10)×5÷7 = 109.71 m³
砂：5×(179.34 + 11.96×10)×80÷83 = 1 440.67 m³
3 m³ 轮胎式装载机：5×(0.43 + 0.03×1) = 4.15 台班
300 t/h 稳定土厂拌设备：5×(0.22 + 0.01×10) = 1.6 台班

（3）混合料运输，查定额 2-1-8-9、10，按照查出的值乘以 2 计算，工程量：5 000×0.25 = 1 250 m³。

8 t 自卸汽车：1.25×(10.79 + 1.33×2) = 16.81 台班
查机械台班费用定额代号 1 385。
机械工：1×16.81 = 16.81 工日
柴油：49.45×16.81 = 831.25 kg

（4）机械铺筑，查定额 2-1-9-3，工程量：5 000 m²。
人工：5×(4.7 + 3) = 38.5 工日
120 kW 平地机：5×0.37×2 = 3.7 台班
6~8 t 压路机：5×0.14×2 = 1.4 台班
12~15 t 压路机：5×1.27×2 = 12.7 台班
6 000 L 洒水车：5×0.31 = 1.55 台班

【例12】 某公路为 10%石灰土基层，厚度 15 cm，面积 216 m²，采用拖拉机带铧犁沿路拌和施工。工程所在地为石家庄，工地转移距离 100 km，主副食运距 10 km。经调查，当地人工预算单价为 49.2 元/工日，生石灰预算单价 300 元/t，土预算单价 7 元/m³，柴油预算单价为 6.99 元/kg，120 kW 平地机养路费 6.53 元/台班，6 000 L 洒水车养路费 42.4 元/台班。计算完成此项工程的建筑安装费。

解 查定额 2-1-3-5。

（1）计算直接费。
① 直接工程费：
人工费：0.216×30.5×49.2 = 324 元
材料费：生石灰：0.216×24.046×300 = 1 558 元
　　　　土：0.216×195.8×7 = 296 元
机械费：设备摊销费：0.216×1.6 = 0.3 元
　　　　120 kW 平地机：0.216×0.37×(408.05 + 2×49.2 + 6.99×82.13 + 6.53) = 87 元
　　　　75 kW 推土机：0.216×0.21×(161.23 + 2×49.2 + 6.99×54.27) = 29 元
　　　　6~8 t 压路机：0.216×0.27×(107.57 + 1×49.2 + 6.99×19.33) = 17 元
　　　　12~15 t 压路机：0.216×1.27×(164.32 + 1×49.2 + 6.99×40.46) = 136 元
　　　　6 000 L 洒水车：0.216×1.07×(257.90 + 1×49.2 + 6.99×42.43 + 42.4) = 149 元
直接工程费合计：324 + 1 558 + 296 + 0.3 + 87 + 29 + 17 + 136 + 149 = 2 596 元

② 其他工程（工程类别为其他路面）费费率：冬季施工增加费费率 0.2%，雨季施工增加费费率 0.09%，安全及文明措施施工增加费费率 1.02%，临时设施费费率 1.87%，施工辅助费费率 0.74%，工地转移费费率 0.75%。

其他工程费：2 597×(0.2% + 0.09% + 1.02% + 1.87% + 0.74% + 0.75%) = 121 元
直接费合计：2 597 + 121 = 2 717 元
（2）计算间接费。
① 规费：324×40% = 130 元
② 企业管理费费率：基本费用费率3.28%，主副食运费补贴费率0.22%，职工探亲路费费率0.16%，职工取暖补贴费率0.07%，财务费用费率0.3%。
企业管理费：2 717×(3.28% + 0.22% + 0.16% + 0.07% + 0.3%) = 109 元
间接费合计：130 + 109 = 239 元
（3）计算利润：(2 717 + 239 − 130)×7% = 198 元
（4）计算税金：(2 717 + 239 + 198)×3.41% = 108 元
（5）计算建筑安装工程费：2 717 + 239 + 198 + 107 = 3 262 元

（二）公路工程预算定额第八章——材料采集及加工定额

（1）材料计量单位标准，除有特别说明者外，土、黏土、砂、石屑、碎(砾)石、碎(砾)石土、煤渣、矿渣均按堆方计算；片石、块石、大卵石均按码方计算；料石、盖板石均按实方计算。

（2）开炸路基石方的片(块)石如需利用时，应按本章捡清片(块)石项目计算。

（3）材料采集及加工定额中，已包括采、筛、洗、堆及加工等操作损耗在内。

注意：本章定额仅适用于计算施工单位自己开采、加工材料时，施工单位消耗的资源数量及计算开采材料原价时使用。

（三）公路工程预算定额第九章——材料运输定额

（1）汽车运输项目中因路基不平、土路松软、泥泞、急弯、陡坡而增加的时间，定额内已予考虑。

（2）人力装卸船舶可按人工挑抬、手推车运输相应项目定额计算。

（3）所有材料的运输及装卸定额中，均未包括堆、码方工日。

（4）本章定额中未列名称的材料，可按下列规定执行，其中不是以重量计量的应按单位重量进行换算。

① 水按运输沥青、油料定额乘以系数0.85计。
② 与碎石运输定额相同的材料有：天然级配、石渣、风化石。
③ 定额中未列的其他材料，一律按水泥运输定额执行。

（5）本章土方运输与定额第一章路基章土方运输的区别：
① 运输对象不同，本章土方作为材料运输，路基章土方不作为材料。
② 计算结果构成的费用组成不同，本章计算结果只能作为材料预算单价中的运杂费，路基章计算结果作为分部分项工程的机械费。

注意：本章定额仅适用于计算施工单位自办运输时，施工单位所消耗的资源数量及计算材料运杂费时使用。

【例13】某路堑工程土方外运,运距 8 km,采用装载机装车 15 t 自卸汽车运输,计算运输 1 000 m³ 土所需汽车台班数量及基价。

解 查定额 1-1-11-21,自卸汽车:5.57 台班

查定额 1-1-11-23,按照查出的值乘以 14 计算,自卸汽车:0.64×14 = 8.96 台班

基价:3 816 + 438×14 = 9 948 元

【例14】某石灰土路面基层所需土方由施工单位自运输,采用装载机装车,15 t 自卸汽车运输,运距 8 km,计算所需汽车台班数量及基价。(100 m³)

解 查定额 9-1-6-91,自卸汽车:0.45 台班

查定额 9-1-6-92,按照查出的值乘以 7 计算,自卸汽车:0.09×7 = 0.63 台班

基价:308 + 62×7 = 742 元

【例15】8 t 载重汽车运输采筛砾石用水,数量 100 t,计算所需汽车台班数量。

解 查定额 9-1-5-35,载货汽车:2.55×0.85 = 2.16 台班

【例16】某工程所需黏土由船舶上装卸料,手推车运输 100 m,计算人工消耗量及基价。

解 装卸:查定额 9-1-2-3,人工:11.2 工日,基价:551 元

运输:查定额 9-1-2-4,人工:0.7×10 = 7 工日,基价:34×10 = 340 元

【例17】某公路工程混凝土施工用中砂 500 m³,施工企业自采砂,人工采用"采、筛、洗、堆"联合作业的方式开采,成品率 75%,中砂由人工装卸,机动翻斗车运回,运距 300 m,已知当地人工预算单价 35 元/工日,柴油 4 元/kg,计算其材料费。

解 材料预算价格 =(材料原价 + 运杂费)×(1 + 场外运输损耗率)×

(1 + 采购及保管费率)- 包装品回收价值

(1)材料原价。

自采材料:自采的砂、石、黏土等材料,按定额中开采单价加辅助生产间接费和矿产资源税(如有)计算。查定额 8-1-4-5 及 8-1-4-6。

人工费:$(21.3 + 45.2 - 3) \times 35 \div 100 = 22.23$ 元/m³

辅助生产间接费:$22.23 \times 5\% = 1.11$ 元/m³

材料原价:$22.23 + 1.11 = 23.34$ 元/m³

(2) 运杂费 = 运费 + 装卸费 + 杂费

= 3.67 + 1.51 = 5.18 元/m³

运费:施工单位自办的运输,单程运距 5 km 及以内的汽车运输以及人力场外运输,按预算定额计算运费,查定额 9-1-3-1、2×2,

$(2.89 + 0.33 \times 2) \times (32.45 + 1 \times 35 + 9 \times 4) \div 100 = 3.67$ 元/m³

装卸费:人力装卸按预算定额计算,另按人工费加计辅助生产间接费,查定额 9-1-7-1,

$4.1 \times 35 \div 100 + (4.1 \times 35 \div 100) \times 5\% = 1.51$ 元/m³

(3)中砂预算单价 $= (23.34 + 5.18) \times (1 + 2.5\%) \times (1 + 2.5\%)$

= 29.96 元/m³

(4)材料费:500×29.96 = 14 980 元

第九节 项目3：隧道工程预算的编制

【教学指导】

教	知识重点	1. 隧道工程的项目内容、施工工艺。 2. 工程量的计算。 3. 隧道工程章定额的应用。 4. 隧道工程人工、材料、机械费用的计算。 5. 隧道工程建筑安装工程费的计算
	知识难点	1. 定额值的换算。 2. 工程类别划分。 3. 各项费用的计算
	推荐教学方式	1. 采用多媒体教学。 2. 实践教学，组织学生参观隧道工程，增加学生对隧道工程名称的认识。 3. 学生积极参与讲解与讨论，使原来在课堂上的被动听转化为课堂上的主动探索，调动学生学习的主动性
学	推荐学习方法	以隧道工程项目为载体，设立相关的学习单元，创建相应的学习环境，增加学生自学的空间，通过学习，学生了解隧道工程章定额及施工顺序，并能灵活运用
	必须掌握的理论知识	1. 隧道工程预算编制的程序。 2. 隧道工程章定额的说明。 3. 隧道工程章定额的应用。 4. 各项费用的计算
	必须掌握的技能	1. 能够按照施工图纸准确计算工程量。 2. 能够正确使用定额。 3. 编制补充定额的能力。 4. 能够按照施工图纸，完整准确地计算隧道工程的建筑安装工程费
做 （实训）	某公路隧道工程	1. 内容：按施工图纸计算隧道工程的建筑安装工程费 2. 要求： ① 学生按图纸不同标段划分小组。 ② 根据图纸自选施工方法。 ③ 根据市场行情调查预算单价。 ④ 完成后讲解讨论

一、隧道的概念

隧道是指为道路从地层内部或水底通过而修筑的建筑物。

二、隧道工程预算的编制程序

（一）按施工顺序、图纸、项目表划分工程项目

隧道工程按隧道的名称分目。

某隧道又分为洞门及明洞开挖、洞门及明洞修筑、洞身开挖、洞身衬砌、防水与排水、洞内路面、通风设施、消防设施、供电设施、其他工程等十一节。

（二）计算工程量

隧道工程按设计断面计算开挖及混凝土的工程数量。

（三）隧道工程相关定额的应用，计算消耗量

根据划分的工程项目查找相关定额，计算完成分部分项工程所消耗的人工、材料、机械的数量。

$$人、材、机消耗量＝(工程量÷定额单位)×定额值$$

（四）计算各项费用

按照公路工程概算预算编制办法（详见本教材第一章），计算建筑安装工程费，设备、工具、器具及家具购置费，工程建设其他费，预备费。

三、隧道工程相关定额的说明、使用

1. 章说明

（1）本章定额按现行隧道设计、施工技术规范将围岩分为六级。

（2）本章定额中混凝土工程均未考虑拌和的费用，应按桥涵工程相关定额另行计算。

（3）本章开挖定额中已综合考虑超挖及预留变形因素。

（4）洞内出渣运输定额已综合洞门外 500 m 运距，当洞门外运距超过此距离时，可按路基工程自卸汽车运输土石方的增运定额加计增运部分的费用。

（5）本定额未包括混凝土及预制块的运输，需要时应按有关定额另行计算。

（6）本定额未考虑地震、坍塌、溶洞及大量地下水处理，以及其他特殊情况所需的费用，需要时可按设计另行计算。

（7）本定额未考虑施工时所需进行的监控量测及超前地质预报的费用，监控量测的费用已在施工辅助费中综合考虑，使用定额时不得另行计算，超前地质预报的费用可根据需要另

行计算。

（8）隧道工程项目采用其他章节定额的规定：

① 洞内挖基、仰坡及天沟开挖、明洞明挖土石方等，应采用其他章节定额。

② 洞内工程项目如需采用其他章节的有关项目时，所采用定额的人工工日、机械台班数量及小型机具使用费应乘以系数 1.26。

2. 节说明

（1）洞身工程节。

洞身指包括围岩在内的隧道承载结构。洞身是隧道工程的主要组成部分，按其所处地形、地质条件及施工方法的不同，分为隧道洞身、明洞洞身、棚洞洞身。

① 本定额人工开挖、机械开挖轻轨斗车运输项目是按上导洞、扩大、马口开挖编制的，也综合了下导洞扇形扩大开挖方法，并综合了木支撑和出渣、通风及临时管线的工料机消耗。

② 本定额正洞机械开挖自卸汽车运输定额系按开挖、出渣运输分别编制，不分工程部位均使用本定额。施工通风及高压风水管和照明电线路单独编制定额项目。

③ 格栅钢架和型钢钢架均按永久性支护编制，如作为临时支护使用时，应按规定计取回收。定额中已综合连接钢筋的数量。

④ 本定额中凡是按不同隧道长度编制的项目，均只编制到隧道长度 4 000 m 以内。当隧道长度超过 4 000 m 时，应按以下规定计算：

A．洞身开挖：以隧道长度 4 000 m 以内定额为基础，与隧道长度 4 000 m 以上每增加 1 000 m 定额叠加使用。

B．正洞出渣运输：通过隧道进出口开挖正洞，以换算隧道长度套用相应的出渣定额计算。换算隧道长度计算公式为：

$$换算隧道长度 = 全隧长度 - 通过辅助坑道开挖正洞的长度$$

当隧道长度超过 4 000 m 时，以隧道长度 4 000 m 以内定额为基础，与隧道长度 4 000 m 以上每增加 1 000 m 定额叠加使用。

通过斜井开挖正洞，出渣运输按正洞和斜井两段分别计算，二者叠加使用。

C．通风、管线路定额，按正洞隧道长度综合编制，当隧道长度超过 4 000 m 时，以隧道长度 4 000 m 以内定额为基础，与隧道长度 4 000 m 以上每增加 1 000 m 定额叠加使用。

⑤ 混凝土运输定额仅适用于洞内混凝土运输，洞外运输应按桥涵工程有关定额计算。

⑥ 本定额所指隧道长度均指隧道进出口洞门端墙墙面之间的距离，即两端端墙面与路面的交线同路线中线交点间的距离。双线隧道按上下行隧道长度的平均值计算。

（2）洞门工程。

洞门指为稳定隧道洞口，美化洞口环境，降低洞口亮度而设置的构造物。

① 隧道和明洞洞门，均采用本定额。

② 洞门墙工程量为主墙翼墙等圬工体积之和。仰坡、截水沟等应按有关定额另行计算。

③ 本节定额的工程量均按设计工程量计算。

（3）辅助坑道。

辅助坑道是指为利于隧道洞身开挖而设置的平行导洞、斜井竖井等设施。

① 斜井项目按开挖、出渣、通风及管线路分别编制，竖井项目定额中已综合了出渣、通风及管线路。

② 斜井相关定额项目系按斜井长度 800 m 以内综合编制的，已含斜井建成后，通过斜井进行正洞作业时，斜井内通风及管线路的摊销费。

③ 斜井支护按正洞相关定额计算。

（4）通风及消防设施安装。

为使隧道内保持良好的空气环境，隧道常采用自然通风及机械通风两种方式。

① 本定额中不含通风机、消火栓、消防水泵接合器、水流指示器、电器信号装置、气压水罐、泡沫比例混合器、自动报警装置防火门等的购置费，应列入设备及工具、器具购置费中。

② 通风机预埋件按设计所示为完成通风机安装而需预埋的一切金属构件的质量计算工程量，包括钢拱架、通风机拱部钢筋、通风机支座及各部分连接件等。

（5）洞内预埋件工程量按设计预埋件的敷设长度计算，定额中已综合了预留导线的数量。

【例 18】某隧道工程内，需做路面砂砾垫层，机械铺筑，厚度 15 cm，试计算其定额值。

解 按章定额说明，隧道洞内工程项目如需采用其他章节的有关项目时，所采用定额的人工工日、机械台班数量及小型机具使用费应乘以系数 1.26。查定额 2-1-1-12。

人工：$0.9 \times 1.26 = 1.1$ 工日

砂砾：$191.25 \, m^3$

机械：120 kW 平地机：$0.27 \times 1.26 = 0.34$ 台班

　　　6～8 t 压路机：$0.25 \times 1.26 = 0.32$ 台班

　　　12～15 t 压路机：$0.5 \times 1.26 = 0.63$ 台班

　　　6 000 L 洒水汽车：$0.42 \times 1.26 = 0.53$ 台班

【例 19】某隧道长 2 000 m，正洞机械开挖、自卸汽车运输，围岩 IV 级，洞外弃渣场距洞门 1 000 m。计算开挖运输 100 m^3 岩石消耗的人工及自卸汽车数量。

解 按定额节说明机械开挖、出渣分别套用定额。

（1）机械开挖，查定额 3-1-3-10，

　　人工：57 工日

（2）出渣，查定额 3-1-3-41，

　　人工：7.9 工日

　　12 t 自卸汽车：1.1 台班。

（3）洞外弃渣场距洞门 1 000 m，由于出渣定额只包括洞门外 500 m 运距，当洞门外运距超过此距离时，可按路基工程自卸汽车运输土石方的增运定额加计增运部分的费用。因此，查定额 1-1-11-46，

　　12 t 自卸汽车：$(100/1\,000) \times 1.38 = 0.138$ 台班

第十节 项目4：桥涵工程预算的编制

【教学指导】

教	知识重点	1. 桥涵工程的项目内容、结构名称、施工工艺。 2. 工程量的计算。 3. 桥涵工程章定额的应用。 4. 桥涵工程人工、材料、机械费用的计算。 5. 桥涵工程建筑安装工程费的计算
	知识难点	1. 桥涵工程施工顺序、各部名称。 2. 不同施工工艺的定额运用。 3. 定额值的换算。 4. 工程类别划分。 5. 各项费用的计算
	推荐教学方式	1. 采用多媒体教学。 2. 实践教学，组织学生参观桥涵工程，增加学生对桥涵工程名称的认识。 3. 学生积极参与讲解与讨论，使原来在课堂上的被动听转化为课堂上的主动探索，调动学生学习的主动性
学	推荐学习方法	以桥涵工程项目为载体，设立相关的学习单元，创建相应的学习环境，增加学生自学的空间，通过学习使大家了解桥涵工程章定额及施工顺序，并能灵活运用
	必须掌握的理论知识	1. 桥涵工程预算编制的程序。 2. 桥涵工程章定额的说明。 3. 桥涵工程章定额的应用。 4. 各项费用的计算
	必须掌握的技能	1. 能够按照施工图纸准确计算工程量。 2. 能够正确使用定额。 3. 编制补充定额的能力。 4. 能够按照施工图纸，完整准确地计算桥涵工程的建筑安装工程费
做（实训）	某公路桥涵工程	1. 内容：按施工图纸计算桥涵工程的建筑安装工程费。 2. 要求： ① 学生按图纸不同标段划分小组。 ② 根据图纸自选施工方法。 ③ 根据市场行情调查预算单价。 ④ 完成后讲解讨论

一、桥涵的概念

桥涵是指桥梁和涵洞的总称。桥梁是线路遇到障碍中断时为使线路畅通而修筑的人工跨越构造物；涵洞是横穿路基的小型构造物。

桥涵主要由基础、下部结构、上部结构和调制构筑物四部分组成。

二、桥涵工程预算的编制程序

（一）按施工顺序、图纸、项目表划分工程项目

（1）桥涵工程包括漫水工程、涵洞工程、小桥工程、中桥工程、大桥工程、特大桥工程六个工程目。

（2）交叉工程包括平面交叉道、通道、人行天桥、渡槽、分离式立体交叉、互通式立体交叉六个工程目。

（二）计算工程量

1. 基坑开挖

基坑开挖工程量按湿处、干处分别计算体积。

2. 围堰、筑岛、沉井工程

（1）草土、草袋等围堰计算其长度及高度；套箱及钢板围堰计算其金属质量与接头数量。

（2）筑岛工程量计算其筑岛实体数量。

（3）沉井工程量：重力式沉井计算其混凝土体积及钢筋质量；钢丝网水泥薄壁浮运沉井计算其底面积和刃脚及骨架的钢材质量；钢壳沉井计算其钢材质量。

3. 打桩工程

（1）打钢筋混凝土桩工程量根据设计尺寸及长度以体积计算。

（2）打钢板桩计算其金属构件质量。

4. 灌注桩工程

灌注桩挖孔按各种孔径下挖、钻孔深度计算；钢护筒按质量计算；灌注桩混凝土按体积计算；钢筋按质量计算；工作平台按施工组织设计需要的面积计算。

5. 砌筑工程

砌筑工程的工程量为砌体的实际体积，包括构成砌体的砂浆体积。

6. 现浇混凝土及钢筋混凝土工程

现浇混凝土及钢筋混凝土工程根据结构设计分别计算各组成部分的混凝土体积及钢筋质量。

7. 预制、运输、安装混凝土及钢筋混凝土构件

（1）预制构件的工程量为构件的实际体积（不包括空心部分），但预应力构件的工程量为

构件的预制体积与构件端头封锚混凝土的数量之和。

（2）运输、安装工程量为安装构件的体积。

8. 拱盔、支架工程

拱盔的工程量按起拱线以上的弓形面积计算；桥梁支架按立面积和孔数计算。

9. 钢结构工程

钢结构工程其工程量按质量及定额中工程量计算规则计算。

10. 杂项工程

杂项工程其工程量根据设计文件、施工组织设计、工期、工程量计算规则计算。

（三）桥涵工程相关定额的应用，计算消耗量

根据划分的工程项目查找相关定额，计算完成分部分项工程所消耗的人工、材料、机械的数量。

$$人、材、机消耗量=(工程量 \div 定额单位) \times 定额值$$

（四）计算各项费用

按照公路工程概算预算编制办法（详见本教材第一章），计算建筑安装工程费，设备、工具、器具及家具购置费，工程建设其他费，预备费。

三、桥涵工程相关定额的说明与使用

（一）公路预算定额第四章——桥涵工程定额

1. 章说明

本章定额包括开挖基坑，围堰、筑岛及沉井，打桩，灌注桩，砌筑，现浇混凝土及钢筋混凝土，预制、安装混凝土及钢筋混凝土构件，构件运输，拱盔支架，钢结构和杂项工程项目。

（1）混凝土工程。

① 定额中混凝土标号均按一般图纸选用，其施工方法除小型构件采用人拌人捣，支撑梁采用机拌人捣外，其余均按机拌机捣计算。

② 定额中混凝土工程除小型构件、大型预制构件底座、混凝土搅拌站安拆和钢桁架桥式码头项目中已考虑混凝土的拌和费用外，其他混凝土项目均未考虑混凝土的拌和费用，应按有关定额另行计算。

③ 定额中混凝土均按露天养生考虑，如采用蒸气养生时，应从各有关定额中减去人工 1.5 工日及其他材料费 4 元，并按蒸气养生有关定额计算。

④ 定额中混凝土工程均已包括操作范围内的混凝土运输。现浇混凝土工程的混凝土平均运距超过 50 m 时，可根据施工组织设计的混凝土平均运距，按第十一节杂项工程中混凝

土运输定额增列混凝土运输。

⑤ 凡预埋在混凝土中的钢板、型钢、钢管等预埋件，均作为附属材料列入混凝土定额内。至于连接用的钢板、型钢等则包括在安装定额内。

⑥ 定额中采用泵送混凝土的项目均已包括水平和垂直泵送所消耗的人工、机械，当水平泵送距离超过定额综合范围时，可按表 2.4 增列人工及机械消耗量。向上垂直泵送不得调整。

表 2.4

项目		定额综合的水平泵送距离/m	每 100 m³ 混凝土 每增加水平距离 50 m 增列数量	
			人工/工日	混凝土输送泵/台班
基础	灌注桩	100	1.55	0.27
	其他	100	1.27	0.18
上下部构造		50	2.82	0.36
桥面铺装		250	2.82	0.36

(2) 钢筋工程。

① 定额中凡钢筋直径在 10 mm 以上的接头，除注明为钢套筒连接外，均采用电弧搭接或电阻对接焊。

② 定额中的钢筋按选用图纸分为光圆钢筋、带肋钢筋，如施工图的钢筋比例与定额有出入时，可以调整钢筋品种的比例关系。

③ 定额中的钢筋是按一般定尺长度计算的，如设计提供的钢筋连接用钢套筒数量与定额有出入时，可按设计数量调整定额中的钢套筒消耗，其他消耗不调整。

(3) 模板工程。

① 模板不单列项目。混凝土工程中所需的模板包括钢模板、组合模板、木模板，均按其周转摊销量计入现浇混凝土或预制混凝土定额中。

② 定额中的模板均为常规模板，当设计或施工对混凝土结构的外观有特殊要求，需要对模板进行特殊处理时，可根据定额中所列的混凝土模板接触面积增列相应的特殊模板材料费用。

③ 定额中所列的钢模板材料指工厂加工的适用于某种构件的定型钢模板，其重量包括立模所需的钢木支撑及有关配件；组合钢模板材料指市场供应的各种型号的组合钢模板，其重量仅为组合钢模板重量，不包括立模所需的支撑、拉杆等配件，定额中已计入所需的配件材料的摊销量；木模板按工地制作编制，定额中将制作所需的工、料、机械台班消耗按周转摊销量计算。

④ 定额中均已包括各种模板的维修、保养所需的工、料及费用。

(4) 设备摊销费。

定额中设备摊销费的设备是指属于固定资产的金属设备，包括用万能杆件、装配式钢桥桁架及有关配件拼装的金属架桥设备。设备摊销费按设备重量每吨每月 90 元计算（除设备本身折旧费用，还包括设备和维修等费用）。各项目中凡注明允许调整的，可按计划使用时间调整。

(5) 工程量计算一般规则：

① 现浇混凝土、预制混凝土、构件安装的工程量为构筑物或预制构件的实际体积，不包括其中空心部分的体积，钢筋混凝土项目工程量不扣除钢筋所占的体积。

② 构件安装定额中在括号内所列的构件体积数量，表示安装时需要备制的构件数量。

③ 钢筋工程量为钢筋的设计重量，定额中已计入施工操作损耗。施工中钢筋因接长所需的搭接长度的数量本定额中未计入，应在钢筋的设计重量内计算。

2. 节说明

（1）开挖基坑节。

① 干处挖基指无地面水及地下水位以上部分的土壤；湿处挖基指在施工水位以下部分的土壤。挖基坑石方、淤泥、流沙不分干处和湿处，均采用同一定额。

② 开挖基坑土石方、石方运输按弃土于坑外 10 m 范围考虑，如坑上水平运距超过 10 m 时，另按路基土、石方增运定额计算。

③ 基坑深度为坑的顶面中心高程至底面的数值。在同一基坑内，不论开挖哪一深度，均执行该基坑的全深度定额。

④ 电动卷扬机配抓斗及人工开挖配卷扬机吊运基坑土、石方定额中，已包括移动摇头扒杆用工，但摇头扒杆的配置数量应根据工程需要按吊装设备定额另行计算。

⑤ 开挖基坑定额已综合了基底夯实、基坑回填及检平石质基底用工，湿处挖基还包括挖边沟，挖集水井及排水作业用工，编制预算时，不得另行计算。

⑥ 开挖基坑定额不包括挡土板，需要时应据实按有关定额另行计算。

⑦ 机械挖基定额中已综合了基底高程以上 20 cm 采用人工开挖和基底修整用工。

⑧ 本节基坑开挖定额均按原土回填考虑，若采用取土回填时，应按路基工程有关定额陵矶取土费用。

⑨ 挖基定额中未包括水泵台班。挖基及基础、墩台砌筑所需的水泵台班按"基坑水泵台班消耗"表的规定计算，并计入挖基项目中。

⑩ 工程量计算规则：

A．基坑开挖工程量按基坑容积计算。

B．基坑挡土板的支挡面积，按坑内需支挡的实际侧面积计算。

⑪ 基坑水泵台班消耗，可根据覆盖层土壤类别和施工水位高度采用表列数值计算：

A．墩（台）基坑水泵台班消耗＝湿处挖基工程量×挖基水泵台班＋墩台座数×砌筑水泵台班。

B．基坑水泵台班消耗表中水位高度栏中"地面水"适用于围堰内挖基，水位高度指施工水位至坑顶的高度，其水泵台班已包括排除地下水所需台班数量，不得再按"地下水"加计入水泵台班；"地下水"适用于岸滩湿处的挖基，水位高度指施工水位至坑底的高度，其工程量应为施工水位以下的湿处挖基土方数量，施工水位至坑顶部分的挖基，应按干处挖基对待，不计水泵台班。

【例 20】某桥梁两个桥墩基坑开挖，土质为粉砂土，两个基坑平行施工作业，人工开挖，卷扬机吊运土方。已知施工期无常水，基坑顶面高程 99 m，地下水位 98 m，基底高程 96.5 m，一个基坑总挖量 150 m³，干处开挖 50 m³，手推车运土运距 60 m，坡度 1%，按施工组织需湿处挡土板 30 m²，计算一个基坑开挖所需人工以及卷扬机、水泵台班的数量。

解 （1）因为两个基坑平行施工作业，每个基坑应计列摇头扒杆一个，查定额 4-7-33-3，人工：22.7 工日，卷扬机：2.4 台班。

（2）人工开挖，卷扬机吊运土方，查定额 4-1-2。

① 干处工程量：50 m³，查定额 4-1-2-1。

人工： 419.3×50/1 000 = 20.96 工日

卷扬机：13.28×50/1 000 = 0.664 台班

② 湿处工程量：100 m³，查定额 4-1-2-2。

人工： 593.8×100/1 000 = 59.38 工日

卷扬机：13.28×100/1 000 = 1.33 台班

（3）基坑挡土板，查定额 4-1-4-1。

人工： 19.5×30/100 = 5.85 工日

（4）按节说明，开挖基坑土方、石方运输按弃土于坑外 10 m 范围考虑，如坑上水平运距超过 10 m 时，另按路基土、石方增运定额计算。

查定额 1-1-6-5，增运距离：60 + 0.6×15 − 10 = 59 m

人工：7.3×5.9×150/1 000 = 6.46 工日

（5）挖基坑、砌筑用水泵台班。

0.07×100/10 + 1×3.79 = 4.49 台班

（2）筑岛、围堰及沉井工程节。

① 围堰定额适用于挖基围堰和筑岛围堰。

② 草土、草、麻袋、木笼、木笼铁丝围堰定额中包括 50 m 以内人工挖运土方的工日数量，定额中括号内所列"土"的数量不计价，仅限于取土运距超过 50 m 时，按人工挖运土方的增运定额，增加运输用工。

③ 沉井制作分钢筋混凝土重力式沉井、钢丝网水泥薄壁浮运沉井、钢壳浮运沉井 3 种。沉井浮运、落床、下沉、填塞定额，均适用于以上 3 种沉井。

④ 沉井下沉用的工作台、三角架、运土坡道、卷扬机工作台均已包括在定额中。井下爆破材料除硝铵炸药外，其他列入"其他材料费"中。

⑤ 沉井下水轨道的钢轨、枕木、铁件按周转摊销量计入定额中，定额还综合了轨道的基础及围堰的工、料，编制预算时，不得另行计算，但轨道基础的开挖工作本定额中未计入，需要时按有关定额另行计算。

⑥ 沉井浮运定额仅适用于只有一节的沉井或多节沉井的底节，分节施工的沉井除底节外的其余各节的浮运、接高均应执行沉井接高定额。

⑦ 导向船、定位船船体本身加固所需的工、料、机消耗及沉井定位落床所需的锚绳均已综合在沉井定位落床定额中，编制预算时，不得另行计算。

⑧ 无导向船定位落床定额中已将所需的地笼、锚碇等的工、料、机消耗综合在定额中，编制预算时，不得另行计算；有导向船定位落床定额未综合锚碇系统，应按有关定额另行计算。

⑨ 锚碇系统定额均已将锚链的消耗计入定额中，并已将抛锚、起锚所需的工、料、机消耗综合在定额中，编制预算时，不得随意进行抽换。

⑩ 钢壳沉井接高所需的吊装设备本定额中未计入，需要时应按金属设备吊装定额另行计算。

⑪ 钢壳沉井作双壁钢围堰使用时，应按施工组织设计计算回收，但回收部分拆除所需的工、料、机消耗量本定额中未计算，需要时应根据实际情况另行计算。

⑫ 沉井下沉定额中的软质岩石是指饱和单轴极限抗压强度在 40 MPa 以下的各类松软的岩石，硬质岩石是指饱和单轴极限抗压强度在 40 MPa 以上的各类较坚硬和坚硬的岩石。

⑬ 地下连续墙定额中未包括施工便道、挡水帷幕、注浆加固等，需要时应按施工组织设计另行计算。挖出的土石方或凿铣的泥渣如需要外运时，应按路基工程中相关定额进行计算。

⑭ 工程量计算规则：

A．草土、草、麻袋、竹笼围堰长度按围堰中心长度计算，高度按施工水深加 0.5 m 计算。木笼铁丝围堰实体为木笼所包围的体积。

B．套箱围堰的工程量为套箱金属结构的重量。套箱整体下沉时悬吊平台的钢结构及套箱内支撑的钢结构已综合在定额内，不得作为套箱工程量进行计算。

C．沉井制作的工程量：重力式沉井为设计图纸井壁及隔墙混凝土数量；钢丝网水泥薄壁沉井为刃脚及骨架钢材的质量，但不包括铁丝网的质量；钢壳沉井的工程量为钢材的总质量。

D．沉井下沉定额的工程量按沉井刃脚外缘包围的面积乘沉井刃脚下沉入土深度计算。沉井下沉按土、石所在的不同深度分别采用不同下沉深度的定额。定额中的下沉深度指沉井顶面到（除土）作业面的高度。定额中已综合了溢流（翻砂）的数量，不得另加工程量。

E．沉井浮运、接高、定位落床定额工程量为沉井刃脚外缘所包围的面积，分节施工的沉井接高的工程量应按各节沉井接高工程量之和计算。

F．锚碇系统定额工程量指锚碇的数量，按施工组织设计的需要量计算。

G．地下连续墙导墙的工程量按设计需要设置的导墙的混凝土体积计算；成槽和墙体混凝土的工程量按地下连续墙设计长度、厚度和深度的乘积计算；所口管吊拔和清底置换的工程量按地下连续墙的设计槽段数计算；内衬的工程量按设计需要的内衬混凝土体积计算。

【例21】某双壁钢沉井为圆型结构，直径 28 m，高度 25 m，其中底节高度 10 m，其他各节均为 5 m，施工水深 8 m。采用静水下沉，卷扬机带抓斗捞土方法施工，砂砾土层。计算沉井下沉所需人工及卷扬机数量；无导向船沉井浮运的定额及工程量。

解 （1）沉井下沉。

① 查定额 4-2-9-17，下沉深度 0~10 m 时，

工程量：$3.14 \times 28^2 \div 4 \times (10-8) = 1\,230.88$ m^3

人工：$5.0 \times 1\,230.88 / 10 = 615.44$ 工日

卷扬机：$0.56 \times 1\,230.88 / 10 = 68.93$ 台班

② 查定额 4-2-9-22，下沉深度 10~20 m 时，

工程量：$3.14 \times 28^2 \div 4 \times 10 = 6\,154.4$ m^3

人工：$5.5 \times 6\,154.4 / 10 = 3\,384.92$ 工日

卷扬机：$0.62 \times 6\,154.4 / 10 = 381.57$ 台班

③ 查定额 4-2-9-27，下沉深度 20~30 m 时，

工程量：$3.14×28^2÷4×5 = 3\ 077.2\ m^3$

人工：$6.3×3\ 077.2/10 = 1\ 938.64$ 工日

卷扬机：$0.71×3\ 077.2/10 = 218.48$ 台班

（2）沉井浮运。

① 底节沉井。

查定额 4-2-8-4，工程量：$3.14×28^2/4 = 615.44\ m^2$。

② 其他各节沉井。

查定额 4-2-8-6，工程量：$3.14×(28^2/4)×3 = 1\ 846.32\ m^2$。

【例 22】某草土围堰中心长 25 m，宽 20 m，围堰高 1.5 m，所需土方用人工从 150 m 处运来，试计算围此围堰所需人、材、机的数量。

解 查定额 4-2-1-3，

工程量：$(25 + 20)×2 = 90$ m

人工：$40.2×90/10 = 361.8$ 工日

土方：$78×90/10 = 702\ m^3$

其他材料费：$78.6×90/10 = 707.4$ 元

由于定额中仅限于取土运距 50 m 时以内的用工数量，超过 50 m 时按路基章人工挖运土方的增运定额，增加运输用工。查定额 1-1-6-4，

人工：$0.702×18.2×(150 - 50)/10 = 127.8$ 工日

练习题

某钢壳沉井质量为 15 t，船上制作，无轨道下水，沉井刃脚外围面积 50 m²，入土深度 4.5 m，下沉深度 5 m，采用由导向船浮运、定位落床、抽水下沉，锚碇为 4 个，由标号为 C20 混凝土制成，每个质量为 9.8 t。计算此沉井消耗的人、材、机数量。

（3）打桩工程节说明及示例。

① 本定额适用于陆地上、打桩工作平台上、船上打桥涵墩台基础桩，以及其他基础工程和临时工程中的打桩工作。

② 土质划分：打桩工程量土壤分为 Ⅰ、Ⅱ 两组。

Ⅰ组土——较易穿过的土壤，如轻亚黏土、砂类土、腐殖土、湿的及松散的黄土等。

Ⅱ组土——较难穿过的土壤，如黏土、干的固结黄土、砂砾、砾石、卵石等。

当穿过两组土层时，如打入Ⅱ组土各层厚度之和等于或大于土层总厚度的 50%或打入Ⅱ组土连续厚度大于 1.5 m 时，按Ⅱ组土计，不足上述厚度时，则按Ⅰ组土计。

③ 打桩定额中，均按在已搭好的工作平台上操作，但未包括打桩用的工作平台的搭设和拆除等的工、料消耗，需要时应按打桩工作平台定额另行计算。

④ 打桩定额中已包括打导桩、打送桩及打桩架的安、拆工作，并将打桩工作架、送桩、导桩及导桩夹木等的工、料按摊销方式计入定额中，编制预算时，不得另行计算。但定额中均未包括拔桩。破桩头工作，已计入承台定额中。

⑤ 打桩定额均为打直桩，如打斜桩时，机械乘 1.20 的系数，人工乘 1.08 的系数。

⑥ 利用打桩时搭设的工作平台拔桩时，不得另计搭设工作平台的工、料消耗。如需搭设工作平台时，可根据施工组织设计规定的面积，按打桩工作平台人工消耗的 50%计算人工消耗，但各种材料一律不计。

⑦ 打每组钢板桩时，用的夹板材料及钢板桩的截头、连接（接头）整形等的材料已按摊销方式，将其工、料计入定额中，编制预算时，不得另行计算。

⑧ 钢板桩木支撑的制作、试拼、安装的工、料消耗，均已计入打桩定额中，拆除的工、料消耗已计入拔桩定额中。

⑨ 钢板桩、钢管桩定额中未包括桩的防锈工作，如需要进行防锈处理，另按相应定额计算。

⑩ 钢管桩工程如设计钢管桩数量与本定额不相同时，可按设计数量抽换定额中的钢管桩消耗，但定额中的其他消耗量不变。

⑪ 工程量计算规则：

A．打预制钢筋混凝土方桩和管桩的工程量，应根据设计尺寸及长度以体积计算（管桩的空心部分应予以扣除）。设计中规定凿去的桩头部分的数量，应计入设计工程量内。

B．钢筋混凝土方桩预制的工程量，应为打桩定额中括号内的备制数量。

C．拔桩工程量按实际需要数量计算。

D．打钢板桩的工程量按设计需要的钢板桩重量计算。

E．打桩用的工作平台的工程量，按施工组织设计所需的面积计算。

F．船上打桩工作平台的工程量，根据施工组织设计，按一座桥梁实际需要打桩机的台数和每台打桩机需要的船上工作平台面积的总和计算。

（4）灌注桩节。

灌注桩是指采用不同的钻（挖）孔方法，在地层中按要求形成一定形状的井孔，达到设计高程后，将钢筋骨架吊入井孔中，再灌注混凝土而形成的桩。

灌注桩基础施工程序：埋设护筒→钻进成孔→下钢筋笼→灌注混凝土。

① 钻孔土质分 8 种：

A．砂土：粒径不大于 2 mm 的砂类土，包括淤泥、轻亚黏土。

B．黏土：亚黏土、黏土、黄土，包括土状风化。

C．砂砾：粒径 2～20 mm 的角砾、圆砾含量（指重量比，下同）小于或等于 50%，包括礓石黏土及粒状风化。

D．砾石：粒径 2～20 mm 的角砾、圆砾的含量大于 50%，有时还包括粒径为 20～200 mm 的碎石、卵石，其含量在 10% 以内，包括块状风化。

E．卵石：粒径 20～200 mm 的碎石、卵石含量大于 10%，有时还包括块石、漂石，其含量在 10% 以内，包括块状风化。

F．软石：各种松软、胶结不紧、节理较多的岩石及较硬的块石土、漂石土。

G．次坚石：硬的各类岩石，包括粒径大于 500 mm、含量大于 10% 的较坚硬的块石、漂石。

H．坚石：坚硬的各类岩石，包括粒径大于 1 000 mm、含量大于 10% 的坚硬的块石、漂石。

② 灌注桩成孔定额分人工挖孔、人力推钻、卷扬机带冲击锥、冲击钻机、回旋钻机、潜水钻机钻孔等工种。定额中已按摊销方式计入钻架的制作、拼装、移位、拆除及钻头维修所耗用的工、料、机械台班数量，钻头的费用已计入设备摊销费中，编制预算时，不得另行计算。

③ 灌注桩混凝土定额,按机械拌和、工作平台上导管倾注水下混凝土编制,定额中已包括设备(如导管等)摊销的工、料费用及扩孔增加的混凝土数量,编制预算时,不得另行计算。

④ 钢护筒定额中,干处埋设按护筒设计重量的周转摊销量计入定额中,编制预算时,不得另行计算。水中埋设按护筒全部设计重量计入定额中,可根据设计规定的回收量按规定计算回收金额。

⑤ 护筒定额中,已包括陆地上埋设护筒用的黏土或水中埋设护筒定位用的导向架及钢质或钢筋混凝土护筒接头用的铁件、硫磺胶泥等埋设用的材料、设备消耗,编制预算时,不得另行计算。

⑥ 浮箱工作平台定额中,每只浮箱的工作面积为 $3×6=18\ m^2$。

⑦ 使用成孔定额时,应根据施工组织设计的需要选用定额子目,当不采用泥浆船的方式进行水中灌注桩施工时,除按 90 kW 以内燃拖轮数量的一半保留拖轮的数量外,其余拖轮和驳船的消耗应扣除。

⑧ 在河滩、水中采用筑岛方法施工时,应采用陆地上成孔定额计算。

⑨ 本定额是按一般黏土造浆进行编制的,如实际采用膨润土造浆时,其膨润土的用量可按定额中黏土用量乘系数进行计算。

⑩ 当设计桩径与定额采用桩径不同时,可按系数调整。

⑪ 工程量计算规则:

A. 灌注桩成孔工程量按设计入土深度计算。定额中的孔深指护筒顶至桩底的深度。成孔定额中同一孔内的不同土质,不论其所在的深度如何,均执行总孔深定额。

B. 人工挖孔的工程量按护筒外缘包围的面积乘孔深计算。

C. 浇筑水下混凝土工程量按设计桩径断面面积乘以孔深计算。

D. 灌注桩工作平台工程量按施工组织设计需要的面积计算。

E. 钢护筒的工程量按护筒的设计重量计算。设计重量为加工后的成品重量,包括加劲肋及连接用法兰盘等全部钢材重量。当设计提供不出钢护筒的重量时,可参考表 2.5 的重量进行计算,桩径不同时可内插计算。

表 2.5

桩径 / cm	100	120	150	200	250	300	350
护筒单位质量/(kg/m)	170.2	238.2	289.7	499.1	612.6	907.5	1 259.2

【例 23】某桥梁灌注桩混凝土采用冲击钻孔,输送泵泵送距离 150 m,计算人工、输送泵定额值及基价。

解 查定额 4-4-7-9,

人工:3.0 + 1.55/10 = 3.16 工日

输送泵:0.1 + 0.27/10 = 0.13 台班

基价:3 008 + 0.16×49.2 + 0.027×1 099.96 = 3 045 元

【例 24】某桥梁灌注桩混凝土采用冲击钻孔,输送泵泵送混凝土,图纸中光圆钢筋 11 t,带肋钢筋 45 t,焊接连接,试计算灌注桩混凝土钢筋定额值。

解 查定额 4-4-7-22,

光圆钢筋：1.025×11/(11 + 45) = 0.201 t
带肋钢筋：1.025×45/(11 + 45) = 0.824 t

练习题

某桥梁钻孔桩直径 120 cm，长 25 m，计 20 根。地质情况：砂土、黏土 20%，砂砾 80%，钢护筒干处埋设，桩钢筋 26.577 t，全部为二级钢筋。当地人工预算单价 35 元/工日，汽油 4.0 元/kg，柴油 4.5 元/kg，钢筋 3 500 元/t，原木 1 200 元/m³。施工地点为哈尔滨市，主副食运距 4 km，工地转移距离 550 km。计算完成灌注桩工程的建安费。

(5) 砌筑工程节说明。

砌筑是指用砂浆将各种砌筑块体材料黏结为整体的施工过程。

① 定额中的 M5、M7.5、M12.5 水泥砂浆为砌筑用砂浆，M10、M15 水泥砂浆为勾缝用砂浆。

砂浆又称灰浆，是由胶凝材料、细集料、掺和料、外加剂和水按适当比例混合搅拌均匀而成的一种胶结材料。

② 定额中已按砌体的总高度配置的脚手架，高度在 10 m 以内的配踏步，高度大于 10 m 的配井字架，并计入搭拆用工，其材料用量均已按摊销方式计入定额中。

③ 浆砌混凝土预制块定额中，未包括预制块的预制，应按定额中括号内所列预制块数量，另按预制混凝土构件的有关定额计算。

④ 浆砌料石或混凝土预制块作镶面时，其内部应按填腹石定额计算。

⑤ 桥、涵拱圈定额中，未包括拱盔和支架，需要时应按第九节拱盔、支架工程中有关定额另行计算。

⑥ 定额中均未包括垫层及拱背、台背填料和砂浆抹面，需要时应按第十一节杂项工程中有关定额另行计算。

⑦ 砌筑工程的工程量为砌体的实际体积，包括构成砌体的砂浆体积。

(6) 现浇混凝土及钢筋混凝土节说明。

本节混凝土主要指水泥混凝土，即以水泥和水组成的水泥液体为黏结介质，将分散期间不同粒径的粗、细集料胶结起来，硬化成为具有一定力学性质的人造石材。现浇混凝土具有较好的整体性和防水性。

① 定额中未包括现浇混凝土及钢筋混凝土上部构造所需的拱盔、支架，需要时按有关定额另行计算。

② 定额中片石混凝土中片石含量均按 15%计算。

③ 有底模承台适用于高桩承台施工。

高桩承台指承台的底面高于河床面（或地面）；低桩承台是指承台的底面低于河床面（或地面）。

④ 使用套箱围堰浇筑承台混凝土时，应采用无底模承台的定额。

⑤ 定额中均不包括扒杆、提升模架、拐脚门架、悬浇挂篮等金属设备。需要时，应按有关定额另行计算。

⑥ 桥面铺装定额中橡胶沥青混凝土仅适用于钢桥桥面的铺装。

⑦ 当墩（台）与梁分离时，墩（台）高度为基础顶、承台顶或系梁底（当有多道系梁时，指最低一道系梁）到盖梁、墩台帽顶的高度；当墩（台）与梁固结时，墩（台）高度为

基础顶、承台顶或系梁底（当有多道系梁时，指最低一道系梁）到 0 号块件底的高度。

- 盖梁是指桩、柱式桥墩连接桩、柱顶端的横梁。
- 系梁是指墩柱之间横桥向设置的条形构造物，以增加墩身的整体刚度。
- 耳墙是指在埋置式桥台或岸墩上，与台帽或盖梁连接成一体的小型挡土墙。

⑧ 索塔是指斜拉桥或悬索桥、吊桥中用于支撑拉索或主缆的塔状构筑物，公路桥梁工程一般采用钢筋混凝土索塔，并多采用现浇施工工艺。

索塔高度为基础顶、承台顶或系梁底到索塔顶的高度。当塔墩固结时，工程量应为基础顶面或承台顶面以上至塔顶的全部数量；当塔墩分离时，工程量应为桥面顶部以上至塔顶的数量，桥面顶部以下部分的数量按墩台定额计算。

⑨ 斜拉索锚固套筒定额中已综合加劲钢板和钢筋的数量，其工程量以混凝土箱梁中锚固套筒钢管的质量计算。

⑩ 斜拉索钢锚箱的工程量为钢锚箱钢板、剪力钉、定位件的质量之和，不包括钢管和型钢的质量。

⑪ 各种结构的模板接触面积。

【例 25】某桥梁轻型墩台基础跨径 4 m，商品混凝土浇注。人工预算单价 45 元/工日，商品混凝土 260 元/m^3，锯材 1 350 元/m^3，型钢 3 700 元/t，组合钢模板 5 710 元/t，铁件 4.4 元/kg，水 0.5 元/m^3，柴油 5 元/kg。计算现场浇注 10 m^3 混凝土的直接工程费及夜间施工增加费、施工辅助费。

解 （1）直接工程费 = 人工费 + 材料费 + 机械费。

查定额 4-6-1-1，

人工费：8.5×45 = 382.5 元

材料费：2 652 + 4.05 + 40.7 + 137.04 + 41.36 + 6 + 25.6 = 2 906.75 元

   C15 商品混凝土：10.2×260 = 2 652 元

   锯材：0.003×1 350 = 4.05 元

   型钢：0.011×3 700 = 40.7 元

   组合钢模板：0.024×5 710 = 137.04 元

   铁件：9.4×4.4 = 41.36 元

   水：12×0.5 = 6 元

   其他材料费：25.6 元

机械费：119.32 + 7.6 = 126.92 元

   汽车式起重机：0.17×(387.11 + 2×45 + 44.95×5) = 119.32 元

   小型机具使用费：7.6 元

直接工程费：382.5 + 2 906.75 + 126.92 = 3 416.17 元

（2）夜间施工增加费。

夜间施工增加费 = 直接工程费×夜间施工增加费费率
     = (3 416.17 − 2 652)×0.7% = 5.35 元

（3）施工辅助费。

工程类别：构造物Ⅲ。

施工辅助费 = 直接工程费×施工辅助费费率

$$= (3\,416.17 - 2\,652) \times 3.03\%$$
$$= 23.15 \text{ 元}$$

(7) 预制、安装混凝土及钢筋混凝土构件节。

① 预制钢筋混凝土上部构造中，矩形板、空心板、连续板、少筋微弯板、预应力桁架梁、顶推预应力连续梁、桁架拱、刚架拱均已包括底模板，其余的按配合底座（或台座）施工考虑。

② 顶进立交箱涵、圆管涵的顶进靠背由于形式很多，宜根据不同的地形、地质情况设计，定额中未单独编列子目，需要时可根据施工图纸采用有关定额另行计算。

③ 顶进立交箱涵、圆管涵定额是根据全部顶进的施工方法编制的。顶进设备未包括在顶进定额中，应按顶进设备定额另行计算。"铁路线加固"定额除了铁路线路的加固外，还包括临时信号灯、行车期间的线路维修和行车指挥等全部工作。

④ 预制立交箱涵、箱梁的内模、翼板的门式支架等工、料已包括在定额中。

⑤ 顶推预应力连续梁是按多点顶推的施工工艺编制的，顶推使用的滑道单独编列子目，其他滑块、拉杆、拉锚器及顶推用机具、预制箱梁的工作平台均已摊入定额中。顶推用的导梁及工作平台底模顶升千斤顶以下的工程，本定额中未计入，应按有关定额计算。

⑥ 构件安装指从架设孔起吊起至安装就位，整体化完成的全部施工工序。本节定额中除安装矩形板、空心板及连续板等项目的现浇混凝土可套用桥面铺装定额计算外，其他安装上部构造定额中均单独编列有现浇混凝土子目。

⑦ 本节定额中凡采用金属结构吊装设备和缆索吊装设备安装的项目，均未包括吊装设备的费用，应按有关定额另行计算。

⑧ 制作、张拉预应力钢筋和钢丝束定额，是按不同的锚头形式分别编制的，当每吨钢丝的束数或每吨钢筋的根数有变化时，可根据定额进行抽换。定额中的"××锚"是指金属加工部件的重量，锚头所用其他材料已分别列入定额中有关材料或其他材料费内。定额中的束长为一次张拉的长度。

⑨ 预应力钢筋、钢丝束及钢绞线定额中均已计入预应力管道及压浆的消耗量，使用定额时不得另行计算。镦头锚的锚具质量可按设计数量进行调整。

⑩ 对于钢绞线不同型号的锚具，使用定额时按表规定计算。

⑪ 金属结构吊装设备定额是根据不同的安装方法划分子目的，如"单导梁"指安装用的拐脚门架、蝴蝶架、导梁等全套设备。定额是以 10 t 设备重量为单位，并列有参考重量。如果实际重量与定额数量不同时，可根据实际重量计算。但设备重量不包括列入材料部分的铁件、钢丝绳、鱼尾板、道钉及列入"小型机具使用费"内的滑车等。

⑫ 预制场用龙门架、悬浇箱梁用的墩顶拐脚门架，可套用高度 9 m 内的跨墩门架定额，但质量应根据实际计算。

⑬ 安装金属支座的工程量指半成品钢板的重量（包括座板、齿板、垫板、辊轴等）。至于锚栓、梁上的钢网、铁件等均以材料数量综合在定额内。

⑭ 工程量计算规则：

A．预制构件的工程量为构件的实际体积（不包括空心部分），但预应力构件的工程量为构件预制体积与构件端头封锚混凝土的数量之和。预制空心板的空心堵头混凝土已综合在预制定额内，计算工程量时不应再计列这部分混凝土的数量。

B．使用定额时，构件的预制数量应为安装定额中括号内所列的构件备制数量。

C．安装的工程为安装构件的体积。

D．构件安装时现浇混凝土的工程量为现浇混凝土和砂浆的数量之和。但如在安装定额中已计列砂浆消耗的项目，则在工程量中不应再计列砂浆的数量。

E．预制、悬拼预应力箱梁临时支座的工程量为临时支座中混凝土及硫磺砂浆的体积之和。

F．移动模架的质量包括托架（牛腿）、主梁、鼻梁、横梁、吊架、工作平台及爬梯的质量，不包括液压构件和内外模板（含模板支撑系统）的质量。

G．预应力钢绞线、预应力精轧螺纹粗钢筋及配锥形（弗氏）锚的预应力钢丝的工程量为锚固长度与工作长度的重量之和。

H．配墩头锚的预应力钢丝的工程量为锚固长度的重量。

I．先张钢绞线质量为设计图纸质量，定额中已包括钢绞线损耗及预制场构件间的工作长度及张拉工作长度。

J．缆索吊装的索跨指两塔架间的距离。

【例26】 某圆管涵管径2.0 m，普通钢筋，地质条件较好，无需顶进后背，试计算预制（采用250 L搅拌机拌和混凝土）、顶进圆管涵的人、材、机消耗量和顶进设备使用3个月的摊销量。

解 （1）预制圆管涵，查定额4-7-4-2，

人工：54.6 工日；钢模板：0.074 t；32.5 级水泥：4.101 t；水：16 m³；中砂：4.65 m³；碎石：7.95 m³；其他材料费：21.8 元；起重机：0.62 台班；小型机具使用费：5.5 元。

（2）圆管涵钢筋，查定额4-7-4-3，

人工：9.3 工日；光圆钢筋：1.025 t；铁丝：5.8 kg；小型机具使用费：4.8 元。

（3）顶进圆管涵，查定额4-7-6-4，

人工：76.3 工日；锯材：1.76 m³；32.5 级水泥：0.049 t；其他材料费：81.7 元；12 t 以内汽车式起重机：0.50 台班；30 t 以内单筒慢动卷扬机：5.6 台班；小型机具使用费：104.2 元。

（4）顶进设备，查定额4-7-35-1，

人工：104.4 工日；锯材：1.319 m³；铁件：5.9；32.5 级水泥：2.012 t；水：8；中粗砂：3.31；碎石：5.67；其他材料费：14.7 元；顶进设备摊销费：2 700 元；30 t 以内单筒慢动卷扬机：8.14 台班；小型机具使用费：44.6 元。

（5）混凝土拌和，查定额4-11-11-1，

人工：2.7 工日；250 L 搅拌机：0.45 台班。

【例27】 某桥梁预制混凝土T梁，采用蒸气养护，250 L 搅拌机拌和施工，混凝土设计标号C35，42.5 级水泥配制。当地人工预算单价38元/工日，柴油5.0元/kg，电1.5元/kW·h，煤0.3元/kg，水1元/m³，木柴0.5元/kg，海拔高度1 600 m，试计算预制10 m³ T梁混凝土所消耗的人工、水泥、中砂、碎石数量及高原地区施工增加费。

解 （1）混凝土制作，查定额4-7-12-1，

人工：31 − 1.5 = 29.5 工日

人工费：29.5×38 = 1 121 元

水泥：10.1×0.405 = 4.09 t
中砂：10.1×0.47 = 4.747 m³
碎石：10.1×0.79 = 7.979 m³
机械费：

  30 kN 卷扬机：1.38×(17.22 + 1×38 + 37.58×1.5) = 153.9 元
  50 kN 卷扬机：4.14×(20.08 + 1×38 + 55.11×1.5) = 582.7 元
  电焊机：1.04×(7.24 + 1×38 + 87.63×1.5) = 183.8 元
  小型机具使用费：38.7 元

（2）混凝土养护，查定额 4-11-8-2，
人工：8.1 工日
人工费：8.1×38 = 307.8 元
机械费：

  卷扬机：0.71×(17.22 + 1×38 + 37.58×1.5) = 79.2 元
  锅炉：1.7×(190.4 + 1×38 + 1×0.3 + 48.17×1.5 + 7×1 + 16×0.5) = 537.1 元

（3）混凝土拌和，查定额 4-11-11-1，
人工：2.7 工日
人工费：2.7×38 = 102.6 元
机械费：

  搅拌机：0.45×(18.58 + 1×38 + 52.74×1.5) = 61.1 元

（4）高原地区施工增加费。
工程类别：构造物 I
高原地区施工增加费 = 各类工程人工费和机械使用费之和×高原地区施工增加费费率
$$= (1\ 121 + 307.8 + 102.6 + 153.9 + 582.7 + 183.8 + 38.7 +$$
$$65.9 + 525.2 + 61.1) \times 6.87\%$$
$$= 216\ 元$$

【例28】某桥梁预制 T 梁混凝土设计标号为 C30，250 L 搅拌机拌和。施工地点为北京市，市场价同基价。主副食运距 3 km，工地转移距离 150 km，有夜间施工。计算预制 10 m³ T 梁混凝土的建筑安装工程费。

解 建筑安装工程费包括直接费、间接费、利润及税金。
（1）直接费 = 直接工程费 + 其他工程费
$$= 5\ 328 + 389 = 5\ 717\ 元$$
① 直接工程费 = 人工费 + 材料费 + 机械费
$$= 5\ 328\ 元$$
查定额 4-7-12-1、4-11-11-1。由于基价同市场价，所以直接工程费等于基价，即：
$$5\ 152\ 元 + 176\ 元 = 5\ 328\ 元$$
② 其他工程费：43 + 4 + 19 + 42 + 167 + 53 + 61 = 389 元
冬季施工增加费：5 328×0.81% = 43 元
雨季施工增加费：5 328×0.08% = 4 元
夜间施工增加费：5 328×0.35% = 19 元

安全文明措施施工增加费： $5328×0.78\%=42$ 元
临时设施费： $5328×3.14\%=167$ 元
施工辅助费： $5328×1.56\%=53$ 元
工地转移费： $5328×[0.89+(1.4-0.89)×(150-100)/(300-100)\%]=54$
（2）间接费： $663+316+11+19+11+23=1043$ 元
规费： $(31+2.7)×49.2×40\%=663$ 元
企业管理费基本费用： $5717×5.53\%=316$ 元
主副食运费补贴： $5717×0.2\%=11$ 元
职工探亲路费： $5717×0.34\%=19$ 元
职工取暖补贴： $5717×0.2\%=11$ 元
财务费用： $5717×0.40\%=23$ 元
（3）利润： $(5717+1043-663)×7\%=426$ 元
（4）税金： $(5717+1043+427)×3.41\%=245$ 元
建筑安装工程费： $5717+1043+427+223=7424$ 元

【例29】 某桥梁上部结构为30 m预应力预制钢筋混凝土T梁，其钢绞线数量为300 t，所用锚具及型号如下：5孔760套，6孔1600套，8孔320套，试确定其使用定额及张拉所需人工。

解 （1）查定额4-7-20-29，根据节说明10，当设计采用锚具型号为5孔、6孔、8孔、9时，均按定额7孔锚具套用。

（2）计算每吨钢绞线所包含的钢绞线束数，首先明确两个名词。

① 预应力构件截面中钢绞线束的数量与孔道数量相同，每一束要张拉一次，把张拉一次（两套锚具所锚固的钢绞线）需要的钢绞线重量作为一束钢绞线重量。

② 在一束钢绞线中锚具所含的孔束为股，如7孔为7股。

（3）计算全桥钢绞线所包含的股数。

$760÷2×5+1600÷2×6+320÷2×8=7980$ 股

每一股钢绞线的重量： $300÷7980=0.038$ t/股

（4）计算张拉一次7股钢绞线的重量。

0.038 t/股 $×7$ 股/束 $=0.263$ t/束

（5）计算每吨钢绞线所包含的束数。

$1÷0.263=3.80$ 束/t

（6）计算人工：定额(4-7-20-29)－(4-7-20-30)×0.02。

$300×(12-1.8×0.02)=3589$ 工日

练习题

某预制混凝土I形梁混凝土数量500 m³，现浇接缝混凝土50 m³，预制矩形板300 m³，现浇接缝混凝土35 m³，计算预制、现浇混凝土所需水泥、中砂、碎石数量。

（8）构件运输节说明。

① 本节的各种运输距离以10 m、50 m、1 km为计算单位，不足第一个10 m、50 m、1 km者，均按10 m、50 m、1 km计。超过第一个定额运距单位时，其运距尾数不足一个增运定额单位的半数时不计，等于或超过半数时按一个定额运距单位计算。

② 运输便道、轨道的铺设，栈桥码头、扒杆、龙门架、缆索的架设等，均未包括在定额内，应按有关章节定额另行计算。

③ 本节定额未单列出构件出坑堆放的定额，如需出坑堆放，可按相应构件运输第一个运距单位计列。

④ 凡以手摇卷扬机和电动卷扬机配合运输的构件重载升坡时，第一个定额运距单位不增加人工及机械，每增加定额单位运距按以下规定乘换算系数。

A. 手推车运输每增运 10 m 定额的人工，按表 2.6 乘换算系数。

表 2.6

坡度/%	1 以内	5 以内	10 以内
系数	1.0	1.5	2.5

B. 垫滚子绞运每增运 10 m 定额的人工和小型机具使用费，按表 2.7 乘换算系数。

表 2.7

坡度/%	0.4 以内	0.7 以内	1.0 以内	1.5 以内	2.0 以内	2.5 以内
系数	1.0	1.1	1.3	1.9	2.5	3.0

C. 轻轨平车运输配电动卷扬机每增运 50 m 定额的人工及电动卷扬机台班，按表 2.8 乘换算系数。

表 2.8

坡度/%	0.7 以内	1.0 以内	1.5 以内	2.0 以内	3.0 以内
系数	1.00	1.05	1.10	1.15	1.25

【例 30】 某桥梁工程以轨道平车运输预制构件，卷扬机牵引、起重机装车，构件质量 3 t，需出坑堆放，运输时重载升坡坡度 1%，运输距离 180 m，试确定其定额值。

解 （1）出坑堆放：按节说明构件需出坑堆放时，可按相应构件运输第一个运距单位计列。查定额 4-8-2-7，人工：7.5 工日，锯材：0.309 m³。

其他材料费：32.3 元。

起重机：2.61 台班

卷扬机：0.33 台班

小型机具使用费：16.5 元

（2）运输：运距按节说明超过第一个定额运距单位时，等于或超过半数时按一个定额运距单位计算。运输距离 180 m 按 200 m 计算。查定额 4-8-2-7、4-8-2-10×3，

人工：7.5 + 0.8×3×1.05=10.02 工日

锯材：0.309 m³

钢丝绳：0.017×3

其他材料费：32.3 元

起重机：2.61 台班

卷扬机：0.33＋0.33×3×1.05＝1.37 台班

小型机具使用费：16.5＋2.8×3＝24.9 元

（9）拱盔、支架工程节。

① 桥梁拱盔、木支架及简单支架均按有效宽度 8.5 m 计，钢支架按有效宽度 12.0 m 计，如实际宽度与定额不同时可按比例换算。

② 木结构制作按机械配合人工编制，配备的木工机械均已计入定额中。结构中的半圆木构件，用原木对剖加工所需的工日及机械台班均已计入定额内。

③ 所有拱盔均包括底模板及工作台的材料，但不包括现浇混凝土的侧模板。

④ 桁构式拱盔安装、拆除用的人字扒杆、地锚移动用工及拱盔缆风设备工料已计入定额，但不包括扒杆制作的工、料，扒杆数量根据施工组织设计另行计算。

⑤ 桁构式支架定额中已包括了墩台两旁支撑排架及中间拼装、拆除用支撑架，支撑架已加入了拱矢高度并考虑了缆风设备。定额以孔为计量单位。

⑥ 木支架及轻型门式钢支架的帽梁和地梁已计入定额中，地梁以下的基础工程未计入定额中，如需要时，应按有关相应定额另行计算。

⑦ 简单支架定额适用于安装钢筋混凝土双曲拱桥拱肋及其他桥梁需增设的临时支架。稳定支架的缆风设施已计入本定额内。

⑧ 涵洞拱盔支架、板涵支架定额单位的水平投影面积为涵洞长度乘以净跨径。

⑨ 桥梁拱盔定额单位的立面积指起拱线以上的弓形侧面积，其工程量按下式（表 2.9、2.10）计算：

$$F = K \times (净跨)^2$$

表 2.9

拱矢度	1/2	1/2.5	1/3	1/3.5	1/4	1/4.5	1/5	1/5.5
K	0.393	0.298	0.241	0.203	0.172	0.154	0.138	0.125

表 2.10

拱矢度	1/6	1/6.5	1/7	1/7.5	1/8	1/9	1/10
K	0.113	0.104	0.096	0.090	0.084	0.076	0.067

⑩ 桥梁支架定额单位的立面积为桥梁净跨径乘以高度，拱桥高度为起拱线以下至地面的高度，梁式桥高度为墩、台帽顶至地面的高度，这里的地面指支架地梁的底面。

⑪ 钢拱架的工程量为钢拱架及支座金属构件的重量之和，其设备摊销费按 4 个月计算，若实际使用期与定额不同时可予以调整。

⑫ 钢管支架定额指采用直径大于 30 cm 的钢管作为立柱，在立柱上采用金属构件搭设水平支撑平台的支架，其中下部指立柱顶面以下部分，上部指立柱顶面以上部分。下部工程量按立柱质量计算，上部工程按支架水平投影面积计算。

⑬ 支架预压的工程量按支架上现浇混凝土的体积计算。

【例 31】某桥为净跨径 50 m 的拱桥，木制拱盔满堂式拱盔有效宽度 10 m，拱矢度为 1/3，计算其人、材、机数量。

解 工程量：50×50×0.241＝602.5 m²

查定额 4-9-2-3,

人工：$(620.5/10) \times 37.9 \times 10/8.5 = 2\ 686.4$ 工日

原木：$(620.5/10) \times 0.954 \times 10/8.5 = 67.62\ m^3$

锯材：$(620.5/10) \times 0.566 \times 10/8.5 = 40.12\ m^3$

铁件：$(620.5/10) \times 35 \times 10/8.5 = 2\ 480.9\ kg$

铁钉：$(620.5/10) \times 0.9 \times 10/8.5 = 63.8\ kg$

木工圆锯机：$(620.5/10) \times 0.83 \times 10/8.5 = 58.83$ 台班

小型机具使用费：$(620.5/10) \times 18.4 \times 10/8.5 = 1\ 304.2$ 元

(10) 钢结构工程节说明。

① 本节钢桁梁定额是按高强螺栓、连孔拖拉架设法编制的，钢索吊桥的加劲桁拼装定额是按高强螺栓栓接编制的，如采用其他方法施工，应另行计算。

② 钢桁架桥中的钢桁梁，施工用的导梁钢桁的连接及加固杆件，钢索吊桥中的钢纵横梁、悬吊系统构件、套筒及拉杆构件均为半成品，编制预算时应按半成品价格计算。

③ 主索锚碇除套筒及拉杆、承托板以外，其他项目如锚洞开挖、衬砌，护罩的预制、安装，检查井砌筑等，应按其他章节有关定额另计。

④ 钢索吊桥定额中已综合了缆索吊装设备及钢桁油漆项目，编制预算时不得另行计算。

⑤ 抗风缆结构安装定额中未包括锚碇部分，编制预算时应按有关相应定额另行计算。

⑥ 安装金属栏杆的工程量指钢管的重量。至于栏杆座钢板、插销等均以材料数量综合在定额内。

⑦ 定额中成品构件单价构成：

工厂化生产，无需施工企业自行加工的产品为成品构件，以材料单价的形式进入定额。其材料单价为出厂价格与运输至施工场地的费用之和。

A．平行钢丝拉索、吊杆、系杆、索股等以 t 为单位，以平行钢丝、钢丝绳或钢绞线质量计量，不包括锚头和 PE 或套管等防护料的质量，但锚头和 PE 或套管等防护料的费用应含在成品单价中。

B．钢绞线斜拉索的工程量以钢绞线的质量计算，其单价包括厂家现场编索的费用和锚具的费用。悬索桥锚固系统预应力环氧钢绞线单价中包括两端锚具费用。

C．钢箱梁、索鞍、拱肋、钢纵横梁等以 t 为单位。钢箱梁和拱肋单价中包括工地现场焊接费用。

⑧ 施工电梯、施工塔式起重机未计入定额中，需要时根据施工组织设计另行计算其安拆及使用费。

⑨ 钢管拱桥定额中未计钢塔架、扣塔、地锚、索道的费用，应根据施工组织设计套用第七节相关定额另行计算。

⑩ 悬索桥的主缆、吊索、索夹、检修道定额未包括涂装防护，应另行计算。

⑪ 本定额未含施工监控费用，需要时另行计算。

⑫ 本定额未含施工期间航道占用费，需要时另行计算。

⑬ 工程量计算规则：

A．定位钢支架质量为定位支架型钢、钢板、钢管质量之和，以 t 为单位计算。

B．锚固拉杆质量为拉杆、连接器、螺母（包括锁紧和球面）、垫圈（包括锁紧和球面）

质量之和,以 t 为单位计算。

C．锚固体系环氧钢绞线质量以 t 为单位计算,本定额包括了钢绞线张拉的工作长度。

D．塔顶门架质量为门架型钢质量,以 t 为单位计算。钢隔栅以钢隔栅和反力架质量之和计算,以 t 为单位。主索鞍质量包括承板、鞍体、安装板、挡块、槽盖、拉杆、隔板、锚梁、锌质填块的质量,以 t 为单位计算。散索鞍质量包括底板、底座、承板、鞍体、压紧梁、隔板、拉杆、锌质填块的质量,以 t 为单位计算。主索鞍定额按索鞍顶推 6 次计算,如顶推次数不同,则按人工每 10 t 次 1.8 工日,顶推设备每 10 t 次 0.18 台班进行增减。鞍罩为钢结构,以套为单位计算,一个主索鞍处为 1 套。鞍罩的防腐和抽湿系统费用需另行计算。

E．牵引系统长度为牵引系统所需的单侧长度,以 m 为单位计算。

F．猫道系统长度为猫道系统的单侧长度,以 m 为单位计算。

G．索夹质量包括索夹主体、螺母、螺杆、防水螺母、球面垫圈质量,以 t 为单位计算。

H．缠丝以主缆长度扣除锚跨区、塔顶区、索夹处无需缠丝的主缆长度后的单侧长度,以 m 为单位计算。

I．缆套包括套体、锚碇处连接件、标准镀锌紧固件质量,以 t 为单位计算。

J．钢箱梁质量为钢箱梁(包括箱梁内横隔板)、桥面板(包括横肋)、横梁、钢锚箱质量之和。钢拱肋的工程量以设计质量计算,包括拱肋钢管、横撑、腹板、拱脚处外侧钢板、拱脚接头钢板及各种加劲块,不包括支座和钢拱肋内混凝土质量。

(11) 杂项工程节。

① 杂项工程包括平整场地、锥坡填土、拱上填料及台背排水、土牛(拱)胎、防水层、涵管基础垫层、水泥砂浆勾缝及抹面、伸缩缝及泄水管、混凝土构件蒸汽养生室建筑及蒸汽养生、预制构件底座、先张法预应力张拉台座、混凝土搅拌站及混凝土运输、船上混凝土搅拌台及泥浆循环系统、钢桁架栈桥式码头、施工电梯安拆、拆除旧建筑物等项目,本节定额适用于桥涵及其他构造物工程。

② 大型预制构件底座定额分为平面底座和曲面底座两项。

平面底座定额适用于 T 形梁、I 形梁、等截面箱梁,每根梁底座面积的工程量按下式计算:

$$底座面积 = (梁长 + 2.00 \text{ m}) \times (梁宽 + 1.00 \text{ m})$$

曲面底座定额中适用于梁底为曲面的箱形梁(如 T 形刚构等),每块梁底座的工程量按下式计算:

$$底座面积 = 构件下弧长 \times 底座实际修建宽度$$

③ 模数式伸缩缝预留钢纤维混凝土中钢纤维的含量按水泥用量的 1% 计算,如设计钢纤维含量与定额不同时,可按设计用量抽换定额中钢纤维的消耗。

④ 蒸汽养生室面积按有效面积计算,其工程量按每一养生室安置两片梁,梁间距离为 0.8 m,并按长度每端增加 1.5 m,宽度每边增加 1.0 m 考虑,定额中已将其附属工程及设备按摊销量计入定额中,编制预算时不得另行计算。

⑤ 混凝土搅拌站的材料,均已按桥次摊销列入定额中。

⑥ 钢桁架栈桥式码头定额适用于大型预制构件装船,码头上部为万能杆件及各类型钢加工的半成品和钢轨等,均已按摊销费计入定额中。

⑦ 施工电梯所需台班按施工组织设计计算。

【例 32】 某桥预制大型构件连续板,板长 20 m,宽 3 m,一共需要 10 个底座,构件需要蒸汽养护,计算制作大型预制构件底座及建造养生室所消耗的人工、水泥的数量。

解 (1) 大型预制构件底座工程量:$(20+2) \times (3+1) \times 10 = 880 \ m^2$。

查定额 4-11-9-1,

人工:$16.6 \times 880/10 = 1\ 460.8$ 工日

32.5 级水泥:$0.836 \times 880/10 = 73.56$ t

(2) 蒸汽养生室建筑工程量:

$$(20 + 1.5 \times 2) \times (3 \times 2 + 1 \times 2 + 0.8) \times 5 = 1\ 012 \ m^2$$

查定额 4-11-8-1,

人工:$51.6 \times 1\ 012/10 = 5\ 221.9$ 工日

32.5 级水泥:$0.554 \times 1\ 012/10 = 56.06$ t

(二) 公路预算定额附录的应用

1. 路面材料计算基础数据

公路工程预算定额附录一为路面材料计算的基础数据,其作用是:

(1) 列示路面工程预算定额中各种材料定额消耗量计算所依据的各项基础数据和各种材料压实度。

(2) 据以计算定额中路面材料消耗量。

(3) 据以计算定额中没包括的路面结构的各种路面材料的消耗数量。

2. 基本定额

(1) 基本定额及其分类。

基本定额是指在合理的条件下,为生产单位数量半成品、中间产品所规定的各种资源消耗量标准。

基本定额分为桥涵模板工作定额,砂浆及混凝土材料消耗定额,脚手架、踏步、井字架工料消耗定额,基本定额材料规格与质量。

(2) 基本定额的用途。

① 进行抽换。即当设计文件中所规定的工作内容、子目与定额表中某序号所列的规格不符时,则应查用相应定额或基本定额予以替换。

② 分析分项工程或半成品所需人工、材料、机械等消耗量。

3. 材料周转及摊销

(1) 规定各种周转性材料的周转、摊销次数。

(2) 对达不到规定周转次数的材料定额进行抽换。

总说明指出:定额中的周转性材料、模板等数量,已考虑了正常周转次数,计算在定额内,其中就地现浇钢筋混凝土梁用的支架及拱圈用的拱盔、支架,如确因施工安排达不到规定周转次数时,可根据具体情况进行换算,并按规定计算回收,其余工程一般不予抽换。

$$E' = E \times K$$

式中　E'——实际周转次数的周转性材料定额；
　　　E——定额规定的周转性材料定额；
　　　K——换算系数，$K=n/n'$；
　　　n——定额规定的材料周转次数；
　　　n'——实际的材料周转次数。

4. 定额基价人工、材料单位重、单价表

【例 33】某桥为 2 孔净跨径为 50 m 的拱桥，木制拱盔满堂式拱盔有效宽度 8.5 m，拱矢度 1/3，材料周转次数 2 次，计算其人、材、机数量。

解　工程量：50×50×0.241×2 = 1 205 m², 查定额 4-9-2-3,

人工：1205÷10×37.9 = 4 567 工日

原木：1205÷10×0.954×5/2 = 287.39 m³

锯材：1205÷10×0.566×5/2 = 170.5 m³

铁件：1205÷10×35×5/2 = 10 543.75 kg

铁钉：1205÷10×0.9×4/2 = 216.9 kg

木工圆锯机：1205÷10×0.83 = 100 台班

小型机具使用费：1205÷10×18.4 = 2 217 元

【例 34】某浆砌块石实体式桥墩，高 12 m，M10 水泥砂浆砌筑，M15 水泥砂浆勾缝，计算人工、32.5 级水泥、中砂数量。

解　查定额 4-5-3-4，定额中砌筑砂浆标号为 M7.5，数量 2.7 m³；勾缝砂浆标号为 M10，数量 0.05 m³。设计标号与定额标号不符，按总说明九允许参照砂浆配合比换算水泥、中砂数量。

人工：20.1 工日

水泥：0.311×2.7 + 0.393×0.05 = 0.859 t

中砂：1.07×2.7 + 1.07×0.05 = 2.94 m³

第十一节　项目 5：交通工程及沿线设施预算的编制

【教学指导】

教	知识重点	1. 交通工程的项目内容、施工工艺。 2. 工程量的计算。 3. 交通工程章定额的应用。 4. 交通工程人工、材料、机械费用的计算。 5. 交通工程建筑安装工程费的计算
	知识难点	1. 定额值的换算。 2. 工程类别划分。 3. 各项费用的计算。

续　表

教	推荐教学方式	1. 采用多媒体教学。 2. 实践教学，组织学生参观交通工程，增加学生对交通工程名称的认识。 3. 学生积极参与讲解与讨论，使原来在课堂上的被动听转化为课堂上的主动探索，调动学生学习的主动性
学	推荐学习方法	以交通工程及沿线设施项目为载体，设立相关的学习单元，创建相应的学习环境，增加学生自学的空间，通过学习，学生了解交通工程章定额及施工顺序，并能灵活运用
	必须掌握的理论知识	1. 交通工程预算编制的程序。 2. 交通工程章定额的说明。 3. 交通工程章定额的应用。 4. 各项费用的计算
	必须掌握的技能	1. 能够按照施工图纸准确计算工程量。 2. 能够正确使用定额。 3. 编制补充定额的能力。 4. 能够按照施工图纸，完整准确地计算交通工程的建筑安装工程费
做（实训）	某公路交通工程	1. 内容：按施工图纸计算交通工程的建筑安装工程费。 2. 要求： ① 学生按图纸不同标段划分小组。 ② 根据图纸自选施工方法。 ③ 根据市场行情调查预算单价。 ④ 完成后讲解讨论

一、交通工程的概念

交通工程是指与提高道路交通系统运行效率、安全、环保等内容有关的工程技术以及相关设施的建设活动。

二、交通工程预算的编制程序

（一）按施工顺序、图纸、项目表划分工程项目

（1）公路设施及预埋管线工程包括安全设施、服务设施、管理养护设施、其他工程四个工程目。

（2）绿化及环境保护工程包括播撒草种和铺植草皮、种乔木和灌木、声屏障、污水处理、取土弃土场防护五个工程目。

（二）计算工程量

1. 安全设施工程量计算

（1）钢筋混凝土防撞护栏中铸铁柱与钢管栏杆按柱与栏杆的总质量计算，预埋螺栓、螺

母及垫圈等附件已综合在定额内，编制预算时，不得另行计算。

(2) 波形钢板护栏中钢管栏、型钢柱按柱的成品质量计算；波形钢板按波形钢板、端头板（包括端部稳定的锚碇板、夹具、挡板）与撑架的总质量计算，柱帽、固定螺栓、连接螺栓、钢丝绳、螺母及垫圈等附件已综合在定额内，编制预算时，不得另行计算。

(3) 隔离栅中钢管柱按钢管与网框型钢的总质量计算，型钢立柱按柱与斜撑的总质量计算，钢管柱定额中已综合了螺栓、螺母、垫圈及柱帽钢板的数量，型钢立柱定额中已综合了各种连接件及地锚钢筋的数量，使用定额时不得另行计算。

钢板网面积按各网框外边缘所包围的净面积之和计算。

刺钢丝网按刺铁丝的总质量计算；铁丝编织网面积按网高（幅宽）乘以网长计算。

(4) 中间带隔离墩上的钢管栏杆与防眩板分别按钢管与钢板的总质量计算。

(5) 金属标志牌中立柱质量按立柱、横梁、法兰盘等的总质量计算；面板质量按面板、加固槽钢、抱箍、螺栓、滑块等的总质量计算。

(6) 路面标线按划线的净面积计算。

(7) 公共汽车停靠站防雨篷中钢结构防雨篷的长度按顺路方向防雨篷两端立柱中心间的长度计算；钢筋混凝土防雨篷的水泥混凝土体积按水泥混凝土垫层、基础、立柱及顶棚的体积之和计算，定额中已综合了浇筑立柱及篷顶混凝土所需的支架等，编制预算时，不得另行计算。

站台地坪按地坪铺砌的净面积计算，路缘石及地坪垫层已综合在定额中，使用定额时，不得另行计算。

2. 监控收费系统工程量计算

(1) 设备安装定额单位除 LED 显示屏以 m^2 计、系统试运行以系统月计外，其余均已台或套计。

(2) 计算机系统可靠性、稳定性运行按计算机系统 24 h 连续计算确定外，超过要求时，其费用另行计算。

(3) 收费岛混凝土工程量按岛身、收费亭基础、收费岛敷设穿线钢管水泥混凝土垫层、防撞柱水泥混凝土基础、配电箱水泥混凝土基础和控制箱水泥混凝土基础之和计算。

(4) 收费岛钢筋工程量按收费岛、收费亭基础的钢筋之和计算。

(5) 设备基础混凝土工程量按设备水泥混凝土基础体积计算。

(6) 镀锌防撞护栏的工程量按镀锌防撞护栏的质量计算。

(7) 钢管防撞柱的工程量按钢管防撞立柱的质量计算。

(8) 配电箱基础预埋 PVC 管的工程量按 PVC 管长度计算。

(9) 敷设电线钢套管的工程量按敷设电线钢套管质量计算。

3. 光缆、电缆铺设工程量计算

(1) 电缆铺设按单根延长米计算（如一个架上铺设 3 根各长 100 m 的电缆，工程量应按 300 m 计算，以此类推）。电缆附加及预留的长度是电缆铺设长度的组成部分，应计入电缆工程量之内。电缆进入建筑物预留长度按 2 m 计算，电缆进入沟内或吊架预留长度按 1.5 m 计算，电缆中间接头盒预留长度两端各按 2 m 计算。

(2) 电缆沟盖板揭、盖定额，按每揭、盖一次以延长米计算，如又揭又盖，则按两次计算。

4. 配管、配线及接地工程工程量计算规则

(1) 给水管道：室内外接线以建筑物外墙皮 1.5 m 为界，入口处设阀门者以阀门为界；与市政管道接线以水表井为界，无水表井者，以与市政管道碰头点为界。

(2) 配管的工程量计算不扣除管路中的接线箱（盒）、灯盒、开关盒所占的长度。

（三）交通工程及沿线设施相关定额的应用，计算消耗量

根据划分的工程项目查找相关定额，计算完成分部分项工程所消耗的人工、材料、机械的数量。

$$人、材、机消耗量=(工程量÷定额单位)×定额值$$

（四）计算各项费用

按照公路工程概算预算编制办法（详见本教材第一章），计算建筑安装工程费，设备、工具、器具及家具购置费，工程建设其他费，预备费。

三、相关定额的说明、使用

1. 章说明

(1) 本章定额包括交通设施、服务设施和管理设施等项目。

(2) 本章定额中只列工程所需的主要材料用量，对次要、零星材料和小型施工机具均未一一列出，分别列入"其他材料费"和"小型机具使用费"内以元计，编制预算即按此计算。

(3) 本章定额中均包括混凝土的拌和费用。

(4) 本章如有未包括的项目，可参照相关行业定额。

2. 节说明。

(1) 安全设施节说明。

本节定额包括柱式护栏、墙式护栏、波形钢板护栏、隔离栅、中间带、车道分离块、标志牌、轮廓标、路面标线、机械铺筑拦水带、里程碑、百米桩、界碑、公共汽车停靠站防雨篷共 12 个项目。

① 定额中波形钢板、Z 形柱、型钢立柱、钢板网、铁丝编织网、钢板标志、铝合金标志、柱式轮廓标等均为成品，编制预算时按成品价格计算。其中标志牌单价中不含反光膜的费用。

② 水泥混凝土构件的预制、安装定额中均已包括了混凝土及构件运输的工程内容，编制预算时，不得另行计算。

(2) 监控、收费系统。

① 本节包括监控和收费系统中管理站、分中心、中心（计算机及网络设备、视频控制设备安装、附属配套设备）、收费车道设备、外场管理设备（车辆检测设备安装、调试，环境

检测设备安装、调试，信息显示设备安装、调试，视频监控与传输设备安装、调试)、系统互联与调试、系统试运行、收费岛和人(手)孔等12个项目。

② 本节不包括以下工作内容：

A．设备本身的功能性故障排除。

B．制作缺件、配件。

C．在特殊环境下的设备加固、防护。

D．与计算机系统以外的外系统联试、校验或统调。

E．设备基础和隐蔽管线施工。

F．外场主干通信电缆和信号控制电缆的敷设施工及试运行。

G．接地装置、避雷装置的制作与安装，安装调试设备必需的技术改造和修复施工。

③ 收费岛上涂刷反光标志漆和粘贴反光膜的数量，已综合在收费岛混凝土定额中，使用定额时，均不得另行计算。

④ 防撞栏杆的预埋钢套管的数量已综合在定额中，使用定额时，均不得另行计算。

⑤ 防撞立柱的预埋钢套管及立柱填充水泥混凝土、立柱与预埋套管之间灌填水泥砂浆的数量均已综合在定额中，使用定额时，不得另行计算。

⑥ 设备基础混凝土定额中综合了预埋钢筋、地脚螺母、底座法兰盘等的数量，使用定额时，不得另行计算。

⑦ 敷设电线钢套管定额中综合了螺栓、螺母、镀锌管接头、钢管用塑料护口、醇酸防锈漆、裸铜线、钢锯条、溶剂汽油等的数量，使用定额时，不得另行计算。

⑧ 如设计采用的人(手)孔混凝土强度等级和数量与定额不同时，可调整定额用量。

(3) 通信系统。

① 本节定额适用于通信系统工程，内容包括光电传输设备安装，程控交换设备安装、调试，有线广播设备安装，会议专用设备安装，微波通信系统的安装、调试，无线通信系统的安装、调试，电源安装，通信管道敷设和包封等共23个项目。

② 安装电缆走线架定额中，不包括通过沉降(伸缩)缝和要做特殊处理的内容，需要时按有关定额另行计算。

③ 布放电缆定额只适用于在走道、槽道及机房内地槽中布放。

④ 2.5 Gb/s系统的ADM分插复用器、分插支路是按8个155 Mb/s(或144 Mb/s)光口或电口考虑的，当支路数超过8个时，每增加1个155 Mb/s(或144 Mb/s)支路就增加2个工日。

⑤ 通信铁塔的安装是按在正常的气象条件下施工确定的，定额中不包括铁塔基础施工、预埋件埋设及防雷接地等内容，需要时按有关定额另行计算。

⑥ 安装通信天线，无论有无操作平台均执行本定额；安装天线的高度均指天线底部距塔(杆)座的高度。

⑦ 通信管线定额中不包括管道过桥时的托架和管箱等工作内容，应按相关定额另行计算；挖管沟本定额也未包括，应按"路基工程"项目人工挖运土方定额计算。

⑧ 硅锌管敷设定额中已综合标石的制作及埋放、入孔处的包封等，使用定额时，不得另行计算。

⑨ 镀锌钢管敷设定额中已综合接口处套管的切割、焊接、防锈处理等内容，使用定额

时，不得另行计算。

⑩ 敷设管道和管道包封的工程量均按管道（不含桥梁）长度计算。

（4）供电、照明系统。

① 本节定额包括干式变压器安装，电力变压器干燥，杆上、埋地变压器安装，组合型成套箱式变电站安装，控制、继电、模拟及配电屏安装，电力系统调整试验，柴油发电机组及其附属设备安装，排气系统安装，其他配电设备安装，灯架安装，立灯杆，杆座安装，照明灯具安装，标志、诱导装饰灯具安装，其他灯具安装等 16 个项目。

② 干式变压器如果带有保护外罩时，人工和机械乘以系数 1.2。

③ 变压器油是按设备自带考虑的，但施工中变压器的过滤损耗及操作损耗已包括在定额中。变压器安装过程中放注油、油过滤所使用的油罐，已摊入油过滤定额中。

④ 高压成套配电柜中断路器安装定额是综合考虑的，不分容量大小，也不包括母线配置及设备干燥。

⑤ 组合型成套式变电站主要是指 10 kV 以下的箱式变电站，一般布置形式为变压器在箱的中间，箱的一端为高压开关位置，另一端为低压开关位置。

⑥ 控制设备安装未包括支架的制作和安装，需要时可按相关定额另行计算。

⑦ 送配电设备系统调试包括系统内的电缆试验、瓷瓶耐压等全套调试工作。供电桥回路中的断路器、母线分段断路器皆作为独立的供电系统计算，定额皆按一个系统一侧配一台断路器考虑，若两侧皆有断路器时，则按两个系统计算。如果分配电箱内只有刀开关、熔断器等不含调试元件的供电回路，则不在作为调试系统计算。

⑧ 3～10 kV 母线系统调试焊一组电压互感器，1 kV 以下母线系统调定额不含电压互感器，适用于低压配电装置的各种母线（包括软母线）的调试。

⑨ 灯具安装定额是按灯具类型分别编制的，对于灯具本身及异型光源，定额已综合了安装费，但未包括其本身的价值，应另行计算。

⑩ 各种灯架元器具件的配线，均以综合考虑在定额内，使用时不做调整。

⑪ 本节定额已包括利用仪表测量绝缘及一般灯具的试亮等工作内容，使用定额时，不得另行计算，但不包括全负荷试运行。

⑫ 本节定额未包括电缆接头的制作及导线的焊压接线端子。

⑬ 各种灯柱穿线均套相应的配管配线定额。

⑭ 室内照明灯具的安装高度，投光灯、碘钨灯和混光灯定额是按 10 m 以下编制的，其他照明灯具安装高度均按 5 m 以下编制。

⑮ 普通吸顶灯、荧光灯、嵌入式灯、标志灯等成套灯具是按灯具出厂时达到安装条件编制的，其他成套灯具安装所需配线，定额中均已包括。

⑯ 立灯杆定额中未包括防雷及接地装置。

⑰ 25m 以上高杆灯安装，未包括杆内电缆敷设。

（5）光缆、电缆敷设。

光缆：通信光缆是由一定数量的光纤按照一定方式组成缆心，外有护套或外护层，实现光信号传输的一种通信线路。

电缆：由几根或几组导线（每组至少两根）绞合而成的类似绳索的电缆，每组导线之间相互绝缘，并常围绕一根中心扭成，整个外面包有高度绝缘的盖层。

① 本节定额包括：室内光缆穿放和连接、安装测试光缆终端盒、室外敷设管道电缆、光缆连接、光纤测试、塑料子管、穿放或布放电话线、敷设双绞线缆、跳线架安装、布放同轴电缆、敷设多芯电缆、安装线槽、开槽、电缆沟铺砂盖板、揭盖板、顶管、铜芯电缆敷设、热缩式电缆终端头或中间头制作安装、控制电缆头制作安装、桥架或支架安装等 18 个项目。

② 本节定额均包括：准备工作、施工安全防护、搬运、开箱、检查、定位、安装、清理、接电源、接口正确性检查和调试、清理现场和办理交验手续等工作内容。

③ 本节定额不包括：设备本身的功能性故障排除、制作缺件、配件，在特殊环境下的设备加固、防护等工作内容。

④ 双绞线缆的铺设及跳线架和配线架的安装、打接定额消耗量是按五类非屏蔽布线系统编制的，高于五类的布线工程按定额人工工日增加 10%、屏蔽系统增加 20% 计取。

⑤ 用于扩（改）建工程时，所用定额的人工工日乘以 1.35 系数；用于拆除工程时，所用定额的人工工日乘以 0.25 系数。施工单位为配合认证单位验收测试而发生的费用，按本定额验证测试子目的工日、仪器仪表台班总用量乘以 0.3 系数计取。

（6）配管、配线及接地工程。

① 本节定额包括镀锌钢管、给水管道、钢管地埋敷设、钢管砖、混凝土结构、钢管钢结构支架配管、PVC 阻燃塑料管、母线、母线槽、落地式控制箱、成套配电箱、接线箱、接线盒的安装、接地装置安装、避雷针及引下线安装、防雷装置安装、防雷接地装置测试等共 14 个项目。

② 镀锌钢管法兰连接定额中，管件是按成品、弯头两端是按短管焊法兰考虑的，包括了直管、管件、法兰等全部安装工序内容。

③ 接地装置是按变配电系统接地、车间接地和设备接地等工业设施接地编制的。定额中未包括接地电阻率高的土质换土和化学处理的土壤及由此发生的接地电阻测试等的费用，需要时应另行计算。接地装置换填土执行电缆沟挖填土相应子目。

④ 定额中避雷针安装、避雷引下线的安装均已考虑了高空作业的因素，避雷针按成品件考虑。

（7）绿化工程。

① 死苗补植在栽植子目中已包括，使用定额时不得更改。盆栽植物均按脱盆的规格套用相应的定额子目。

② 苗木及地被植物的场内运输已在定额中综合考虑，使用定额时不得另行计算。

③ 本定额的工作内容中清理场地是指工程完工后将树穴余泥杂物清除并规堆，若有余泥杂物需外运时，其费用另按土石方有关定额子目计算。

④ 栽植子目中均按土可用的情况进行编制，若需要换土，则按有关子目进行计算。

⑤ 当编制中央分隔带部分的绿化工程预算时，若中央分隔带内的填土没有计入该项工程预算，其填土可按路基土方有关定额子目计算，但应扣减树穴所占的体积。

⑥ 为了确保路基边坡的稳定而修建各种形式的网格植草或播种草籽等护坡，应并入防护工程内计算。

⑦ 测量放样均指在场地平整好，达到设计要求后进行的，场地平整费用另按场地平整定额子目计算。

⑧ 运苗木子目仅适用于自运苗木的运输。

⑨ 本定额适用于公路沿线及管理服务区的绿化和公路交叉处（互通立交、平交）的美化、绿化工程。

⑩ 本定额中的胸径是指：距地坪 1.3 m 高处的树干直径；株高是指：树顶端距地坪的高度；篱高是指：绿篱苗木顶端距地坪的高度。

【例35】 某公路需铺设防撞隔离墩 500 m³，计算预制、运输、安装所需人工数量。

解 混凝土预制：查定额 6-1-5-4，人工：42.2 工日。

钢筋：查定额 6-1-5-5，人工：14.6 工日。

安装：查定额 6-1-5-6，人工：6.1 工日。

【例36】 某高速公路隔离栅为刺铁丝网面 1.5 t，钢筋混凝土立柱，混凝土 30 m³，钢筋 0.05 t，当地人工预算单价 40 元/工日。计算完成隔离栅工程的人工费并判别其工程类别。

解（1）立柱混凝土，查定额 6-1-4-1，

人工费：(30/10)×78.9×40 = 9 468 元

（2）立柱钢筋，查定额 6-1-4-2，

人工费：0.05×12.4×40 = 24.8 元

（3）刺铁丝，查定额 6-1-4-6，

人工费：1.5×108×40 = 6 480 元

合计：9 468 + 24.8 + 6 480 = 15 972.8 元

工程类别：钢材及钢结构。

【例37】 某工程为钢筋混凝土防撞护栏，混凝土 1.8 m³，钢筋 0.253 t，工程所在地为石家庄，工地转移距离 100 km，主副食运距 10 km。经调查当地人工预算单价 49.2 元/工日，原木预算单价 1 450 元/m³，锯材预算单价 1 750 元/m³，柴油预算单价 6.99 元/kg，圆钢预算单价 5 470 元/t，钢模板 6 650 元/t，铁件 6.5 元/kg，铁丝 6.8 元/kg，32.5 级水泥预算单价 310 元/t，水 3 元/m³，电 1 元/kW·h，中砂 70 元/m³，碎石 80 元/m³，翻斗车养路费 6.53 元/台班。计算完成此项工程的建筑安装费。

解 本工程按定额分为两步，混凝土制作和钢筋制作。

混凝土制作，查定额 6-1-2-3。

第一步：（1）计算直接费。

① 直接工程费。

人工费：0.18×26.5×49.2 = 235 元

材料费：

原木：0.18×0.043×1 450 = 11 元

锯材：0.18×0.061×1 750 = 19 元

圆钢：0.18×0.001×5 470 = 1 元

钢模板：0.18×0.101×6 650 = 121 元

铁件：0.18×13.3×6.5 = 16 元

32.5 级水泥：0.18×3.417×310 = 191 元

水：0.18×12×3 = 6 元

中砂：0.18×4.9×70 = 62 元

碎石：0.18×8.47×80 = 122 元

其他材料费：0.18×14.6＝3 元
机械费：
混凝土搅拌机：0.18×0.4×(18.58＋1×49.2＋1×52.74)＝9 元
翻斗车：0.18×0.36×(32.45＋1×49.2＋6.99×9＋6.3)＝10 元
小型机具使用费：0.18×5.4＝1 元
直接工程费合计：807 元

② 其他工程（工程类别构造物Ⅰ）费费率：冬季施工增加费费率 0.49%，雨季施工增加费费率 0.08%，安全及文明措施施工增加费费率 0.72%，临时设施费费率 2.65%，施工辅助费费率 1.3%，工地转移费费率 0.75%。
其他工程费：807×(0.49%＋0.08%＋0.72%＋2.65%＋1.3%＋0.75%)＝48 元
直接费合计：807＋48＝855 元

（2）计算间接费。
① 规费：235×40%＝94 元
② 企业管理费费率：基本费用费率 4.44%，主副食运费补贴费率 0.32%，职工探亲路费费率 0.29%，职工取暖补贴费率 0.12%，财务费用费率 0.37%。
企业管理费：855×(4.44%＋0.32%＋0.29%＋0.12%＋0.37%)＝47 元
间接费合计：141 元

（3）计算利润：(855＋141－94)×7%＝63 元
（4）计算税金：(855＋141＋63)×3.41%＝36 元
（5）计算建筑安装工程费：855＋141＋63＋36＝1 095 元

第二步：钢筋制作，查定额 6-1-2-4。
（1）计算直接费。
① 直接工程费。
人工费：0.253×14.7×49.2＝183 元
材料费：
圆钢：0.253×1.025×5 470＝1 419 元
铁件：0.253×5.1×6.8＝9 元
小型机具使用费：0.253×12.1＝3 元
直接工程费合计：1 614 元

② 其他工程（工程类别构造物Ⅰ）费费率：冬季施工增加费费率 0.49%，雨季施工增加费费率 0.08%，安全及文明措施施工增加费费率 0.72%，临时设施费费率 2.65%，施工辅助费费率 1.3%，工地转移费费率 0.75%。
其他工程费：1 614×(0.49%＋0.08%＋0.72%＋2.65%＋1.3%＋0.75%)＝97 元
直接费合计：1 614＋97＝1 711 元

（2）计算间接费。
① 规费：183×40%＝73 元
② 企业管理费费率：基本费用费率 4.44%，主副食运费补贴费率 0.32%，职工探亲路费费率 0.29%，职工取暖补贴费率 0.12%，财务费用费率 0.37%。

企业管理费：1 711×(4.44% + 0.32% + 0.29% + 0.12% + 0.37%) = 95 元
间接费合计：73+95 = 168 元
（3）计算利润：(1 711 + 168 − 73)×7% = 126 元
（4）计算税金：(1 711 + 168 + 126)×3.41% = 68 元
（5）计算建筑安装工程费：1 711 + 168 + 126 + 68 = 2 073 元
完成此项工程的建筑安装工程费：1 095+2 073=3 168 元

第三章 公路工程工程量清单计价

【教学指导】
1. 本章重点内容：
（1）公路工程工程量清单计价的概念、作用；
（2）公路工程工程量清单计算规则；
（3）公路工程工程量清单计价的标底与投标报价的编制。
2. 要求学生掌握清单计价的编制方法。
3. 要求学生能够按照工程量清单完成招标标底的编制。
4. 要求学生能够按照工程量清单完成投标报价的编制。

第一节 工程量清单计价与定额计价

一、工程量清单计价的概念

工程量清单是表现拟建工程的分部分项工程项目、措施项目、其他项目名称和相应数量的明细清单。体现招标人需要投标人完成的工程项目及相应工程的数量，是建设工程招投标中招标人或招标代理人按照建设工程设计图纸、国家统一的工程量规则、一定的计量单位、计算标准计算提供的实物工程量的汇总清单表，是招标文件不可分割的组成部分，是投标人进行报价的依据。

工程量清单计价是投标人依据工程量清单表拟建工程的施工方案，结合自身实际情况并考虑风险后自主报价的工程造价计价模式。标价后的工程量清单是合同中各工程细目的单价及合同价格表，是合同的重要组成部分，也是工程结算进行计量支付的重要依据之一。

定额计价是根据行政主管部门颁发的计算工程造价的预算定额标准来确定工程造价的一种计价方式。

二、工程量清单计价的作用与特点

1. 工程量清单计价的作用

（1）实行工程量清单计价，是规范市场秩序、适应社会主义经济发展的需要。

(2) 工程量清单计价是市场形成工程造价的主要形式,有利于发挥企业自主报价的能力,实现由政府向市场定价的转变。

(3) 实行工程量清单计价,有利于规范业主在招标中的行为,有效避免招标单位在招标中盲目压价的行为,从而真正体现公开、公平、公正的原则,适应市场经济规律。

(4) 实行工程量清单计价,是适应我国加入世界贸易组织,融入世界大市场的需要。

2. 计价规则的特点

(1) 强制性。凡是在建设工程招、投标过程中实行工程量清单的工程,都应遵守计价规则。

(2) 统一性。工程量清单是招标文件的组成部分,招标人在编制工程量清单时必须做到统一项目编码、统一项目名称、统一计量单位、统一工程量计算规则。

(3) 实用性。计价规则中,项目名称明确清晰,工程量计量规则简洁明了,特别是项目名称和工程内容,便于确定工程造价。

(4) 竞争性。工程量清单中人工、材料、机械消耗量既可以依据企业的定额和市场价格信息,也可以参照行业主管部门发布的定额消耗量计算。

(5) 通用性。采用工程量清单计价能与国际惯例接轨,符合工程量计算方法标准化、工程量计算规则统一化、工程造价确定市场化的要求。

三、工程量清单的构成

(1) 说明。工程量清单说明包括了对工程项目的工作范围和内容、计量方式、方法、费用计算依据进行的描述,让投标人填报清单中单价和合价时应注意的事项等。

(2) 工程细目。工程细目表是根据工程的不同部位和施工内容进行分类的。一般公路工程招标文件工程量清单中分总则、路基工程、路面工程、桥梁、涵洞工程、隧道工程、安全设施及预埋管线工程、绿化及环境保护工程、房建工程共八章,每章根据工作性质、内容又分为不同的细目。章与细目按顺序编号。每一细目的金额是由招标文件中的工程数量与投标单位填报的综合单价相乘所得,每章的金额是各章所包括的所有细目金额之和。

(3) 专项暂定金额汇总表。专项暂定金额是指包括在合同之内,并在工程量清单中以"暂定金额"名称标明的一项金额,是在招标过程中难以确定的工程细目或项目的金额。此项费用可能发生,也可能不发生。

(4) 计日工明细表。计日工是指工程细目不包括的,直接从事监理工程师指定的工作,且能胜任该工作的工人所计工日。计日工的劳务、材料和施工机械由招标人(或业主)列出正常的估计数量,投标人报出单价,计算出计日工金额后列入工程量清单汇总表。计日工不调价,未经监理工程师书面指令,任何工程不得按计日工施工。接到监理工程师按计日工施工的书面指令,承包人不得拒绝。此项费用属于暂定金额。

(5) 工程量清单汇总表。汇总表对各章的工程价格进行汇总,再加上一定比例的不可预见费暂定金额,即可得出该标段的报价。

四、清单计价与定额计价的异同

1. 项目设置不同

定额计价的项目一般是按施工工序、工艺进行设置的,定额项目包括的工程内容一般是单一的。

清单计价的项目是以一个"综合实体"考虑的,综合项目一般包括多个不同工程内容。

2. 工程量计算规则不同

定额计价按定额计算规则;清单计价按清单工程量计算规则。

3. 计价价款构成不同

定额计价价款包括:分部分项工程中的直接费、间接费、利润、税金,不包括各种风险因素带来的影响。

工程量清单计价价款是指完成招标文件规定的工程量清单项目所需的全部费用。完成每项工程内容所需的全部费用,包括工程量清单中没有体现的,施工中又必须发生的工程内容所需的费用以及考虑风险因素而增加的费用。

4. 计价过程不同

采用定额计价时招标方只负责编写招标文件,不设置工程项目内容,也不计算工程量。工程计价的子目和相应的工程量是由投标方根据设计文件确定,项目设置、工程量计算、工程计价等工作在一个阶段内完成。

采用清单计价招标方必须设置清单项目并计算清单工程量,同时在清单中对清单项目的特征和包括的工程内容必须清晰、完整地告诉投标人,以便投标人报价。故清单计价模式由两个阶段组成:① 由招标方编制工程量清单;② 投标方拿到工程量清单后根据清单报价。

5. 计价方法不同

定额计价是根据施工工序计价,即将相同施工工序的工程量相加汇总,选套定额,计算出一个子项的定额分部分项工程费,每一个项目独立计价,但分部分项工程费不具有单独存在的意义,只表示工程总价。

清单计价是按一个综合实体计价,即子项目随主体项目计价,由于主体项目与组合项目是不同的施工工序,所以往往要计算多个子项才能完成一个清单项目的分部分项工程综合单价,每一个项目组合计价。综合单价是投标、评标、结算的依据。

6. 承担风险不同

定额计价,由于工程量由投标人计算和确定,故投标人一般只承担工程量计算风险。

清单计价,由于招标人编制工程量清单,计算工程量时,计算不准会被投标人发现并利用,招标人要承担计算错误或填写错误的风险。由于清单计价时单价通常不调整,故投标人报价应考虑多种因素,投标人要承担组成价格的全部因素风险以及合同明示或暗示的所有责任、义务。

7. 人工、材料、机械消耗量水平不同

定额计价的人工、材料、机械消耗量按《概算预算定额》标准计算，反映的是社会平均水平。

清单计价的人工、材料、机械消耗量由投标人根据企业的自身情况或《企业定额》自定，反映的是企业的自身水平。

第二节　公路工程清单计算总则及相关规范

1. 总则内容

总则包括保险费、竣工文件、施工环保、临时道路、临时用地、临时供电设施、电讯设施、承包人驻地建设费用。

2. 有关问题的说明及提示

（1）保险费分为工程一切险和第三方责任险。工程一切险是为永久工程、临时工程和设备及已运至施工工地用于永久工程的材料和设备所投的保险；第三方责任险是对因实施本合同工程而造成的财产（本工程除外）的损失和损害或人员（业主和承包人雇员除外）的死亡或伤残所负责任进行的保险。保险费率按议定保险合同费率办理。

（2）竣工文件编制费是承包人对承建工程，在竣工后按交通部发布的《公路工程竣工验收办法》的要求，编制竣工图表、资料所需的费用。

（3）施工环保费是承包人在施工过程中采取预防和消除环境污染措施所需的费用。

（4）临时道路（包括便道、便桥、便涵、码头）是承包人为实施与完成工程建设所必须修建的设施，包括工程竣工。

（5）临时用地费是承包人为完成工程建设，临时占用土地的租用费。工程完工后承包人应自费负责恢复到原来的状况，不另行计量。

（6）临时供电设施、电讯设施费是承包人为完成工程建设所需要的临时电力、电讯设施的架设与拆除的费用，不包括使用费。

（7）承包人的驻地建设费是指承包人为工程建设必须临时修建的承包人住房、办公房、加工车间、仓库、试验室和必要的供水、卫生、消防设施所需的费用，其中包括拆除与恢复到原来的自然状况的费用。

3. 第102节　工程管理

（1）计量。

① 工程记录与竣工文件的工作内容及与此有关的一切作业经监理工程师审查批准后，以总额计量。

② 环境保护的工作内容包括施工场地砂石化、控制扬尘、降低噪声、合理排污等一切与此有关的作业经监理工程师检查验收后以总额计量。

（2）支付。

① 《技术规范》102-1 项竣工文件在监理工程师验收合格后一次支付。

② 《技术规范》102-2 项施工环保费用每 1/3 工期支付总额的 30%。交工证书签发之后，支付总额的 10%。

4. 第 103 节　临时工程设施

（1）计量。

① 临时道路、供电设施、电信设施及供水与排污设施的修建、维修及拆除等临时工程，根据施工过程中已完成情况，经监理工程师现场验收合格后分别以总额计量。

临时工程用地经监理工程师批准，以"m"计量。

② 为完成上述各项设施所需的一切材料、机械设备、人员及与此有关的一切作业均不另行计量。

（2）支付。临时工程完工后，由监理工程师验收合格后分期支付，所报总额的 80% 应在第 1~4 次进度付款证书中，以 4 次等额予以支付；所报总价中余下的 20% 待交工证书颁发后支付。

5. 第 104 节　承包人驻地建设

（1）计量。驻地建设完成后，经监理工程师现场核实，以总额计量。

（2）支付。《技术规范》104-1 项承包人驻地建设所报总价的 90%，应在第 1~3 次进度付款证书中，以 3 次等额支付；余下的应在承包人驻地建设已经移走和清除，并经监理工程师验收合格时予以支付。

第三节　路基工程工程清单计算规则及相关规范

1. 工程内容

路基工程包括：清理与挖除、路基挖方、路基填方、特殊地区路基处理、排水设施、边坡防护、挡土墙、挂网坡面防护、预应力锚索及锚固板、抗滑桩、河床及护坡铺砌工程。

2. 有关问题的说明及提示

（1）路基石方的界定。用不小于 165 kW 推土机单齿松土器无法勾动，需用爆破、钢楔或气钻方法开挖，且体积大于或等于 1 m³ 的孤石为石方。

（2）土石方体积用平均断面积法计算。但与似棱体公式计算方式计算结果比较，如果误差超过 5% 时，采用似棱体公式计算。

（3）路基挖方以批准的路基设计图纸所示界限为限，均以开挖天然密实体积计量。其中包括边沟、排水沟、截水沟、改河、改渠、改路的开挖。

（4）挖方作业应保持边坡稳定，应做到开挖与防护同步施工，如因施工方法不当，排水不良或开挖后未按设计及时进行防护而造成的塌方，则塌方的清除和回填由承包人负责。

（5）借土挖方按天然密实体积计量，借土场或取土坑中非适用材料的挖除、弃运及场地清理、地貌恢复、施工便道便桥的修建与养护、临时排水与防护作为借土挖方的附属工程，不另行计量。

（6）路基填料中石料含量等于或大于 70% 时，按填石路堤计量；小于 70% 时，按填土路堤计量。

（7）路基填方以批准的路基设计图纸所示界限为限，按压实后路床顶面设计高程计算。应扣除跨径大于 5 m 的通道、涵洞空间体积，跨径大于 5 m 的桥则按桥长的空间体积扣除。为保证压实度两侧加宽超填的增加体积，零填零挖的翻松压实，均不另行计量。

（8）桥涵台背回填只计按设计图纸或工程师指示进行的桥涵台背特殊处理数量。但在路基土石方填筑计量中应扣除涵洞、通道台背及桥梁桥长范围外台背特殊处理的数量。

（9）回填土指零挖以下或填方路基（扣除 10~30 cm 清表）路段挖除非适用材料后好土的回填。

（10）填方按压实的体积以 "m^3" 计量，包括挖台阶、摊平、密实、整型，其开挖作业在挖方中计量。

（11）项目未明确指出的工程内容，如养护，场地清理，脚手架的搭拆，模板的安装、拆除及场地运输等均包含在相应的工程项目中，不另行计量。

（12）排水、防护、支挡工程的钢筋、锚杆及锚索的除锈、制作安装、运输，以及锚具、锚垫板、注浆管、封锚、护套、支架等，包括在相应的工程项目中，不另行计量。

（13）取弃土场的防护、排水及绿化在相应工程项目中计量。

3. 路基工程量计量与支付

【第 202 节　场地清理】

（1）计量。

① 施工场地清理的计量应按监理工程师书面指定的范围（路基范围以外临时工程用地清场等除外），进行验收后现场实地测量，以 "m^2" 计量。现场清理路基范围内的所有垃圾、灌木、竹林及胸径小于 150 mm 的树木、石头、废料、表土（腐殖土）、草皮的铲除与开挖，借土场的场地清理与拆除（包括临时工程）均应列入土方单价之内，不另行计量。

② 砍伐树木仅计胸径（即离地面 1.3 m 高处的直径）大于 150 mm 的树木，以 "棵" 计量。包括砍伐后的截锯、移运（移运至监理工程师指定的地点）、堆放等一切有关的作业；挖除树根以棵计量，包括挖除、移运、堆放等一切有关的作业。

③ 挖除旧路面应按各种不同结构类型的路面分别以 "m^2" 计量；拆除原有公路结构物应分别按结构物的类型，以监理工程师现场指示的范围和量测方法量测，以 "m" 计量。

④ 所有场地清理、拆除与挖掘工作的一切挖方、回填、压实，以及适用材料的移运、堆放和废料的移运处理等作业均不另行计量。

（2）支付。按上述规定计量，以监理工程师验收并列入工程量清单的以下支付细目的工程量，其每一计量单位，将以合同单价支付。此项支付包括材料、劳力、设备、运输等及其为完成此项工程所必需的全部费用。

【第 203 节　挖方路基】

（1）计量。

① 路基土石方开挖数量包括边沟、排水沟、截水沟，应以经监理工程师校核批准的横

断面地面线和土石分界的补充测量为基础，按路线中线长度乘以经监理工程师核准的横断面面积进行计算，以"m^3"计量。

② 挖除路基范围内非适用材料（不包括借土场）的数量，应以承包人测量，并经监理工程师审核批准的断面或实际范围为依据的数量计算，以"m^3"计量。

③ 除非监理工程师另有指示，凡超过图纸或监理工程师规定尺寸的开挖，均不予计量。

④ 石方爆破安全措施、弃方的运输和堆放、质量检验、临时道路和临时排水的维修等均不另计量，作为承包人应做的附属工作。

⑤ 在挖方路基的路床顶面以下，土方断面应挖松深 300 mm 再压实；石方断面应辅以人工凿平或填平压实。此两项作为承包人应做的附属工作，均不予计量。

⑥ 改河、改渠、改路的开挖工程按合同图纸施工，计量方法可按上述（1）款进行。改路挖方线外工程的工作量计入《技术规范》203-1 项路基挖方内。

(2) 支付。

① 按上述规定计量，经监理工程师验收并列入工程量清单的以下支付细目的工程量，每一计量单位，将以合同单价支付。此项支付包括材料、劳力、设备、运输等及其为完成此项工程所必需的全部费用。

② 土方和石方的单价费用，包括开挖、运输、堆放、分理填料、装卸、弃方和剩余材料的处理，以及其他有关的全部施工费用。

【第 204 节 填方路基】

(1) 计量。

① 填筑路堤的土石方数量，应以承包人的施工测量和补充测量经监理工程师校核批准的横断面地面线为基础，以监理工程师批准的横断面施工图为依据，由承包人按不同来源（包括利用土方、石方和借方等）分别计算，经监理工程师校核认可的工程数量作为计量的工程数量。

② 零填挖路段的翻松、压实不另计量。

③ 零填挖路段的换填土，按压实的体积，以"m^3"计量。计价中包括表面不良土的翻挖运弃（不计运距）、换填好土的挖运（免费运距以内）、摊平、压实等一切与此有关作业的费用。

④ 利用土、石填方及土石混合填料的填方，按压实的体积，以"m^3"计量。计价中包括运输、挖台阶、摊平、压实、整型等一切与此有关作业的费用。其开挖作业在《技术规范》第 203 节路基挖方中计量。

⑤ 借土填方，按压实的体积，以"m^3"计量。计价中包括借土场（取土坑）中非适用材料的挖除、弃运及借土场的资源使用费，场地清理，施工便道、便桥的修建与养护，临时排水与防护等以及填方材料的开挖、运输、挖台阶、摊平、压实、整型等一切与此有关的作业费用。

⑥ 粉煤灰路堤按压实体积，以"m^3"计量，计价中包括材料铲运、摊铺、晾晒、土质护坡、压实、整型等一切与此有关的作业费用。

⑦ 结构物台背回填按压实体积，以"m^3"计量，计价中包括挖运、摊平、压实、整型等一切与此有关的作业费用。

⑧ 临时排水以及超出图纸要求以外的超填，均不计量。

⑨ 改造其他公路的路基土方填筑的计量方法同上第（1）款。

（2）支付。按上述规定计量，经监理工程师验收并列入工程量清单以下支付细目的工程量，其每一计量单位，将以合同单价支付。此项支付包括材料、劳力、设备、运输等，以及其他为完成此项工程所必需的全部费用。

【第 205 节　特殊地区路基处理】

（1）计量。本节所完成的工程，经验收后，由承包人计算经监理工程师校核的数量，并以此作为计量的工程数量。

① 挖除换填。挖除原路基一定深度及范围内淤泥，以"m^3"计量，并列入《技术规范》第 203 节挖方路基相应的支付细目中。

换填的填方，包括由于施工过程中地面下沉而增加的填方量，以"m^3"计量，并列入《技术规范》第 204 节填方路基相应的支付细目中。

② 抛石挤淤按图纸或验收的尺寸计算抛石体积的片石数量，以"m^3"计量，包括有关的一切作业。

③ 砂垫层、砂砾垫层及灰土垫层按垫层类型分别以"m^3"计量，包括材料、机械及有关的一切作业。

④ 预压和超载预压按图纸或监理工程师要求的预压宽度和高度以"m^3"计量，包括材料、机械及有关的一切作业。

⑤ 袋装砂井按不同直径及深（长）度分别以"m"计量，砂及砂袋不单独计量。

⑥ 塑料排水板按规格及深（长）度分别以"m"计量，不计伸入垫层内长度，包括材料、机械及有关的一切作业。

⑦ 粉喷桩、碎石桩、砂桩按不同直径及深（长）度以"m"计量，包括材料、机械及有关的一切作业。

⑧ 土工织物。铺设土工织物按其净面积以"m^2"计量，包括材料、机械及与此有关的一切作业。

⑨ 滑坡处理按实际发生挖除及回填体积，经监理工程师验收合格后以"m^3"计量。

⑩ 岩溶洞按实际填筑体积，经监理工程师验收合格后以"m^3"计量。

⑪ 膨胀土路基按图纸及监理工程师指示进行铺筑，经监理工程师验收合格后，按不同厚度以"m^2"计量。

⑫ 黄土陷穴按实际开挖和回填体积，经监理工程师验收合格后以"m^3"计量。

⑬ 湿陷性黄土采用强夯处理，经监理工程师验收合格后以"m^2"计量。

⑭ 盐渍土路基处理换填，经监理工程师验收合格后按不同厚度以"m^2"计量。

⑮ 工地沉降观测，作为承包人应做的工作不予计量与支付。

⑯ 临时排水与防护设施不另行计量，已包括在相关工程中。

（2）支付。按上述规定计量，经监理工程师验收的项目，第一次支付按完成工程数量的 85％支付，其余部分经监理工程师核准承包人递交的沉降监测报告后再支付 15％。此项支付包括材料、劳力、设备、运输等，以及其他为完成安装工程所必需的全部费用。

【第 206 节　路基整修】

① 路基整修内容包括按规范规定进行路堤和路堑边坡的修整，以符合图纸规定的线形、

纵坡、过坡、边沟和路基断面的有关作业。

② 路基整修工作内容均不作计量与支付，其所涉及的费用应包括在其相关的工程细目的单价或费率之中。

【第207节 坡面排水】

（1）计量。

① 边沟、排水沟、截水沟的加固采用浆砌片石铺砌，按图纸施工，经验收合格的实际长度以"m"计量。由于边沟、排水沟、截水沟加固铺砌而需扩挖部分的开挖，均作为承包人应做的附属工作，不另计量与支付。有钢筋混凝土盖板的边沟长度亦以"m"计量。

② 急流槽按图纸施工，经验收合格的断面尺寸计算体积（包括消力池、消力槛、抗滑台等附属设施），以"m^3"计量。

③ 路基盲沟按图纸施工，经验收合格的断面尺寸及所用材料，按长度以"m"计量。

④ 所用砂砾垫层或基础材料、填缝材料、钢筋以及地基平整夯实及回填等均不另行计量与支付。

（2）支付。按上述规定计量，经监理工程师验收的列入工程量清单以下的工程细目的工程量，其每一计量单位将以合同单价支付。此项支付包括材料、劳力、设备、运输等及其他为完成地面排水工程所必需的所有费用，是对完成工程的全部偿付。

【第208节 护坡、护面墙】

（1）计量。

① 浆砌片石护坡、护面墙等工程的计量，应以图纸所示和监理工程师的指示为依据，按实际完成并经验收的数量，按不同工程细目的不同砂浆砌体分别以"m^3"计量。砂砾或碎石垫层按完成数量以"m^3"计量。

② 预制空心砖和拱形及方格骨架护坡，按其铺筑的实际面积数量以"m^2"计量。

③ 种植及铺草皮，应以图纸所示面积为依据，按实际完成并经验收的数量以"m^2"计量。

④ 嵌缝材料、砂浆勾缝、泄水孔及其滤水层以及基础的开挖和回填等有关作业，均作为承包人应做的附属工作，不另行计量与支付。

（2）支付。按上述规定计量，经监理工程师验收并列入工程量清单的以下支付细目的工程量，其每一计量单位，将以合同单价支付。此项支付包括材料、劳力、设备、运输，以及其为完成防护工程所必需的费用，是对完成工程的全部偿付。

【第209节 挡土墙】

（1）计量。

① 浆砌片（块）石和混凝土挡土墙工程应以图纸所示或监理工程师的指示为依据，按实际完成并经验收的数量，以及砂浆强度等级及混凝土强度等级分别以"m^3"计量。砂砾或碎石垫层按完成数量以"m^3"计量。

② 混凝土挡土墙的钢筋按图纸所示经监理工程师验收后，以"kg"计量。

③ 嵌缝材料，砂浆勾缝，泄水孔及其滤水层，混凝土工程的脚手架、模板、浇筑和养生、表面修整，基础开挖、运输与回填等有关作业，均作为承包人应做的附属工作，不另行计量与支付。

（2）支付。按上述规定计量，经监理工程师验收并列入了工程量清单的以下支付细目的工程量，其每一计量单位，将以合同单价支付。此项支付包括材料、劳力、设备、运输等以及其他为完成防护工程所必需的费用,是对完成工程的全部偿付。

【第 210 节　锚杆挡土墙】

(1) 计量。

① 锚杆挡土墙工程计量应以图纸所示和监理工程师的指示为依据,按实际完成并经验收的数量,混凝土挡板和立柱以"m^3"为单位计量,钢筋及锚杆以"kg"为单位计量。

② 锚孔的钻孔、锚杆的制作和安装、锚孔灌浆、钢筋混凝土立柱和挡土板的制作安装、墙背回填、防排水设置及锚杆的抗拔力试验等,均为完成锚杆挡土墙所必需的工作,不另行计量。

(2) 支付。按上述规定计量,经监理工程师验收并列入工程量清单的以下支付细目的工程量,其每一计量单位将以合同单价支付。此项支付包括材料、劳力、设备、运输、试验等,以及其他为完成本项工程所必需的费用,是对完成工程的全部偿付。

[第 211 节　加筋土挡土墙]

(1) 计量。

① 加筋土挡土墙的墙面板、钢筋混凝土带、混凝土基础以及混凝土帽石,经监理工程师验收合格后,以"m^3"计量。浆砌片石基础以"m^3"计量。

② 铺设聚丙烯土工带,按图纸及验收数量以"kg"计量。

③ 基坑开挖与回填、墙顶抹平层、沉降缝的填塞、泄水管的设置及钢筋混凝土带的钢筋等,均作为承包人的附属工作,不另计量。

④ 加筋土挡土墙的路堤填料按图纸的规定和要求,在《技术规范》第 204 节填方路基中计量。

(2) 支付。按上述规定计量,经监理工程师验收并列入了工程量清单的以下支付细目的工程量,其每一计量单位,将以合同单价支付。此项支付包括材料、劳力、设备、运输等以及其他为完成加筋土挡土墙工程所必需的费用,是对完成工程的全部偿付。

【第 212 节　喷射混凝土和喷浆边坡防护】

(1) 计量。

① 锚杆按图纸或监理工程师指示为依据,经验收合格的实际数量以"m"计量。

② 喷射混凝土和喷射水泥砂浆边坡防护的计量,应以图纸所示和监理工程师的指示为依据,按实际完成并经验收的数量以"m^2"计量;钢筋网、钢丝网以"kg"计量;土工格栅以"m^2"计量。

③ 喷射前的岩面清洁、锚孔钻孔、锚杆制作,以及钢筋网和钢丝网编织及挂网土工格栅的安装铺设等工作,均为承包人为完成锚杆喷射混凝土和喷射砂浆边坡防护工程应做的附属工作,不另行计量与支付。

(2) 支付。计量支付同《技术规范》第 208 节护坡、护面墙的支付。

【第 213 节　预应力锚索边坡防护】

(1) 计量。

① 预应力锚索长度按图纸要求,经监理工程师验收合格以"m"计量。

② 混凝土锚固板按图纸要求,经监理工程师验收合格以"m^3"计量。

③ 钻孔、清孔、锚索安装、注浆、张拉、锚头、锚索护套、场地清理,以及抗拔力试验等,均为锚索的附属工作,不另行计量。

④ 混凝土的立模、浇筑、养生等锚固板的附属工作，不另行计量。

(2) 支付。按上述规定计量，经监理工程师验收并列入工程量清单的以下支付细目的工程量，其每一计量单位将以合同单价支付。此项支付包括材料、劳力、设备、运输、试验等，以及其他为完成锚索工程所必需的费用，是对完成工程的全部偿付。

【第 214 节　抗滑桩】

(1) 计量。

① 抗滑桩按图纸规定尺寸及深度，以现场实际完成并验收合格的实际桩长以"m"计量。设置支撑和护壁、挖孔、清孔、通风、钎探、排水、浇筑混凝土，以及无破损检验，均作为抗滑桩的附属工程，不另行计量。

② 抗滑桩用钢筋按图纸规定及经监理工程师验收的实际数量，以"kg"计量。

(2) 支付。按上述规定计量，经监理工程师验收并列入了工程量清单的以下支付细目的工程量，其每一计量单位，将以合同单价支付。此项支付包括材料、劳力、设备、运输等，以及其他为完成抗滑桩工程所必需的费用，是对完成工程的全部偿付。

【第 215 节　河道防护】

(1) 计量。

① 河床铺砌、顺坝、丁坝、调水坝、锥坡砌筑等工程及抛石防护，应分别按图纸尺寸和监理工程师的指示，按实际完成并经验收的数量以"m^3"计量。砂砾（碎石）垫层以"m"计量。

② 砌体的基础开挖、回填、夯实、砌体勾缝等工作，均作为承包人应做的附属工作，不另行计量与支付。

(2) 支付。按上述规定计量，经监理工程师验收并列入了工程量清单的以下支付细目的工程量，其每一计量单位将以合同单价支付。此项支付包括材料、劳力、设备、运输等，以及其他为完成防护工程所必需的费用，是对完成工程的全部偿付。

第四节　路面工程工程清单计算规则及相关规范

1. 工程内容

路面工程包括垫层、底基层、基层、沥青混凝层、透层、黏层、封层、路面排水、路面其他工程。

2. 有关问题的说明及提示

(1) 水泥混凝土路面模板的制作安装及缩缝、土面层、水泥混凝土面层、其他胀缝的填灌缝材料、高密度橡胶板，均包含在浇筑不同厚度水泥混凝土面层的工程项目中，不另行计量。

(2) 水泥混凝土路面养生用的养护剂、覆盖的麻袋、养护器材等，均包含在浇筑不同厚度水泥混凝土面层的工程项目中，不另行计量。

(3) 水泥混凝土路面的钢筋，包括传力杆、拉杆、补强角隅钢筋及结构受力连续钢筋、支架钢筋。

（4）沥青混凝土路面和水泥混凝土路面所需的外掺剂不另行计量。

（5）沥青混合料、水泥混凝土、（底）基层混合料拌合场站和储料场的建设、拆除、恢复均包括在相应的工程项目中，不另行计量。

（6）钢筋的除锈、制作安装、成品运输，均包含在相应工程的项目中，不另行计量。

3. 路面工程量计量与支付

【第 301 节　总则】

① 路面工程的工作内容包括：已完成并经监理工程师验收合格的路基上铺筑各种垫层、底基层、基层和面层，路面及中央分隔带排水施工，培土路肩、中央分隔带回填及路缘石设置，以及修筑路面的附属设施及其他有关的作业。

② 路面工程的工作内容均不作计量与支付，其所涉及的费用应包括在与其相关的工程细目的单价或费率之中。

【第 302 节　垫层】

（1）计量。

① 碎石、砂砾垫层应按图纸或监理工程师的指示铺筑，经监理工程师验收合格的面积，按不同厚度以"m^2"计量。

② 对个别特殊形状的面积，应采用适当的计量方法计量，并经监理工程师批准以"m^2"计量。除监理工程师另有指示外，超过图纸所规定的面积，均不予计量。

（2）支付。

① 费用的支付。

A．承包人提供工程所需的材料、机具、设备和劳力等。

B．原材料的检验、级配颗粒组成与塑性指数的试验，以及经监理工程师批准的按照规范所要求的试验路段的全部作业。

C．铺筑前对下承层的检查和清扫，材料的运输、拌和、摊铺、整型、压实、养护等。

D．质量检验所要求的检测、取样和试验等工作。

② 按上述规定计量，经监理工程师验收并列入工程量清单的以下支付项目的工程量，其每一计量单位将以合同单价支付。此项支付包括一切为完成本项工程所必需的全部费用。

【第 303 节　石灰稳定土底基层】

（1）计量。

① 石灰稳定土底基层应按图纸所示或监理工程师指示铺筑的面积，经监理工程师验收合格后，按不同厚度以"m^2"计量。

② 对个别特殊形状的面积，承包人可采用适当的计算方法，并报监理工程师批准，以"m^2"计量。除监理工程师另有指示外，超过图纸所规定的计算面积均不予计量。

（2）支付。

① 费用的支付。

A．承包人提供工程所需的材料、机具、设备和劳力等。

B．原材料的检验、混合料的设计与试验，以及经监理工程师批准的按照规范所要求的试验路段的全部作业。

C．铺筑前对下承层的检查和清扫，材料的拌和、运输、摊铺、压实、整型、养护等。

D．质量检验所要求的检测、取样和试验等工作。

② 按上述规定计量，经监理工程师验收，并列入工程量清单的以下支付细目的工程量，其每一计量单位将以合同单价支付。此项支付包括一切为完成本项工程所必需的全部费用。

【第 304 节　水泥稳定土底基层】

(1) 计量。

① 水泥稳定土底基层、基层按图纸所示或监理工程师指示铺筑，经监理工程师验收合格的面积，按不同厚度以"m^2"计量。

② 对个别特殊形状的面积，应采用适当的计算方法计量。除监理工程师另有指示外，超过图纸所规定的计算面积均不予计量。

(2) 支付。

① 费用的支付。

A．承包人提供工程所需的材料、机具、设备和劳动力等。

B．原材料的检验、混合料的设计与试验，以及经监理工程师批准的按照规范所要求的试验路段的全部作业。

C．铺筑前对下承层的检查和清扫，混合料的拌和、运输、摊铺、压实、整型、养护等。

D．质量检验所要求的检测、取样和试验等工作。

② 按上述规定计量，经监理工程师验收，并列入工程量清单的以下支付细目的工程量，其每一计量单位将以合同单价支付。此项支付包括一切为完成本项工程所必需的全部费用。

【第 305 节　石灰粉煤灰稳定土底基层、基层】

(1) 计量。石灰粉煤灰稳定土基层和底基层按图纸或监理工程师的指示铺筑，并经验收合格后按不同厚度以"m^2"计量。任何地段的长度应沿路幅中线水平量测；对个别不规则地段，应采用经监理工程师批准的计算方法计量。

(2) 支付。按上述规定计量，经监理工程师验收并列入工程量清单的以下支付项目的工程量，其每一计量单位将以合同单价支付。此项支付包括一切为完成本项工程所必需的全部费用。

【第 306 节　级配碎（砾）石底基层、基层】

(1) 计量。级配碎（砾）石底基层和基层应按图纸或监理工程师指示铺筑的面积，经监理工程师验收合格后，按不同厚度以"m^2"计量。除监理工程师另有指示外，超过图纸所规定的面积，均不予计量。

(2) 支付。

① 费用的支付。

A．承包人提供工程所需的材料、机具、设备和劳力等。

B．原材料的检验、级配颗粒的组成与塑性指数的试验等。

C．铺筑前对下承层的检查和清扫，材料的运输、拌和、摊铺、整型、压实等。

D．质量检验所要求的检测、取样和试验等工作。

② 按上述规定计量，经监理工程师验收并列入工程量清单的以下支付细目的工程量，其每一计量单位将以合同单价支付。此项支付包括一切为完成本项工程所必需的全部费用。

【第 307 节　透层、黏层和封层】

(1) 计量。

① 透层、黏层和封层按图纸规定的或监理工程师指示的喷洒面积,经监理工程师验收合格后,以"m²"计量。

② 对个别特殊形状的面积,应采用适当的计算方法计量。除监理工程师另有指示外,超过图纸规定的计算面积均不予计量。

(2) 支付。

① 费用的支付。

A. 承包人提供工程所需的材料,使用的工具、设备和劳动力等。

B. 材料的检验、试验,以及按规范规定的全部作业。

C. 喷洒前对层面的检查和清扫,材料的加热、运输、喷洒、养护等工作。

② 按上述规定计量,经监理工程师验收并列入工程量清单的以下支付细目的工程量,将以合同单价支付。此项支付包括一切为完成本项工程所必需的全部费用。

【第 308 节 热拌沥青混合料面层】

(1) 计量。热铺沥青混凝土应按图纸所示或监理工程师指示的铺筑面积,经监理工程师验收合格后,按粗、中、细粒式沥青混凝土和不同厚度分别以"m²"计量。除监理工程师另有指示外,超过图纸所规定的面积均不予计量。

(2) 支付。按上述规定计量,经监理工程师验收并列入工程量清单的以下支付细目的工程量,将以合同单价支付。此项支付包括一切为完成本项工程所必需的全部费用。

【第 309 节 沥青表面处治】

(1) 计量。

① 沥青表面处治按图纸所示或监理工程师指示铺筑,经监理工程师验收合格后,按不同厚度分别以"m²"计量。

② 表面处治所撒布的透层、黏层或封层,作为表面处治的附属工作,除监理工程师另有指示外,超过图纸规定的面积不予计量。

(2) 支付。按上述规定计量,经监理工程师验收并列入工程量清单的以下支付细目的工程量,将以合同单价支付。此项支付包括一切为完成本项工程所必需的全部费用。

[第 310 节 改性沥青及改性沥青混合料]

(1) 计量。改性沥青混合料按图纸要求及监理工程师的指示,按不同厚度及实际摊铺的面积以"m²"计量。

(2) 支付。

① 费用的支付。

A. 承包人提供工程所需的材料、机具、设备和劳力等。

B. 原材料的检验、混合料的设计与试验,以及经监理工程师批准的按照规范所要求试验路段的全部作业。

C. 铺筑前对下承层的检查和清扫,材料的拌和、运输、摊铺、压实、整型、养护等。

D. 质量检验所要求的检测、取样和试验等工作。

② 按上述规定计量,经监理工程师验收并列入工程量清单的以下支付细目的工程量,其每一计量单位将以合同单价支付。此项支付包括一切为完成本项工程所必需的全部费用。

【第 311 节 水泥混凝土面板】

(1) 计量。

① 水泥混凝土面板按图纸和监理工程师指示铺筑的面积，经监理工程师验收合格后，按不同厚度以"m^2"计量。除监理工程师另有指示外，任何超过图纸所规定的尺寸的计算面积均不予计量。

② 所用的拉杆、传力杆、接缝材料和所需的补强钢筋等，不单独计量与支付。

(2) 支付。

① 费用的支付主要包括以下内容：

A．承包人提供工程所需的材料、机具、设备和劳动力等。

B．原材料的检验、混合料设计与试验，以及经监理工程师批准的按照规范所要求的试验路段的全部作业。

C．铺筑混凝土面板前对基层的检查和清扫，混凝土混合料的拌和、运输、摊铺、终饰、接缝、养护等。

D．质量检验所要求的检测、取样和试验等。

② 按上述规定计量，经监理工程师验收并列入工程量清单的以下支付细目的工程量，其每一计量单位将以合同单价支付。此项支付包括一切为完成本项工程所必需的全部费用。

【第 312 节 培土路肩、中央隔带回填土、土路肩加固及路缘石】

(1) 计量。

① 培土路肩及中央隔带回填土按压实后并经验收的工程数量分别以"m^3"为单位计量。

② 水泥混凝土加固土路肩经验收合格后，沿路肩表面量测其长度以延长米为单位计量，加固土路肩的混凝土立模、摊铺、振捣、养生、拆模、预制块预制铺砌、接缝材料等及其他有关加固土路肩的杂项工作均属承包人的附属工作，均不另行计量。

③ 路缘石按图纸所示的长度进行现场量测，经验收合格以延长米为单位计量。埋设缘石的基槽开挖与回填、夯实等有关杂项工作均属承包人的附属工作，均不另行计量。

(2) 支付。按上述规定计量，经监理工程师验收并列入工程量清单的以下支付细目的工程量，其每一计量单位将以合同单价支付。此项支付包括材料、劳动力、设备、运输等，以及其为完成工程所必需的费用，是对完成工程的全部偿付。

【第 313 节 路面及中央分隔带】

(1) 计量。

① 中央分隔带处设置的排水设施，按图纸施工，经监理工程师验收合格的实际工程数量分别按下列项目计量：

A．排水管按不同材料、不同直径分别以"m"计量；

B．纵向雨水沟（管）按长度以"m"计量；

C．集水井按不同尺寸以座计量；

D．渗沟按不同截面尺寸以延长米计量；

E．防水沥青油毡以"m^2"计量。

② 路肩排水沟，经监理工程师验收合格的实际工程数量，分别按下列项目计量：

A．混凝土路肩排水沟按长度以"m"计量；

B．路肩排水沟砂砾垫层（路基填筑中已计量者除外）按"m^3"计量；

C．土工布以"m^2"计量。

③ 排水管基础、胶泥隔水层及出水口预制混凝土垫块等不另计量,包含在排水管单价中。

④ 渗沟上的土工布不另计量,包含在渗沟单价中。

⑤ 拦水带按长度以"m"计量。

(2) 支付。按上述规定计量,经监理工程师验收列入工程量清单的以下工程细目的工程量,其每一计量单位将以合同单价支付。此项支付包括材料、劳动力、设备、运输等,以及其他为完成工程所必需的所有费用,是对完成工程的全部偿付。

第五节 隧道工程工程清单计算规则及相关规范

1. 工程内容

隧道工程包括:洞口与明洞工程、洞涂料和装饰工程、监控量测、地质预报等。

2. 有关问题的说明及提示

(1) 场地布置、核对图纸、补充调查、编制施工组织设计、试验检测、施工测量、环境保护、安全措施、施工防排水、围岩类别划分及监控、通信、照明、通风、消防等设备以及设施预埋构件的设置与保护,所有准备工作和施工中应采取的措施均为各节、各细目工程的附属工作,不另行计量。

(2) 风水电作业及通风、照明、防尘为不可缺少的附属设施和作业,均应包括在各节有关工程细目中,不另行计量。

(3) 隧道名牌,模板装拆,钢筋除锈,拱盔、支架、脚手架搭拆,养护清场等工作均为各细目的附属工作,不另行计量。

(4) 连接钢板、螺栓、螺帽、拉杆、垫圈等作为钢支护的附属构件,不另行计量。

(5) 混凝土拌和场站和储料场的建设、拆除、恢复均包括在相应工程项目中,不另行计量。

(6) 洞身开挖包括主洞、竖井、斜井。洞外路面、洞外消防系统土石开挖、洞外弃渣防护等计量规则见有关章节。

(7) 材料的计量尺寸为设计尺寸。

3. 隧道工程量计量与支付

【第 502 节 洞口与明洞工程】

(1) 计量。

① 各项工程应以图纸所示和监理工程师指示为依据,按照实际完成并经验收的工程数量进行计量。

② 洞口路堑等开挖与明洞洞顶回填的土石方,不分土、石的种类,只区分为土方和石方,以"m^3"计量。

③ 弃方运距在图纸规定的弃土场内为免费运距,弃土超出规定弃土场的距离时(比如图纸规定的弃土场地不足要另外增加弃土场,或经监理工程师同意变更的弃土场),其超出部分另计超运距运费,按"m^3/km"计量。若未经监理工程师同意,承包人自选弃土场时,则

弃土运距不论远近，均为免费运距。

④ 隧道洞门的端墙、翼墙、明洞衬砌及遮光栅（板）的混凝土（钢筋混凝土）或石砌砌体，以"m^3"计量，钢筋（锚杆）以"kg"计量。

⑤ 截水沟（包括洞顶及端墙后截水沟）砌体以"m^3"计量。

⑥ 防水材料（无纺布）铺设完毕经验收以"m^2"计量，与相邻防水材料搭接部分不另计量。

⑦ 洞口坡面防护工程，按不同砌体类型分别汇总以"m^3"计量。种植草皮以"m^2"计量。

⑧ 截水沟的土方开挖和砂砾垫层、隧道名牌以及模板、支架的制作安装和拆卸等均包括在相应工程中，不单独计量。

⑨ 泄水孔、砂浆勾缝、抹平等的处理，以及图纸中列出而支付细目表中未列出的零星工程和材料，均包括在相应工程细目单价内，不另行计量。

（2）支付。

① 按上述规定计量，经监理工程师验收的列入工程量清单的以下支付细目的工程量，其每一个计量单位将以合同单价支付。此项支付包括材料、劳动力、设备、运输等及其为完成洞口及明洞工程所必需的费用，是对完成工程的全部偿付。

② 洞口土石方开挖与明洞洞顶回填各细目的合同单价，应以《技术规范》第 200 章细目的单价为结算依据。

【第 503 节　洞身开挖】

（1）计量。

① 洞内开挖土石方符合图纸所示（包括紧急停车带、车行横洞、人行横洞以及监控和消防设施的洞室）或监理工程师指示，按隧道设计横断面加允许平均超挖量计得的土石方工程量，不分围岩类别，以"m^3"计量。开挖土石方的弃渣，其弃渣距离在图纸规定的弃渣场内为免费运距；弃渣超出规定弃渣场的距离时（比如图纸规定的弃渣场地不足要另外增加弃渣场，或经监理工程师同意变更的弃渣场），其超出部分另计超运距运费，按"m^3/km"计量。若未经监理工程师同意，承包人自选弃渣场时，则弃渣运距不论远近，均为免费运距。

② 不论承包人出于何种原因而造成的超过允许范围的超挖，和由于超挖所引起增加的工程量，均不予计量。

③ 支护的喷射混凝土按验收的受喷面积乘以厚度，以"m^3"计量，钢筋以"kg"计量。喷射混凝土其回弹率、钢纤维以及喷射前基面的清理工作均包含在工程细目单价之内，不另行计量。

④ 洞身超前支护所需的材料，按图纸所示或监理工程师指示并经验收的各种规格的超前锚杆或小钢管、管棚、注浆小导管、锚杆以"m"计量；各种型钢以"kg"计量；连接钢板、螺栓、螺帽、拉杆、垫圈等作为钢支护的附属构件，不另行计量；木材以"m^3"计量。

⑤ 隧道开挖钻孔爆破、弃渣的装渣作业均为土石方开挖工程的附属工作，不另行计量。

⑥ 隧道开挖过程中洞内外采取的施工防排水措施，其工作量应含在开挖土石方工程的报价之中。

（2）支付。按上述规定计量，经监理工程师验收并列入了工程量清单的以下支付细目的工程量，其每一个计量单位将以合同单价支付。此项支付包括材料、劳动力、设备、运输及其他为完成洞身开挖工程所必需的费用,是对完成工程的全部偿付。

【第 504 节 洞身衬砌】

(1) 计量。

① 洞身衬砌的拱部(含边墙),按实际完成并经验收的工程量,分别不同级别水泥混凝土和砌体,以"m^3"计量。洞内衬砌用钢筋,按图纸所示以"kg"计量。

② 在任何情况下,衬砌厚度超出图纸规定轮廓线的部分,均不予计量。

③ 按《技术规范》第 503.03-1 (5) 款规定,允许个别欠挖的侵入衬砌厚度的岩石体积,计算衬砌数量时不予扣除。

④ 仰拱、铺底混凝土,应按图纸施工,以"m^3"计量。

⑤ 预制或就地浇筑混凝土边沟及电缆沟,按实际完成并经验收后的工程量,以"m^3"计量。

⑥ 洞内混凝土路面工程经验收合格,以"m^2"计量。

⑦ 各类洞门按图纸要求,经验收合格以"个"计量,其中材料采备、加工制作、安装等均不另行计量。

⑧ 施工缝及沉降缝按图纸规定施工,其工作量含在相关工程细目之中,不另行计量。

⑨ 各种设备、设施的预埋(预留)管件的工作量含在相关工程细目中,不另行计量。

(2) 支付。按上述规定计量,经监理工程师验收并列入了工程量清单的以下支付细目的工程量,每一个计量单位,将以合同单价支付。此项支付包括材料、劳动力、设备、机具等及其他为完成隧道衬砌工程所必需的费用,是对完成工程的全部偿付。

【第 505 节 防水与排水】

(1) 计量。

① 洞内排水用的排水管按不同类型、规格以"m"计量。

② 压浆堵水按所用原材料(如水泥浆液、水泥-水玻璃浆液)以"m^3"计量;压浆钻孔以"m"计。

③ 防水层按所用材料(防水板、无纱布等)以"m^2"计量;止水带、止水条以"m"计量。

④ 为完成上述项目工程加工安装所有工料、机具等均不另行计量。

⑤ 隧道洞身开挖时,洞内外的临时防排水工程应作为洞身开挖的附属工作,不另行支付。为此,《技术规范》第 503 节洞身开挖支付细目的土方及石方工程报价时,应考虑除本节支付细目外的其他施工时采取的防排水措施的工作量。

(2) 支付。按上述规定计量,经监理工程师验收并列入了工程量清单的以下支付细目的工程量,其每一个计量单位将以合同单价支付。此项支付包括材料、劳动力、设备、运输等及其他为完成防排水工程所必需的费用,是对完成工程的全部偿付。

【第 506 节 洞内防水涂料和装饰工程】

(1) 计量。本节完成的各项工程,应根据图纸要求,按实际完成并经监理工程师验收的数量,分别按以下的工程细目进行计量。

① 喷涂防火涂料。喷涂的面积,以"m^2"为单位计量。其工作内容包括材料的采备、供应、运输,支架、脚手架的制作安装和拆除,基层表面处理,防火涂料喷涂后的养生,施工的照明、通风等一切与此有关的作业。

② 镶贴瓷砖。镶贴瓷砖的面积,以"m^2"为单位计量。其工作内容包括材料的采备、供应、运输,混凝土边墙表面的处理,砂浆找平,施工的照明、通风等一切与此有关的作业,找平用的砂浆不另行计量。

③ 喷涂混凝土专用漆。喷涂混凝土专用漆的面积,以"m^2"为单位计量。其工作内容包括材料的采备、供应、运输,基层处理,施工的照明、通风等一切与此有关的作业。

(2) 支付。按上述规定计量,经监理工程师验收的列入工程量清单的以下支付细目的工程量,其每一计量单位将以合同单价支付。此项支付包括材料、劳动力、设备、试验、运输等及其他为完成洞内防火涂料和装饰工程所必需的费用,是对完成工程的全部偿付。

【第507节 风水电作业及通风防尘】

风水电作业及通风防尘为隧道施工不可缺少的附属工作,其工作量均含在本细节有关工程细目的报价中,不再另行计量。

【第508节 监控量测】

监控量测是隧道安全施工必须采取的措施,除必测项目外,应根据具体情况确定选测项目,并分别以总额报价及支付。

【第509节 特殊地质地段的施工与地质预报】

隧道施工中遇到特殊地质地段时,承包人应采取的有关施工措施,不另行计量与支付。地质预报采用的方法应根据具体情况选用,不同的方法分别以总额报价及支付。

第六节 桥涵工程工程清单计算规则及相关规范

1. 工程内容

桥梁涵洞工程包括:桥梁荷载试验、补充地质勘探、钢筋、挖基、混凝土灌注桩、钢筋混凝土沉桩、钢筋混凝土沉井、扩大基础;现浇混凝土下部构造,混凝土上部构造。预应力钢材,现浇预应力上部构造,预制预应力混凝土上部构造,斜拉桥上部构造,钢架拱上部构造;浆砌块片石及混凝土预制块、桥面铺装、桥梁支座、伸缩缝装置、涵洞工程。

2. 有关问题的说明及提示

(1) 基础、下部结构、上部结构混凝土的钢筋,包括钢筋及钢筋骨架用的钢丝、钢板、套筒、焊接、钢筋垫块或其他固定钢筋的材料以及钢筋除锈、制作安装、成品运输,作为钢筋工程的附属工作,不另行计量。

(2) 附属结构、圆管涵、倒虹吸管、盖板涵、拱涵、通道的钢筋,均包含在各项目内,不另行计量。附属结构包括缘石、人行道、防撞墙、栏杆、护栏、桥头搭板、枕梁、抗震挡块、支座垫块等构造物。

(3) 预应力钢材和斜拉索的除锈、制作安装、运输以及锚具、锚垫板、定位筋、连接件、封锚、护套、支架、附属装置和所有预埋件,包括在相应的工程项目中,不另行计量。

(4) 工程项目涉及的养护、场地清理、吊装设备、拱盔、支架、工作平台、脚手架的搭设及拆除、模板的安装及拆除,均包括在相应工程项目内,不另行计量。

（5）混凝土拌和站、构件预制场、储料场的建设、拆除、恢复，安装架设设备的摊销和预应力张拉台座的设置及拆除，均包括在相应工程项目中，不另行计量。

（6）桥梁支座包括固定支座、圆形板式支座、球冠圆板式支座，以"dm³"计量，盆式支座按"套"计量。

注意：设计图纸标明的及由于地基出现溶洞等情况而进行的桥涵基底处理计量规则，见路基工程中特殊路基处理。

3. 桥涵工程工程量计量与支付

【第401节　通则】

（1）计量。

① 荷载试验费用由业主估定，以暂定工程量的形式按总额计入工程总价内。

② 地质钻探及取样试验按实际完成并经监理工程师验收后，分不同钻径以"m"计量。

③ 本节的其他工程细目，均不计量。

（2）支付。按上述规定计量，经监理工程师验收列入了工程量清单的地质钻探及取样试验支付细目，其每一计量单位将以合同单价支付。此项支付包括为完成钻探取样所需的全部材料、劳力、设备、试验及成果分析的全部费用，是对完成钻探及取样试验的全部偿付。

【第402节　模板、拱架与支架】

（1）模板、拱架与支架工程包括就地浇筑和预制混凝土、钢筋混凝土、预应力混凝土、石料用混凝土预制块砌体所用模板、拱架和支架的设计、制作、安装、拆卸施工等有关作业。

（2）模板、拱架与支架工作为有关工程的附属工作，不作计量与支付。

【第403节　钢筋】

（1）计量。

① 根据图纸所示及钢筋表所列，按实际安设并经监理工程师验收的钢筋以"kg"计量。其内容包括钢筋混凝土中的钢筋和预应力混凝土中的非预应力钢筋及混凝土桥面铺装中的钢筋。

② 除图纸所示或监理工程师另有认可外，因搭接而增加的钢筋不予计入。

③ 钢筋及钢筋骨架用的钢丝、钢板、套筒（连接套）、焊接、钢筋垫块或其他固定钢筋的材料，以及钢筋的防锈、截取、套丝、弯曲、场内运输、安装等，均作为钢筋工程的附属工作，不另行计量。

（2）支付。按上述规定计量，经监理工程师验收的列入了工程量清单的以下支付细目的工程量，其每一计量单位将以合同单价支付。此项支付包括材料、劳力、设备、检验，以及其他为完成钢筋工程所必需的费用，是对完成工程的全部偿付。

【第404节　基础挖方及回填】

（1）计量。

① 基础挖方应按下述规定，取用底、顶面间平均高度的棱柱体体积，分别按干处、水下及土、石，以"m³"计量。干处挖方与水下挖方是以监理工程师认可的施工期间实测的地下水位为界线，在地下水位以上开挖的为干处挖方，在地下水位以下开挖的为水下挖方。

② 基础底面、顶面及侧面的确定应符合下列规定：

A．基础挖方底面：按图纸所示或监理工程师批准的基础（包括地基处理部分）的基底高程线计算；

　　B．基础挖方顶面：按监理工程师批准的横断面上所标示的原地面线计算；

　　C．基础挖方侧面：按顶面到底面，以超出基底周边 0.5 m 的竖直面为界。

　　③ 当承包人遇到特殊或非常规情况时，应及时通知监理工程师，由监理工程师定出特殊的基础挖方界线。凡未取得监理工程师批准，承包人以特殊情况为理由而完成的任何挖方将不予计量，其基坑超深开挖，应由承包人用砂砾或监理工程师批准的回填材料予以回填并压实。

　　④ 为完成基础挖方所做的地面排水及围堰、基坑支撑，以及抽水、基坑回填与压实、错台开挖及斜坡开挖等，均作为挖基工程的附属工作，不另行计量。

　　⑤ 台后路基填筑及锥坡填土在《技术规范》第 204 节填方路基内计量与支付。

　　⑥ 基坑土的运输作为挖基工程的附属工作，不另行计量与支付。

　　(2) 支付。按上述规定计量，经监理工程师验收的列入了工程量清单的以下支付细目的工程量，其每一计量单位将以合同单价支付。此项支付包括材料、劳动力、设备、运输等，以及其他为完成挖基及回填工程所必需的费用，是对完成工程的全部偿付。

【第 405 节　钻孔灌注桩】

　　(1) 计量。

　　① 钻孔灌注桩以实际完成并以监理工程师验收后的数量，按不同桩径的桩长以"m"计量，计量应自图纸所示或监理工程师批准的桩底高程至承台底或系梁底。对于与桩连为一体的柱式墩台，如无承台或系梁时，则以桩位处地面线为分界线，地面线以下部分为灌注桩桩长，若图纸有标志的，按图纸标志计。未经监理工程师批准，由于超钻而深于所需的桩长部分，将不予计量。

　　② 开挖、钻孔、清孔、钻孔泥浆、护筒、混凝土、破桩头，以及必要时在水中填土筑岛、搭设工作台架及浮箱平台、栈桥等其他为完成工程的细目，作为钻孔灌注桩的附属工作，不另行计量。混凝土桩无破损检测及所预埋的钢管等材料，均作为混凝土桩的附属工作，不另行计量。

　　③ 钢筋在《技术规范》第 403 节钢筋内计量，列入 403-1 基础钢筋细目内。

　　④ 监理工程师要求钻取的芯样，经检验，如混凝土质量合格，钻取的芯样应予计量，否则不予计量。混凝土取芯按取回混凝土芯样的长度以"m"计量。

　　(2) 支付。按上述规定计量，经监理工程师验收的列入了工程量清单的以下支付细目的工程量，其每一计量单位将以合同单价支付。此项支付包括材料、劳动力、设备、运输等及其他为完成钻孔灌注桩工程所必需的费用，是对完成工程的全部偿付。

【第 406 节　沉桩】

　　(1) 计量。

　　① 钢筋混凝土或预应力混凝土沉桩以实际完成并经监理工程师验收后的数量，按不同桩径的桩身长度以"m"计量。桩身长度的度量应自图纸所示或监理工程师批准的桩尖高程至承台底或盖梁底，未经监理工程师批准，沉入深度超过图纸规定的桩长部分，将不予计量与支付。

　　② 为完成沉桩工程而进行的钢筋混凝土桩浇筑预制、养生、移运、沉入、桩头处理等一切有关作业，均为沉桩工程所包括的工作内容，不另行计量与支付。

③ 试桩如是工程用桩，则该试桩按不同桩径分别列入支付细目中的钢筋混凝土沉桩细目内；如果试桩不作为工程用桩，则应按不同桩径以"m"为单位计量，列入支付细目中的试桩细目内。

④ 沉桩的无破损检验作为沉桩工程的附属工作，不另行计量与支付。

⑤ 钢筋混凝土或预应力混凝土沉桩（包括试桩）所用钢筋在《技术规范》第 403 节钢筋内计量，列入 403-1 基础钢筋细目内，其余钢板及材料加工等均含在钢筋混凝土沉桩工程细目中，不另行计量与支付。

⑥ 制造预应力混凝土沉桩所用的预应力钢材在《技术规范》第 411 节预应力混凝土工程内计量。

制造预应力沉桩用法兰盘及其他钢材，除按上款规定计入《技术规范》第 403 节钢筋、第 411 节预应力混凝土工程计量外的所有钢材均计入预应力混凝土沉桩工程细目中，不另行计量与支付。

⑦ 试桩的试验机具其提供、运输、安装、拆卸以及试验数据的分析和提供试验报告等均为该试桩的附属工作，不另行计量与支付。

（2）支付。按上述规定计量，经监理工程师验收的列入了工程量清单的以下支付细目的工程量，其每一计量单位将以合同单价支付。此项支付包括材料、劳动力、设备、运输等及其他为完成沉桩工程（包括试桩）所必需的费用，是对完成工程的全部偿付。

【第 407 节 挖孔灌注桩】

（1）计量。

① 挖孔灌注桩以实际完成并经监理工程师验收后的数量，按不同桩径的桩长以"m"计量。计量应自图纸所示或监理工程师批准的从桩底高程至承台底或系梁底；如无承台或系梁时，则从桩底至图纸所示的桩顶；当图纸未示出桩顶位置，或示有桩顶位置但桩位处预先有夯填土时，由监理工程师根据情况确定。监理工程师认为由于超挖而深于所需的桩长部分，将不予计量。

② 设置支撑和护壁、挖孔、清孔、通风、钎探、排水、混凝土、每桩的无破损检验以及其他为完成此项工程的项目，均为挖孔灌注桩的附属工作，不另行计量。

③ 钢筋在《技术规范》第 403 节钢筋内计量，列入 403-1 基础钢筋细目内。

④ 监理工程师要求钻取的混凝土芯样检验，经钻取检验后，如混凝土质量合格，钻取的芯样应予计量；否则不予计量。钻取芯样长度按取回的芯样以"m"计量。

（2）支付。按上述规定计量，经监理工程师验收列入了工程量清单以下支付细目的工程量，其每一计量单位将以合同单价支付。此项支付包括材料、劳动力、设备、运输等及其他为完成挖灌注桩工程所必需的费用，是对完成工程的全部偿付。

【第 408 节 桩的垂直静荷载试验】

（1）计量。

① 试桩不论是检验荷载或破坏荷载，均以经监理工程师验收或认可的单根试桩计量。计量包括压载、沉降观测、卸载、回弹观测、数据分析，以及完成此项试验的其他工作细目。

② 检验荷载试验桩如试验后作为工程结构的一部分，其工程量在《技术规范》第 405 节钻孔灌注桩及第 407 节挖孔灌注桩有关支付细目内计量与支付。破坏荷载试验用的试桩，将来不作为工程结构的一部分，其工程量在《技术规范》第 405 节的支付细目 405-3 破坏荷

载试验用桩及《技术规范》第 407 节的支付细目 407-3 破坏荷载试验用桩内计量与支付。

(2) 支付。按上述规定计量，经监理工程师验收或认可的列入了工程量清单的以下支付细目的工程量，其每一计量单位将以合同单价支付。此项支付包括材料、劳动力、设备、试验、运输、成果分析等，以及其他为完成试桩工程所必需的费用，是对完成工程的全部偿付。

【第 409 节 沉井】

(1) 计量。

① 沉井制作完成，符合图纸规定要求，经监理工程师验收后，混凝土及钢筋按以下规定计量。

A．沉井的混凝土，按就位后沉井顶面以下各不同部位（井壁、顶板、封底、填芯）和不同混凝土级别的体积以"m^3"为单位计量。

B．沉井所用钢筋，列入《技术规范》第 403 节基础钢筋支付细目内计量。

② 沉井制作及下沉奠基，其中包括场地准备，围堰筑岛，模板、支撑的制作安装与拆除，沉井浇筑、接高、下沉，空气幕助沉，井内挖土，基底处理等工作，均应视为完成沉井工程所必需的工作，不另行计量。

③ 沉井刃脚所用钢材，视作沉井的附属工程材料，不另行计量。

(2) 支付。按上述规定计量，经监理工程师验收列入了工程量清单的以下支付细目的工程量，其每一计量单位将以合同单价支付。此项支付包括材料、劳动力、设备、运输等，以及其他为完成沉井基础所必需的费用，是对完成工程的全部偿付。

【第 410 节 结构混凝土工程】

(1) 计量。

① 混凝土强度等级。混凝土强度等级指 150 mm 标准立方体试件（粗集料最大粒径为 40 mm），在温度（20±3）℃、相对湿度大于 90%的潮湿环境下，养生 28 天经抗压试验所得的极限抗压强度（单位 Mpa），具有不低于 95%的保证率。混凝土强度等级以 C 为前缀表示，如 C30、C40。

② 以图纸所示或监理工程师指示为依据，按现场已完工并经验收的混凝土，分别为不同结构类型及混凝土等级，以"m^3"计量。

③ 直径小于 200 mm 的管子、钢筋、锚固杆、管道、泄水孔或桩所占混凝土体积不予扣除。作为砌体砂浆的小石子混凝土，不另行计量。

④ 桥面铺装混凝土在《技术规范》第 415 节桥面铺装内计量与支付；结构钢筋在《技术规范》第 403 节钢筋内计量。

⑤ 为完成结构物所用的施工缝连接钢筋、预制构件的预埋钢板、防护角钢或钢板、脚手架或支架及模板、排水设施、防水处理、基础底碎石垫层、混凝土养生、混凝土表面修整及为完成结构物的其他杂项细目，以及预制构件的安装架设设备的拼装、移运、拆除和为安装所需的临时性或永久性的固定扣件、钢板、焊接、螺栓等，均作为各项相应混凝土工程的附属工作，不另行计量。

(2) 支付。按上述规定计量，经监理工程师验收的列入了工程量清单的以下支付细目的工程量，其每一计量单位将以合同单价支付。此项支付包括材料、劳动力、设备、试验、运输、安装及其他为完成混凝土工程所必需的费用，是对完成工程的全部偿付。

【第 411 节　预应力混凝土工程】
（1）计量。

① 预应力混凝土结构物（包括现浇和预制应力混凝土）按图纸尺寸或监理工程师指示为依据，按已完工并经验收合格的结构体积，以"m^3"计量。计量中包括悬臂浇筑、支架浇筑及预制安装预应力混凝土梁、板的一切作业。

② 完工并经验收的预应力混凝土结构的预应力钢材，按图纸所示或预应力钢材表所列数量以"kg"计量。后张法预应力钢筋的长度按两端锚具间的理论长度计算；先张法预应力钢筋的长度按构件的长度计算。

③ 预应力混凝土结构的非预应力钢筋，在《技术规范》第 403 节钢筋内计量与支付。

④ 预应力钢筋的加工、锚具、管道、锚板及连接钢板、焊接、张拉、压浆、封锚等，作为预应力钢筋的附属工作，不另行计量。预应力锚具包括锚圈、夹片、连接器、螺栓、垫板、喇叭管、螺旋钢筋等整套部件。

⑤ 预制板、梁的整体化现浇混凝土及其钢筋，分别在《技术规范》第 410 节结构混凝土工程及第 403 节钢筋内计量。

⑥ 桥面铺装混凝土在《技术规范》第 415 节桥面铺装内计量。

（2）支付。按上述规定计量，经监理工程师验收的列入了工程量清单的以下支付细目的工程量，其每一计量单位将以合同单价支付。此项支付包括材料、劳动力、设备、试验、运输等，以及其他完成预应力混凝土工程所必需的费用，是对完成工程的全部偿付。

【第 412 节　预制构件安装】

经验收的不同型式预制构件的安装，包括构件安装所需的临时性或永久性扣件、钢板、焊接、螺栓等，其工作量包含在《技术规范》第 410 节结构混凝土工程及第 411 节预应力混凝土工程内相应预制混凝土构件或预应力混凝土构件的工程细目中，不另行计量与支付。

【第 413 节　砌石工程】
（1）计量。

① 以图纸所示或监理工程师指示为依据，按工地完成并经验收的各种石砌体或预制混凝土块砌体，以"m^3"计量。

② 计算体积时，所用尺寸应由图纸所标明或监理工程师书面规定的计价线或计价体积定之。相邻不同石砌体计量中，应各包括不同石砌体间灰缝体积的一半。镶面石突出部分超过外廓线者不予计量。泄水孔、排水管或其他面积小于 0.02 m^2 的孔眼不予扣除，削角或其他装饰的切削，其数量为所在石料 5%或少于 5%者，不予扣除。

③ 砂浆或作为砂浆的小石子混凝土，作为砌体工程的附属工作，不另计量。

④ 砌体垫铺材料的提供和设置，拱架、支架及砌体的勾缝，作为砌体工程的附属工作，不另行计量。

（2）支付。按上述规定计量，经监理工程师验收的列入了工程量清单以下支付细目的工程量，其每一计量单位将以合同单价支付。此项支付包括材料、劳动力、运输、安砌等及其他为完成砌体工程所必需的费用，是对完成工程的全部偿付。桥梁及其他公路构造物的钢构件，作为有关细目内的附属工作，不另行计量与支付。

【第 414 节　小型钢构件】

桥梁及其他公路构造物的钢构件，作为有关细目内的附属工作，不另行计量与支付。

【第 415 节　桥面铺装】

(1) 计量。

① 桥面铺装应按图纸所示的尺寸,或按实际完成并经监理工程师验收的数量,分不同材料及级别,按"m^2"计量。由于施工原因而超铺的桥面铺装,不予计量。

② 桥面防水层按图纸要求施工,并经监理工程师验收的实际数量,以"m^2"计量。

③ 桥面泄水管及混凝土桥面铺装接缝等作为桥面铺装的附属工作,不另行计量。

④ 桥面铺装钢筋在《技术规范》第 403 节钢筋内有关工程细目中计量,不另行计量。

(2) 支付。按上述规定计量,经监理工程师验收的列入了工程量清单以下支付细目的工程量,其每一计量单位,将以合同单价支付。此项支付包括材料、劳动力、设备及其他为完成桥面铺装工程所必需的费用,是本节规定的全部工程的偿付。

【第 416 节　桥梁支座】

(1) 计量。支座按图纸所示不同的类型,包括支座的提供和安装,以"个"计量。支座清洗、运输、起吊及安装支座所需的扣件、钢板、焊接、螺栓、黏结等,作为支座安装的附属工作,不另行计量。

(2) 支付。按上述规定计量,经监理工程师验收的列入了工程量清单以下支付细目的工程量,其每一计量单位将以合同单价支付。此项支付包括材料、劳动力、设备及其他为完成支座工程必需的费用,是对完成工程的全部偿付。

【第 417 节　桥梁接缝和伸缩装置】

(1) 计量。

① 桥面伸缩装置按图纸要求安装并经监理工程师验收的数量,分不同结构型式以"m"计量。其内容包括伸缩装置的提供和安装等作业。

② 除伸缩装置外的其他接缝,如橡胶止水片、沥青类等接缝填料,作为有关工程的附属工作,不另行计量。

③ 安装时切割和清除伸缩装置范围内沥青混凝土铺装和安装伸缩装置所需的临时或永久性的扣件、钢板、钢筋、焊接、螺栓、黏结等,作为伸缩装置安装的附属工作,不另行计量。

(2) 支付。按上述规定计量,经监理工程师验收的列入了工程量清单以下支付细目的工程量,其每一计量单位将以合同单价支付。此项支付包括材料、劳动力、运输、工具、安装等,以及其他为完成伸缩装置工程所必需的费用,是对完成工程的全部偿付。

【第 419 节　圆管涵或倒虹吸管】

(1) 计量。

① 钢筋混凝土圆管涵或倒虹吸管,以图纸规定的洞身长度或监理工程师同意的现场沿涵洞中心线量测的进出洞口之间的洞身长度,分别按不同孔径及孔数,经监理工程师检查验收后以"m"计量。管节所用钢筋,不另行计量。

② 图纸中标明的基底垫层和基座,圆管的接缝材料、沉降缝的填缝与防水材料等,洞口建筑,包括八字墙、一字墙、帽石、锥坡、铺砌、跌水井以及基础挖方和运输、地基处理与回填等,均作为承包人应做的附属工作,不另行计量与支付。

③ 洞口(包括倒虹吸管)建筑以外涵洞上下游沟渠的改沟、铺砌、加固以及急流槽消力坎的建筑等均列入《技术规范》第 207 节坡面排水的相应细目内计量。

(2) 支付。按上述规定计量，经监理工程师验收的列入工程量清单的以下工程细目的工程量，其每一计量单位将以合同单价支付。此项支付包括材料、劳动力、设备、运输等，以及其他为完成工程所必需的费用，是对完成工程的全部偿付。

在支付方式上，当管涵（倒虹吸管）完成基础的浇筑或砌筑，经监理工程师检查认可后，支付管涵（倒虹吸管）工程费用的 30%；管涵（倒虹吸管）工程全部完成后，再支付工程费用的余下部分。

【第 420 节 盖板涵、箱涵】

(1) 计量。

① 钢筋混凝土盖板涵（含梯坎涵、通道）、钢筋混凝土箱涵（含通道）应以图纸规定的洞身长度或经监理工程师同意的现场沿涵洞中心线测量的进出口之间的洞身长度，经验收合格后按不同孔径以"m"计量，盖板涵、箱涵所用钢筋不另计量。

② 所有垫层和基础，洞口建筑，包括八字墙、一字墙、帽石、锥坡、跌水井、洞口及洞身铺砌以及基础挖方、地基处理、回填土（包括台背）等作为承包人应做的附属工作，均不单独计量。

③ 通道范围（含端墙外各 20 m）内的土方、路面工程及锥坡填筑均作为通道的附属工作，不单独计量。

④ 洞口建筑以外涵洞上下游沟渠的改沟、铺砌、加固以及急流槽等，可列入《技术规范》第 207 节坡面排水的有关细目计量。

(2) 支付。按上述规定计量，经监理工程师验收的列入工程量清单以下工程细目的工程量，其每一计量单位将以合同单价支付。此项支付包括材料、劳动力、设备、运输等，以及其他为完成工程所必需的费用，是对完成工程的全部偿付。

【第 421 节 拱涵】

(1) 计量。

① 钢筋混凝土圆管涵或倒虹吸管，以图纸规定的洞身长度或监理工程师同意的现场沿涵洞中心线量测的进出洞口之间的洞身长度，分别按不同孔径及孔数，经监理工程师检查验收后以"m"计量。管节所用钢筋，不另计量。

② 图纸中标明的基底垫层和基座，圆管的接缝材料、沉降缝的填缝与防水材料等，洞口建筑，包括八字墙、一字墙、帽石、锥坡、铺砌、跌水井以及基础挖方和运输、地基处理与回填等，均作为承包人应做的附属工作，不另计量与支付。

③ 洞口（包括倒虹吸管）建筑以外涵洞上下游沟渠的改沟、铺砌、加固以及急流槽消力坎的建筑等均列入《技术规范》第 207 节坡面排水的相应细目内计量。

(2) 支付。按上述规定计量，经监理工程师验收的列入工程量清单以下工程细目的工程量，其每一计量单位将以合同单价支付。此项支付包括材料、劳动力、设备、运输等，以及其他为完成工程所必需的费用，是对完成工程的全部偿付。

在支付方式上，当管涵（倒虹吸管）完成基础的浇筑或砌筑，经监理工程师检查认可后，支付管涵（倒虹吸管）工程费用的 30%；管涵（倒虹吸管）工程全部完成后，再支付工程费用的余下部分。

第七节　安全设施及预埋管线工程工程清单计算规则及相关规范

1. 工程内容

安全设施及预埋管线工程内容包括护栏、隔离设施、道路交通标志、道路诱导设施、防眩设施、通信管道及电力管道、预埋（预留）基础、收费设施和地下通道工程。

2. 有关问题的说明及提示

（1）护栏的地基填筑、垫层材料、砌筑砂浆、嵌缝材料、油漆以及混凝土中的钢筋、钢缆索护栏的封头混凝土等均不另行计量。

（2）隔离设施工程所需的清场、挖根、土地平整和设置地线等工程均为安装工程的附属工作，不另行计量。

（3）交通标志工程所有支承结构、底座、硬件和为完成组装而需要的附件，均不另行计量。

（4）道路诱导设施中路面标线玻璃珠包含在涂敷面积内，附着式轮廓标的后底座、支架连接件，均不另行计量。

（5）防眩设施所需的预埋件、连接件、立柱基础混凝土及钢构件的焊接，均作为附属工作，不另行计量。

（6）管线预埋工程的挖基及回填、压实及接地系统、所有封缝料和牵引线及拉棒检验等作为相关工程的附属工作，不另行计量。

（7）收费设施及地下通道工程。

① 挖基、挖槽及回填、压实等作为相关工程的附属工作，不另行计量。

② 收费设施的预埋件为各相关工程项目的附属工作，不另行计量。

③ 凡未列入计量项目的零星工程，均含在相关工程项目内，不另行计量。

3. 安全设施及预埋管线工程工程量计量与支付

【第602节　护栏】

（1）计量。

① 设置在中央分隔带的混凝土护栏，应按图纸所示和监理工程师指示验收，其长度以"m"计量，混凝土基础以"m^3"计量。

② 地基填筑、垫层材料、砌筑砂浆、嵌缝材料以及油漆涂料等均不另行计量。

③ 波形梁钢护栏（含立柱）安装就位（包括明涵、通道、小桥部分）并经验收合格，其长度沿栏杆面（不包括起、终端段）量取以"m"计量；钢护栏起、终端头以"个"计量。

④ 中央分隔带开口处活动式钢护栏应拼装就位准确，验收合格，以"个"计量。

⑤ 明涵、通道、小桥部分钢护栏的立柱插座、预埋构件作为上述构造物的附属工作，不另计量。

（2）支付。按上述规定计量，经监理工程师验收并列入了工程量清单的以下支付细目的工程量，其每一个计量单位将以合同单价支付。此项支付包括材料、劳动力、设备、检验、运输等，以及其他为完成护栏、护柱安装工程所必需的费用，是对完成工程的全部偿付。

【第603节　隔离栅】

(1) 计量。

① 隔离栅应安装就位并经验收，分别按钢丝编织网隔离栅、刺钢丝网隔离栅、钢板网隔离栅、电焊网隔离栅等，从端柱外侧沿隔离栅中部丈量，以"m"计量。金属立柱及紧固件等均并入隔离栅计价中，不另行计量。

② 桥上防护网以"m"计量，安设网片的支架、预埋件及紧固件等不另行计量。

③ 钢立柱及钢筋混凝土立柱安装就位并经验收，以根计量；钢筋及立柱斜撑不另行计量。

④ 所需的清场、挖根、土地整平和设置地线等工程均为安装隔离栅的附属工作，不另行计量。

(2) 支付。按上述规定计量，经监理工程师验收并列入了工程量清单的以下支付细目的工程量，其每一计量单位将以合同单价支付。此项支付包括材料、劳动力、运输等，以及其他为完成隔离栅工程所必需的费用，是对完成工程的全部偿付。

【第604节　道路交通标志】

(1) 计量。

① 标志应按图纸规定提供、装好、埋设就位和经验收的不同种类、规格分别计量。

A．所有各式交通标志（包括立柱、门架）均以"个"为单位计量。

B．所有支承结构、底座、硬件和为完成组装而需要的附件，均附属于各有关标志工程细目内，不另行计量。

② 里程标和公路界碑等均应按埋设就位和验收的数量以"个"为单位计量。

(2) 支付。按上述规定计量，经监理工程师验收并列入了工程量清单的以下支付细目的工程量，其每一计量单位将以合同单价支付。此项支付包括材料、劳动力、设备、运输等，以及其他为完成交通标志安装工程所必需的费用，是对完成工程的全部偿付。

【第605节　道路交通标线】

(1) 计量。

① 路面标线应按图纸所示，经检查验收后，以热熔型涂料、溶剂常温涂料和溶剂加热涂料的涂敷实际面积，以"m^2"为单位计量。反光型的路面标线玻璃珠应包含在涂敷面积内，不另行计量。

② 突起路标安装就位，经检查验收后以"个"计量。

③ 轮廓标安装就位，经检查验收后以"个"计量。

④ 立面标记设置经检查验收后以"处"计量。

(2) 支付。按上述规定计量，经监理工程师验收并列入工程量清单的以下支付细目的工程量，其每一计量单位将以合同单价支付。此项支付包括材料、劳动力、设备、运输等，以及其他为完成交通标线工程所必需的费用，是对完成工程的全部偿付。

【第606节　防眩设施】

(1) 计量。防眩板、防眩网设置安装完成并经验收后以"延长米"计量。为安装防眩设置的预埋件、连接件、立柱、基础混凝土以及钢构件的焊接等均作为防眩板、防眩网工程的附属工作，不另行计量。

(2) 支付。按上述规定计量，经监理工程师验收列入了工程量清单的以下支付细目的工程量，其每一计量单位将以合同单价支付。此项支付包括材料、劳动力、工具及其他为完成防眩设施所必需的费用，是对完成工程的全部偿付。

【第607节　通信和电力管道与预埋（预留）基础】

（1）计量。

① 人（手）孔应根据图纸所示的形式及不同尺寸按"个"计量。

② 紧急电话平台应按底座就位和验收的个数计量。

③ 预埋管道工程应按铺筑就位并验收以"m"计量，计量是沿着单管和多管结构的管中线进行。过桥管箱的制作、安装以"m"计量。所有封缝料和牵引线及拉棒检验等，作为承包的附属工作，不另行计量。

④ 挖基及回填、压实及接地系统作为相关工程的附属工作，不另计量。

⑤ 附属于桥梁、通道或跨线桥的预留管道及其他的电信设备应作为此结构的一部分，在主体工程内计量，不单独计量。

⑥ 通讯管道安装在桥上的托架作为制造、安装过桥管箱的附属工作，不另行计量。

（2）支付。按上述规定计量，经监理工程师验收并列入了工程量清单的以下支付细目的工程量，其每一计量单位将以合同单价支付。此项支付包括材料、劳动力、设备、运输等，以及其他为完成安装工程所必需的费用，是对完成工程的全部偿付。

【第608节　收费设施及地下通道】

（1）计量。

① 收费亭按图纸所示的形式组装或修建，经监理工程师验收，分别按单人收费亭和双人收费亭以"个"为单位计量。

② 收费天棚按图纸所示组装架设，经监理工程师验收以"m^2"为单位计量。

③ 收费岛浇筑按图纸所示形式及大小经监理工程师验收，分别按单向收费岛和双向收费岛以"个"为单位计量。

④ 地下通道按图纸要求经监理工程师验收，其长度沿通道中心量测洞口间距离，以"m"为单位计量，计量中包含了装饰贴面工程及防、排水处理等内容。

⑤ 预埋及架设管线按图纸规定铺设就位，经监理工程师验收以"m"为单位计量。

⑥ 收费设施的预埋件为各有关工程细目的附属工作，均不另行计量。

⑦ 所有挖基、挖槽以及回填、压实等均为各相关工程细目的附属工作，不另行计量。凡未列入计量细目的零星工程，均含在相关工程细目内，不另行计量。

（2）支付。按上述规定计量，经监理工程师验收并列入了工程量清单的以下支付细目的工程量，其每一计量单位将以合同单价支付。此项支付包括材料、劳动力、设备、工具、运输、安装和清理现场场地等，以及其他为完成工程所必须的费用，是对完成工程的全部偿付。

第八节　绿化及环境保护工程工程清单计算规则及相关规范

1. 工程内容

撒播草种和铺植草皮，人工种乔木、灌木，声屏障工程。

（1）绿化工程为植树计中央分隔带及互通立交范围内和服务区、管养工区、收费站、停车场的绿化种植区。

(2) 除按图纸施工的永久性环境保护工程外，其他采取的环境保护措施已包含在相应的工程项目中，不另行计量。

(3) 由于承包人的过失、疏忽，或者未及时按设计图纸做好永久性的环境保护工程，导致需要另外采取环境保护措施，这部分额外增加的费用应由承包人负担。

(4) 在公路施工及缺陷责任期间，绿化工程的管理与养护以及任何缺陷的修正与弥补，是承包人完成绿化工程的附属工作，均由承包人负责，不另行计量。

2. 绿化及环境保护工程工程量计量与支付

【第 702 节　铺设表土】

(1) 计量。

① 表土铺设应按完成的铺设面积并经验收以"m^3"为单位计量。

② 铺设表土的准备工作（包括提供、运输等）为承包人应做的附属工程，不另行计量。

(2) 支付。按上述规定计量，经监理工程师验收并列入了工程量清单的以下支付细目的工程量，其每一计量单位将以合同单价支付。此项支付包括材料、劳动力、设备、运输等，以及其他为完成铺设表土所必需的费用，是对完成工程的全部偿付。

【第 703 节　撒播草种和铺植草皮】

(1) 计量。

① 撒播草种按经监理工程师验收的成活草种的面积以"m^2"为单位计量。

② 草种、水、肥料等，作为承包人撒播草种的附属工作，均不另行计量。

③ 铺草皮按经监理工程师验收的数量以"m^2"为单位计量，当采用叠铺时，按叠铺程度确定叠铺系数（经监理工程师同意）增计面积。

④ 需要铺设的表土，按表土的来源，在《技术规范》第 702 节铺设表土相关支付细目内计量。

⑤ 绿地喷灌设施按图纸所示，敷设的喷灌管道以"m"为计量单位。喷灌设施的闸阀、水表、洒水栓等均不另行计量。

(2) 支付。按上述规定计量，经监理工程师验收并列入了工程量清单的以下支付细目的工程量，其每一计量单位将以合同单价支付。此项支付包括材料、劳动力、设备、运输和养护、管理等，以及其他为完成绿化工程所必需的费用，是对完成工程的全部偿付。可在工作进行中根据工程进度分期支付：

① 在开始种植时期按工作量预付给承包人工程款项的 50%，支付的确实数量由监理工程师决定。

② 其余支付给承包人的款项，在工程交工验收植物栽植成活率符合规定后支付，未达到成活率要求的应进行补植。

【第 704 节　种植乔木、灌木及人工攀缘植物】

(1) 计量。

① 人工种植由监理工程师按成活数验收，乔木、灌木及人工种植攀缘植物均以"棵"计量。

② 需要铺设的表土，按表土的来源，在《技术规范》第 702 节铺设表土相关支付细目内计量。

③ 种植用水、设置水池储水，均作为承包人种植植物的附属工作，不另行计量。

(2) 支付。按上述规定计量，经监理工程师验收并列入了工程量清单的以下支付细目的工程量，其每一计量单位将以合同单价支付。此项支付包括材料、劳动力、设备、运输和养护、管理等，以及其他为完成绿化工程所必需的费用，是对完成工程的全部偿付。可在工程进行中根据工程进度分期支付：

① 在开始种植时期按工作量预付给承包人工程款项的 50%，支付的确实数量由监理工程师决定。

② 其余支付给承包人的款项，在工程交工验收植物栽植成活率符合规定后支付，未达到成活率要求的应进行补植。

【第 705 节 植物的养护和管理】

植物的养护和管理是承包人完成绿化工程的附属工作，不另行计量及支付。

【第 706 节 声屏障】

(1) 计量。消声板声屏障应按图纸施工完成并经监理工程师验收的现场量测的长度，以"m"为计量单位；吸声砖及墙声屏障以"m^3"为计量单位。声屏障的基础开挖，基底夯实，基坑回填，立柱、横板安装等工作为砌筑吸声砖声屏障及砌筑砖墙声屏障所必需的附属工作，均不另行计量。

(2) 支护。按上述规定计量，经监理工程师验收并列入了工程量清单的以下支付细目的工程量，其每一计量单位将以合同单价支付。此项支付包括材料、劳动力、设备、运输等，以及其他为完成声屏障工程所必需的费用，是对完成工程的全部偿付。

【第 707 节 环境保护】

本节所采取的各项措施，是各有关工程在施工期间对环境保护方面应当注意和必须做到的工作，其费用已在《技术规范》第 102 节工程管理内列出，本节不予计列。

第九节 清单计价的施工招标标底与投标报价

一、公路工程招标标底

工程招标标底价格是由招标单位或委托有相关资质的工程造价咨询单位编制的，经造价咨询管理部门核准认可的以概算或施工图预算为基础编制的项目预期施工价格。标底是确定中标单位能否中标的重要依据，是防止盲目报价、抑制低价抢标现象的重要手段，是控制投资额、核实建设规模的文件。一个工程只能有一个标底价。标底和概算预算的主要区别如下：

(1) 标底是按工程量清单的项目和数量进行编制；概算预算是按定额项目和图纸计算的工程数量套用相应定额进行编制。

(2) 标底是根据具体工程和不同的承包方式考虑不同的包干系数；概算预算则按规定的费率计算。

(3) 标底只计算清单的建筑安装工程费；概算预算是计算建设项目的全部费用，包括建筑安装工程费、工器具购置费、工程建设其他费用和预备费。

(4) 标底必须适应目标工期的要求，对提前工期因素有所反映。
(5) 标底必须适应招标方的质量要求，对高于国家验收规范的质量因素有所反映。
(6) 标底必须适应市场价格的变化。
(7) 标底必须合理考虑招标工程的自然地理条件和工程范围。

二、标底编制的依据和程序

1. 标底编制的依据

标底编制的依据有招标文件，概算预算定额，费用定额，人工、材料、机械单价，初步设计文件或施工图设计文件，施工方案。

2. 标底编制的程序

（1）准备工作。

熟悉招标文件、招标图纸和说明的内容；考察工程现场，了解自然条件、临时工程的设置等情况；掌握当地人工、材料、机械市场价格和运输条件等。

（2）工程量计算。

① 计算清单工程量。根据图纸和技术规范中计量支付的规定计算工程量清单。

② 计算定额工程量。根据图纸和定额中工程量计算规则计算工程量。

（3）确定人工、材料、机械单价。

根据准备工作中收集的资料，确定人工、材料、机械单价。

（4）计算综合费率。

根据招标文件中的有关条款及概算预算编制办法的有关规定确定其他工程费费率、间接费费率、利润率、税率。

（5）项目组价。

以工程量清单的每一个细目作为一个项目，根据图纸、施工方案、确定定额的组成，并按定额工程量计算细目总金额，总金额除以清单工程量即为清单单价。

（6）计算标底总金额。

按工程量清单计算各章金额，其中第 100 章总则中的保险费、临时工程费等按实际费用计算列入，其余各章按工程量清单中的数量乘以清单单价，计算出工程量清单汇总表，从而得出标底总价。

（7）编写编制说明。

包括标底编制依据、费率取定、相关问题的说明等。

（8）装订、审核。

将标底文件装订，报有关部门审核。

三、投标报价

1. 投标报价与标底的区别

标底是按国家规定的定额、取费标准、技术标准、规范以及业主对项目的要求编制的，并报有关部门审批的工程造价。

投标报价是根据投标企业自身的生产能力水平、企业的需要计算编制的工程造价。

2. 投标报价的依据

（1）招标文件，国家或地方颁发的定额、取费标准、技术规范、验收标准。

（2）工程所在地的自然条件、经济水平、政治形势。

（3）当地劳动力的技术水平、供应数量，材料供应情况，机械设备的自有及租赁情况。

（4）施工组织设计，施工企业的生产能力、管理水平、经验。

（5）当地建筑市场行情，是否有后续工程。

（6）竞争对手的实力、信誉。

（7）同类工程价格的分析。

3. 工程量清单计价步骤

（1）熟悉工程量清单。

工程量清单是计算工程造价最重要的依据，在计价时必须全面了解每一个清单项目的特征描述，熟悉其所包括的工程内容，以便在计价时不漏项，不重复计算。

（2）研究招标文件。

工程招标文件的有关条款、要求和合同条件，是计算工程造价的重要依据。在招标文件中对有关承发包工程范围、内容、期限、工程材料、设备采购供应办法等都有具体规定，只有在计价时按规定进行，才能保证计价的有效性。因此，投标单位拿到招标文件后，根据招标文件的要求，要对图纸和招标文件提供的工程量清单进行复核。

（3）熟悉施工图纸。

全面、系统地阅读图纸，是准确计算工程造价的重要依据。

（4）熟悉工程量计算规则。

计价规范的工程量计算规则与消耗量定额的工程量计算规则有着原则上的区别，因此清单项目的工程量计算应严格执行计价规范规定的工程量计算规则，不能同消耗量定额的工程量计算规则相混淆。

（5）了解施工组织设计。

施工组织设计或施工方案是施工单位的技术部门针对具体工程编制的施工作业的指导性文件，其中施工技术措施、安全措施、施工机械配置是否增加辅助项目等，都应在工程计价的过程中予以注意。施工组织设计所涉及的费用主要属于措施项目费。

（6）熟悉加工定货的有关情况。

明确建设、施工单位双方在加工定货方面的分工。对需要进行委托加工定货的设备、材料、零件等，提出委托加工计划，并落实加工单位及加工产品的价格。

（7）明确主材和设备的来源情况。

主材和设备的型号、规格、重量、材质、品牌等对工程计价影响很大，因此主材和设备的范围及有关内容需要招标人予以明确，必要时注明产地和厂家。

(8) 计算综合单价。

将工程量清单主体项目及其组合的辅助项目汇总,填入分部分项工程综合单价计算表。如采用消耗量定额分析项目分析综合单价的,则应按照定额的计量单位,确定相应定额和各项费率,计算出各项的管理费和利润,汇总为清单项目费合计,分析出综合单价。综合单价是包括计价工程细目中每项工程内容的所有费用,包括人工费、材料费、机械费、管理费、安装费、缺陷修理费、保险费、税金、利润、合同明示或暗示的所有责任和义务以及风险费。

(9) 价格分析、调整、修改。

(10) 确定最终价格,形成投标文件。

4. 工程量清单投标报价的组成

投标报价是以招标文件、合同条款、图纸、技术规范为基础,按照招标文件中的工程量清单所列的完成全部工程所需的各种费用。

(1) 直接费。工程施工中直接用于工程上的人工费、材料费、施工机械使用费、其他工程费。

(2) 间接费。是为组织施工和管理工程所需的各项费用,如企业管理费、规费、财务费等。

(3) 利润。投标时企业根据自身的利润目标和本项目的具体情况所定。

(4) 税金。按规定应向国家交纳的营业税、城市建设维护税、教育费附加。

(5) 风险。施工企业对项目分析后确定的用于防范风险的费用和摊入单价考虑的因素,包括未列入第 100 章总则中的临时工程费、保险费、供电贴费、工程造价增长费、技术复杂程度和地形地质条件造成的施工难度增加因素以及工期质量要求等因素。

5. 报价中应注意的事项

(1) 投标时要扬长避短,注重信誉,报价要量力而行,切忌不顾实际情况,盲目压低标价。

(2) 报价时应重视对业主条件和心理方面的分析。

(3) 投标报价编制好后,是否合理,可以采用宏观审核指标进行分析判断。

四、投标报价中的工程量

工程量的计算是确定工程量清单,建筑安装工程费,编制招标标底及投标报价中清单计价细目综合单价及合价的重要依据。在投标过程中工程量的计算主要涉及以下几种:

(1) 设计工程量。设计工程量是招标图纸中列出的某合同段内各分项工程的工程数量,其工程量仅作为投标人报价的计算基础。

(2) 清单工程量。它是招标单位根据设计图纸、工程量清单项目划分和工程量清单计算规则计算的分部分项工程数量,清单工程量是计算计价工程细目合价的基础。

(3) 复核工程量。它是投标人根据业主提供的招标图纸、工程量清单技术规则,对工程量清单中各计价工程细目进行复核后的工程数量,是投标人分析计价工程细目综合单价的基础。

(4)预算定额工程量。它是根据设计图纸、拟订的施工方案、建筑安装工程预算工程量计算规则、预算定额划分的项目计算出的各实体工程和措施项目的分部分项工程数量,是确定施工数量和预算数量的依据。

(5)计量支付工程量。它是对已经完成的工程,按照合同条款、技术规范、设计图纸、工程量清单项目划分和工程量清单计算规则等合同文件的要求,实际计量的工程数量。

五、计算清单综合单价计算步骤

在单价合同中,计价细目综合单价一般应根据投标人认为正确的预算工程量来分析,以计价工程细目中计算得到的全部建安费以及风险费或摊销费为分子,以计价工程细目对应的复核工程量为分母,得到的商值就是该计价工程细目的综合单价。再将该综合单价与清单中的相应工程量相乘,就得到计价工程细目的合价。

【例1】某高速公路工程地点为哈尔滨市,施工条件:无夜间施工,无行车干扰,主副食综合运距 4 000 m,工地转移距离 200 km,规费按 0.2%计算,当地人工预算单价为 50 元/工日,柴油为 5 元/kg。工程概况:该高速公路路基土方全部为填筑Ⅱ类土,12 t 自卸汽车配合 1 m³ 装载机装运土,平均运距 4 000 m,道路全长 3 290 m,填土高度 4.5 m,无利用方。

清单工程量:

路基填筑土方: 120 000 m³

(1)将清单计价工程细目还原,找到计价工程细目与招标图纸中设计工程量之间的对应关系。设计图纸相关项目为装土、运土、碾压。

(2)复核清单工程量,按 122 628 m³ 计算。

(3)结合投标施工组织设计,确定安全措施工程量。本工程为填土碾压,按技术规范两侧宽填 0.5 m 计算,措施工程量为:0.5×4.5×3 290×2=14 805 m³。

(4)套用定额,计算预算工程量,并调整成能套用预算定额的程度。

① 机械碾压定额,工程量为:122.628(1 000 m³ 压实方)。

② 装载机装土定额,工程量为:122 628×1.16+14 805 =157.05(1 000 m³ 天然密实方)。

③ 自卸车运土定额,工程量为:122 628×(1.16+0.03)+14 805 =160.73(1 000 m³ 天然密实方)。

(5)详见 08-2 表格,计算建筑安装工程费。

(6)确定综合单价:2 363 804/122 628=19.28 元/m³。

(7)计算清单细目合价。

表 3.1 200 章路基

细目编号	项目名称	单位	数量	单价	合价
204-1	借土填方	m³	120 000	19.28	2 313 600

分项工程预算表

编制范围：××高速公路
工程名称：路基填土

序号	工程项目 工程细目	定额单位	工程数量	定额代号	工料机名称	单位	单价/元	机械碾压路基 12～15 t 振动压路机碾压土方 1 000 m³ 压实方 122.628 1-1-18-4		装载机装土石方 装载机斗容量 3 m³ 以内 天然密实方 1 000 m³ 天然密实方 157.07 1-1-10-3			自卸汽车运土石方 12 t 以内自卸汽车运输 1 000 m³ 天然密实方 160.73 1-1-11-17/18			合计	
								定额	数量	金额/元	定额	数量	金额/元	定额	数量	金额/元	数量	金额/元
1					人工	工日	50	3	367.884	18 394							367.884	183 94
2					75 kW 以内履带式推土机	t	619.99	1.7	208.468	129 248							208.468	129 248
3					120 kW 以内平地机	kg	918.7	1.63	199.884	183 633							199.884	183 633
4					6～8 t 光轮压路机	kg	254.22	1.55	190.073	48 320							190.073	48 320
5					15 t 以内振动压路机	台班	783.05	2.41	295.533	231 417							295.533	231 417
6					3.0 m³ 轮胎式装载机	台班	917.11				1.09	171.185	156 995				171.185	156 995
7					12 t 以内自卸汽车	元	629.93							11.9	1 912 687	1 204 859	1 912 687	1 204 859
8					定额基价	元	1	4 926	604 055	604 055	985	154 714	154 714	7 430	1 194 224	1 194 224	1 952 993	1 952 993
	直接工程费					元			611 012	611 012		155 995	156 995		1 204 859	1 204 859		1 972 866
	其他工程费	Ⅰ				元		8.14		49 736	8.14		12 779	2.71		32 652		95 167
		Ⅱ				元		0.2		37	0.2			0.2				37
	间接费	规费				元												
		企业管理费				元		4.455		29 435	4.455		7 563	2.525		31 247		68 246
	利润及税金					元		7.000/3.41		73 497	7.000/3.41		18 885	7.000/3.41		135 106		227 488
	建筑安装工程费					元				763 718			196 222			1 403 864		2 363 804

编制：   复核：   08-2 表

第十节　项目6：公路工程工程量清单报价实例

【教学指导】

教	知识重点	1. 查看图纸及招标文件。 2. 工程量清单报价的程序、方法。 3. 工程量的计算与复核。 4. 工程量清单组价
	知识难点	1. 清单报价。 2. 投标报价的确定
	推荐教学方式	1. 采用多媒体教学讲解案例。 2. 学生分组讨论、计算，模拟进行招标投标，调动学生学习的主动性、积极性
学	推荐学习方法	学生分工合作，查找资料，自主完成招投标工作
	必须掌握的理论知识	1. 工程量清单计价的编制程序。 2. 招标标底价格的确定。 3. 投标报价的确定
	必须掌握的技能	1. 能够按照施工图纸准确计算工程量并复核清单工程量。 2. 能够正确使用定额。 3. 编制补充定额的能力。 4. 能够按照施工图纸、招标文件、相关资料，完整准确地计算标底价格与投标报价
做（实训）	某公路工程	1. 内容：按施工图纸、招标文件、相关资料，计算标底价格与投标报价。 2. 要求： ① 将学生分成一个招标小组和若干（大于等于三个）投标小组。 ② 招标组根据施工图纸、招标文件、相关资料，计算标底价格。 ③ 投标小组根据施工图纸、招标文件、相关资料，计算投标报价。 ④ 模拟投标现场和确定中标单位

【背景材料】

(1) 本工程为某高速公路，工程内容包括路基、路面、桥涵。
(2) 工程所在地：××省××县。
(3) 取费标准：《公路工程基本建设项目概算预算编制办法》。

(4) 其他工程费计取内容:冬季施工增加费、雨季施工增加费、夜间施工增加费、安全及文明施工措施费、临时设施费、施工辅助费、工地转移费。

(5) 间接费:① 规费未计;② 企业管理费计取内容:企业管理费基本费用、主副食运费补贴、职工探亲路费、职工取暖补贴、财务费用。

(6) 利润:7%。

(7) 税金未计。

(8) 人工、材料、机械预算单价见07表。

建设项目名称：××高速公路2合同
编制范围：××高速公路

总 预 算 表

第1页 共2页　　01表

项目	目	节	细目	工程或费用名称	单位	数量	预算金额/元	技术经济指标	各项费用比例/%	备注
				第100章至第700章合计			12 595 186			
101-1				第100章 总则	总额	1.000	397 000		55.74	
101-2				税金					1.76	
			-a	保险费	总额	1.000				
			-b	按合同条款规定，提供建筑工程一切险	总额	1.000				
102-1				按合同条款规定，提供第三方责任险	总额	3.000	90 000	30 000.00		
102-3				竣工文件	总额	1.000				
103-1				施工安全专项费	总额	1.000	50 000	50 000.00		
				临时道路建、养护与拆除（包括原道路的养护费）						
103-3			-a	临时供电设施	总额	1.000	27 000			
			-b	设施架设、拆除	月	22.000	5 000	5 000.00		
103-4				设施维修	总额	1.000	22 000	10 000.00		
103-5				电讯设施的提供、维护和拆除	总额	1.000	10 000	20 000.00		
104-1				供水和排污设施	总额	1.000	20 000	200 000.00		
				承包人驻地建设			200 000			
202-1				第200章 路基			28 054		0.12	
			-a	清理与挖除		630.000	630	1.00		
203-1				清理现场			630			
			-a	路基挖方			27 424			
				开挖土石方	m³	13 576.000	27 424	2.02		
				第400章 桥梁、涵洞			12 170 132		53.86	
403-2				下部结构钢筋			2 020 551			
			-a	光圆钢筋（Ⅰ级）	kg	96 272.540	538 163	5.59		
			-b	带肋钢筋（HRB335、HRB400）	kg	262 369.620	1 482 388	5.65		
405-1				钻孔灌注桩			4 269 487			

编制：　　　　　　　　　　　　　　　　　　　　　　　　　　　复核：

总 预 算 表

建设项目名称：××高速公路 2 合同
编制范围：××高速公路

第 2 页 共 2 页　　01 表

项目	节	细目	工程或费用名称	单位	数量	预算金额/元	技术经济指标	各项费用比例/%	备注
		-b	桩径 1.2 m	m	2 852.000	2 046 196	717.46		
		-c	桩径 1.3 m	m	736.000	606 170	823.60		
		-e	桩径 1.5 m	m	1 584.000	1 617 121	1 020.91		
410-2			混凝土下部结构			3 167 515			
		-c	C30 级混凝土	m³	4 124.180	2 368 187	574.22		
		-d	C25 级混凝土	m³	149.340	91 532	612.91		
		-e	C20 级混凝土	m³	1 486.780	707 796	476.06		
411-7			现浇预应力混凝土上部结构			750 432			
		-d	C40 级混凝土	m³	1 040.100	750 432	721.50		
411-8			预制预感力混凝土上部结构			1 962 147			
		-a	C50 级混凝土	m³	2 273.740	1 962 147	862.96	0.40	
			已包含在清单合计中的专项暂定金额小计			90 000			
			清单合计减去专项暂定金额			12 505 186		55.34	
			计日工合计						
			劳 务						
			材 料						
			施工机械						
			不可预见费（暂定金额）			10 000 000		44.26	
			投标价			22 595 186		100.00	

编制：　　　　　　　　　　　　　　　　　　　　　　　　　　　复核：

人工、材料、机械台班数量汇总表

建设项目名称：××高速公路 2 合同
编制范围：××高速公路

第 1 页共 3 页
02 表

序号	规格名称	单位	总数量	分项统计				辅助生产	其他	场外运输损耗	
				第100章 总则	第200章 路基	第400章 桥梁、涵洞				%	数量
1	人工	工日	43 021		64	41 435			1 522		
2	机械工	工日	5 673		77	5 595					
3	原木	m³	27			27					
4	锯材木中板δ=19～35	m³	153			153					
5	光圆钢筋直径 10～14 mm	t	108			108					
6	普通钢筋直径 15～24 mm，25 mm 以上	t	269			269					
7	型钢	t	44			44					
8	钢板	t	9			9					
9	钢管	t	6			6					
10	钢丝绳	t	0			0					
11	电焊条	kg	2 141			2 141					
12	钢护筒	t	1			1					
13	钢模板	t	6			6					
14	组合钢模板	t	20			20					
15	门式钢支架	t	6			6					
16	铁件	kg	19 371			19 371					
17	铁钉	kg	222			222					

编制： 复核：

人工、材料、机械台班数量汇总表

建设项目名称：××高速公路 2 合同
编制范围：××高速公路

第 2 页 共 3 页
02 表

序号	规格名称	单位	总数量	分项统计					场外运输损耗	
				第100章 总则	第200章 路基	第400章 桥梁、涵洞	辅助生产	其他	%	数量
18	8～12号铁丝	kg	89			89				
19	20～22号铁丝	kg	1 327			1 327				
20	32.5级水泥	t	5 818			5 761			1.00	58
21	42.5级水泥	t	1 572			1 557			1.00	16
22	汽油	kg	49			49				
23	柴油	kg	51 950		2 451	49 500				
24	电	kW·h	681 291			681 291				
25	水	m³	31 756			31 756				
26	中（粗）砂	m³	9 361			9 133			2.50	228
27	黏土	m³	2 915			2 830			3.00	85
28	片石	m³	900			900				
29	碎石(2 cm)	m³	2 656			2 630			1.00	26
30	碎石(4 cm)	m³	10 802			10 696			1.00	107
31	碎石(8 cm)	m³	356			352			1.00	4
32	其他材料费	元	40 146			40 146				
33	设备摊销费	元	42 188			42 188				
34	75 kW以内履带式推土机	台班	7		7					

编制：　　　　　　　　　　　　　　　　　　　　　复核：

人工、材料、机械台班数量汇总表

建设项目名称：××高速公路 2 合同
编制范围：××高速公路

第 3 页 共 3 页
02 表

序号	规格名称	单位	总数量	分项统计			辅助生产	其他	场外运输损耗	
				第100章 总则	第200章 路基	第400章 桥梁、涵洞			%	数量
35	135 kW 以内履带式推土机	台班	0	0						
36	1.0 m³ 履带式单斗挖掘机	台班	47		31	15				
37	3.0 m³ 轮胎式装载机	台班	0	0						
38	250 L 以内强制式混凝土搅拌机	台班	16			16				
39	15 t 以内载货汽车	台班	39			39				
40	15 t 以内自卸汽车	台班	1		1					
41	15 t 以内履带式起重机	台班	39			39				
42	5 t 以内汽车式起重机	台班	2			2				
43	12 t 以内汽车式起重机	台班	516			516				
44	20 t 汽车式起重机	台班	300			300				
45	30 t 汽车式起重机	台班	77			77				
46	30 kN 以内单筒慢动电动卷扬机	台班	231			231				
47	50 kN 以内单筒振动电动卷扬机	台班	753			753				
48	1 500 mm 以内回旋钻机	台班	1 052			1 052				
49	容量 100～150 L 泥浆搅拌机	台班	245			245				
50	100 mm 以内电动多级离心清水泵 DA1-100-C	台班	31			31				
51	32 kV·A 交流电弧焊机	台班	283			283				
52	小型机具使用费	元	18 482			18 482				

编制：　　　　　　　　复核：

第三章　公路工程工程量清单计价

建筑安装工程费计算表

建设项目名称：××高速公路 2 合同
编制范围：××高速公路

第 1 页 共 1 页　　　　　03 表

序号	工程名称	单位	工程量	直接费/元 直接工程费 人工费	材料费	机械使用费	合计	其他工程费	合计	间接费/元	利润/元 费率(7.0%)	税金(元) 综合税率 0.0%	建筑安装工程费 合计/元	单价/元
1	2	3	4	5	6	7	8	9	10	11	12	13	14	15
1	竣工文件	总额	3.000				90 000		90 000				90 000	30 000.00
2	临时道路修建、养护与拆除（包括原道路的养护）	总额	1.000				50 000		50 000				50 000	50 000.00
3	设施架设、拆除	总额	1.000				5 000		5 000				5 000	5 000.00
4	设施维修	月	22.000				22 000		22 000				22 000	1 000.00
5	电讯设施的提供、维护和拆除	总额	1.000				10 000		10 000				10 000	10 000.00
6	供水和排污设施	总额	1.000				20 000		20 000				20 000	20 000.00
7	承包人驻地建设	总额	1.000				200 000		200 000				200 000	200 000.00
8	清理现场	m²	630.000			557	557	14	571	17	41		630	1.00
9	开挖土方	m³	13 576.000	3 173		20 475	23 648	910	24 558	1 046	1 792		27 397	2.02
10	光圆钢筋（Ⅰ级）	kg	96 272.540	42 630	408 871	13 299	464 800	21 660	486 459	16 929	35 237		538 625	5.59
11	带筋钢筋(HRB335、HRB400)	kg	262 369.620	116 177	1 127 732	36 242	1 280 152	59 655	1 339 807	46 625	97 050		1 483 482	5.65
12	桩径 1.2 m	m	2 852.000	275 953	941 538	470 619	1 688 110	102 311	1 790 420	121 924	133 864		2 046 209	717.46
13	桩径 1.3 m	m	736.000	80 966	289 058	130 132	500 155	30 290	530 446	36 067	39 656		606 169	823.6
14	桩径 1.5 m	m	1 584.00	207 616	816 825	309 679	1 334 120	80 856	1 414 976	96 356	105 793		1 617 124	1 020.91
15	C30 级混凝土	m³	4 124.180	428 139	1 362 818	208 740	1 999 697	95 985	2 095 683	117 568	154 928		2 308 178	574.22
16	C25 级混凝土	m³	149.340	24 982	43 721	8 587	77 290	3 710	80 999	4 544	5 988		91 532	612.91
17	C20 级混凝土	m³	1 486.780	163 124	410 586	23 958	597 668	28 688	626 356	35 139	46 305		707 799	476.06
18	C40 级混凝土	m³	1 040.100	188 744	349 428	95 498	633 671	30 416	664 087	37 255	49 094		750 437	721.5
19	C50 级混凝土	m³	2 273.740	510 261	991 158	155 429	1 656 848	79 529	1 736 377	97 411	128 365		1 962 153	862.96
	各项费用合计	公路公里	5.000	2 041 764	6 741 736	1 473 215	10 653 715	534 025	11 187 739	610 881	798 113		12 596 734	407 427.09

编制：　　　　　　　　　　　　　　　　　　复核：

其他工程费及间接费费用计算表

建设项目名称：××高速公路 2 合同
编制范围：××高速公路

第 1 页 共 1 页
04-1 表

序号	项目名称	其他工程费									间接费											综合费用
		冬季施工增加费	雨季施工增加费	夜间施工增加费	高原地区施工增加费	风沙地区施工增加费	沿海地区施工增加费	行车干扰工程施工增加费	安全及文明施工措施费	临时设施费	施工辅助费	工地转移费	综合费用 I	综合费用 II	养老保险费	失业保险费	医疗保险费	住房公积金	工伤保险费	综合费用	基本费用	主副食运费补贴	企业管理费				综合费用
																							职工探亲路费	职工取暖补贴	财务费用	
1	2	3	4	5						11	12	13	14	15	16	17	18	19	20	21	22	23	24	25	26	27
1	清理现场	3	0							6		5	14								12	2	1	1	1	17
2	开挖土方	277	12							336		286	910								801	86	54	54	52	1 046
3	光圆钢筋（1级）	418		1 627						11 527		8 088	21 660								11 772	1 459	778	584	2 335	16 929
4	带肋钢筋（HRB335、HRB400）	1 152		4 481						31 748		22 275	59 655								32 423	4 019	2 144	1 608	6 431	46 625
5	桩径 1.2 m	15 487	673	5 908						52 972		27 269	102 311								98 840	6 264	6 078	3 576	7 166	121 924
6	桩径 1.3 m	4 575	199	1 751						15 684		8 081	30 290								29 232	1 855	1 798	1 058	2 124	36 067
7	桩径 1.5 m	12 239	532	4 669						41 864		21 551	80 856								78 112	4 950	4 803	2 826	5 663	96 356
8	C30 级混凝土	14 998	800							52 992		27 196	95 985								93 048	6 706	6 077	3 982	7 754	117 568
9	C25 级混凝土	580	31							2 048		1 051	3 710								3 596	259	235	154	300	4 544
10	C20 级混凝土	4 483	239							15 838		8 128	28 688								27 810	2 004	1 816	1 190	2 317	35 139
11	C40 级混凝土	4 753	253							16 792		8 618	30 416								92 485	2 125	1 926	1 262	2 457	37 255
12	C50 级混凝土	12 426	663							43 906		22 533	79 529								77 095	5 556	5 036	3 299	6 425	97 411
13	合计	71 391	3 402	18 436						285 714		155 082	534 025								482 228	35 287	30 745	19 599	43 026	610 881

编制：　　　　　　　　　　　　　　　　　　复核：

其他工程费及间接费综合费率计算表

建设项目名称：××高速公路 2 合同
编制范围：××高速公路

第 1 页 共 1 页
04 表

序号	工程类别	冬季施工增加费	雨季施工增加费	夜间施工增加费	高原地区施工增加费	风沙地区施工增加费	洞海地区施工增加费	行车干扰工程施工增加费	安全及文明施工措施费	临时设施费	施工辅助费	工地转移费	综合费用 I	综合费用 II	养老保险费	失业保险费	医疗保险费	住房公积金	工伤保险费	综合费率	基本费用	主副食运费补贴	职工探亲路费	职工取暖补贴	财务费用	综合费率
1	2	3	4	5	6	7	8	9	10	11	12	13	14	15	16	17	18	19	20	21	22	23	24	25	26	27
01	人工土方	0.760	0.05							1.57		0.375	2.755								3.36	0.45	0.10	0.1	0.23	4.24
02	机械土方	1.17	0.05							1.42		1.21	3.85								3.26	0.35	0.22	0.22	0.21	4.26
03	汽车运输	0.21	0.05							0.92		0.72	1.90								1.44	0.37	0.14	0.21	0.21	2.37
04	人工石方	0.15	0.03							1.6		0.39	2.17								3.45	0.34	0.1	0.10	0.22	4.21
05	机械石方	0.21	0.04							1.97		0.855	3.075								3.28	0.33	0.22	0.17	0.20	4.2
06	高级路面	0.81	0.04							1.92		1.5	4.27								1.91	0.22	0.14	0.13	0.27	2.67
07	其他路面	0.37	0.04							1.87		1.36	3.64								3.28	0.22	0.16	0.12	0.3	4.080
08	构造物 I	0.75	0.04							2.65		1.36	4.80								4.44	0.32	0.29	0.19	0.37	5.61
09	构造物 II	0.92	0.04							3.14		1.615	6.065								5.53	0.35	0.34	0.200	0.40	6.82
10	构造物 II（一般）	1.81	0.08	0.70						5.81		3.195	11.595								9.79	0.64	0.55	0.37	0.82	12.17
10-1	构造物 III（室内管道）	1.81		0.70						5.81		3.195	11.515								9.79	0.64	0.55	0.37	0.82	12.17
10-2	构造物 III（安装工程）	1.81								5.81		3.195	10.815								9.79	0.64	0.55	0.37	0.82	12.17
11	技术复杂大桥	1.05	0.05	0.35						2.92		1.82	6.19								4.72	0.29	0.2	0.17	0.46	5.81
12	隧道	0.35								2.57		1.28	4.2								4.22	0.28	0.27	0.14	0.39	5.30
13	钢材及钢结构（一般）	0.09		0.35						2.48		1.74	4.66								2.42	0.30	0.16	0.12	0.48	3.48
13-1	钢材及钢结构（金属标志牌等）	0.09								2.48		1.74	4.31								2.42	0.30	0.16	0.12	0.48	3.48

编制： 复核：

人工、材料、机械台班单价汇总表

建设项目名称：××高速公路 2 合同
编制范围：××高速公路

第 1 页 共 2 页
07 表

序号	名称	单位	代号	预算单价/元	备注
1	人工	工日	1	49.20	
2	机械工	工日	2	49.20	
3	原木	m³	101	1 200.00	
4	锯材木中板δ=19～35	m³	102	1 700.00	
5	光圆钢筋直径10～14 mm	t	111	4 100.00	
6	普绞钢筋直径15～24 mm，25 mm 以上	t	112	4 150.00	
7	型钢	t	182	4 500.00	
8	钢板	t	183	6 000.00	
9	钢管	t	191	4 500.00	
10	钢丝绳	kg	221	7.00	
11	电焊条	kg	231	6.50	
12	钢护筒	t	263	5 000.00	
13	钢模板	t	271	5 400.00	
14	组合钢模板	t	272	4 600.00	
15	门式钢支架	t	273	4 600.00	
16	铁件	kg	651	5.00	
17	铁钉	kg	653	4.80	
18	8～12号铁丝	kg	655	5.00	
19	20～22号铁丝	kg	656	5.00	
20	32.5级水泥	t	832	330.00	
21	42.5级水泥	t	833	350.00	
22	汽油	kg	862	7.50	
23	柴油	kg	863	7.00	
24	电	kW·h	865	1.00	
25	水	m³	866	3.00	
26	中(粗)砂	m³	899	60.00	
27	黏土	m³	911	8.21	
28	片石	m³	931	50.00	
29	碎石(2 cm)	m³	951	80.00	
30	碎石(4 cm)	m³	952	80.00	
31	碎石(8 cm)	m³	954	80.00	
32	其他材料费	元	996	1.00	
33	设备摊销费	元	997	1.00	
34	75 kW 以内履带式推土机	台班	1003	483.19	
35	135 kW 以内履带式推土机	台班	1006	784.82	
36	1.0 m³履带式单斗挖掘机	台班	1035	550.11	

编制： 复核：

人工、材料、机械台班单价汇总表

建设项目名称：××高速公路 2 合同
编制范围：××高速公路

第 2 页共 2 页
07 表

序号	名称	单位	代号	预算单价/元	备注
37	3.0 m³ 轮胎式装载机	台班	1051	911.05	
38	250 L 以内强制式混凝土搅拌机	台班	1272	101.94	
39	15 t 以内载货汽车	台班	1378	622.84	
40	15 t 以内自卸汽车	台班	1388	687.03	
41	15 t 以内履带式起重机	台班	1432	333.04	
42	5 t 以内汽车式起重机	台班	1449	297.93	
43	12 t 以内汽车式起重机	台班	1451	526.35	
44	20 t 汽车式起重机	台班	1453	660.30	
45	30 t 汽车式起重机	台班	1455	736.62	
46	30 kN 以内单筒慢动电动卷扬机	台班	1499	86.78	
47	50 kN 以内单筒慢动电动卷扬机	台班	1500	104.31	
48	1 500 mm 以内回转钻机	台班	1600	664.96	
49	容量 100～150 L 泥浆搅拌机	台班	1624	58.94	
50	100 mm 以内电动多级离心水泵 DA1-100-C	台班	1663	282.98	
51	32 kV·A 交流电弧焊机	台班	1726	136.83	
52	小型机具使用费	元	1998	1.00	
53	定额基价	元	1999	1.00	

编制： 复核：

建筑安装工程费计算数据表

建设项目名称：××高速公路 2 合同
编制范围：××高速公路
公路等级：高速公路
建设线或桥梁长度（km）：5.0
数据文件编号：XCF2
第 1 页 共 3 页
路基或桥梁宽度（m）：0.0

08-1 表

本项目的代号	本项目数	目的代号	本目节数	节的代号	本节的细目数	细目的代号	费率编号	定额个数	定额代号	项或目或细目或定额的名称	单位	数量	定额调整情况
9										第100章 总则			
		101-1								税金	总额	1.000	
		101-2	2							保险费			
				-a						按合同条款规定，提供建筑工程一切险	总额	1.000	
				-b						按合同条款规定，提供第三方责任险	总额	1.000	
		102-1								竣工文件	总额	3.000	
		102-3								施工安全专项费	总额	1.000	
		103-1								临时道路修建、养护与拆除（包括原道路的养护费）	总额	1.000	
		103-3	2							临时供电设施			
				-a						设施架设、拆除	总额	1.000	1*5 000 元
				-b						设施维修	月	22.000	22*1 000 元
		103-4								电讯设施的提供、维护和拆除	总额	1.000	
		103-5								供水和排污设施	总额	1.000	
		104-1								承包人驻地建设	总额	1.000	
2										第200章 路基			
		202-1	1							清理的据除			
				-a				3		清理现场	m²	630.000	
						02			1-1-1-9	135 kW 以内推土机推除	1 000 m²	0.630	
						02			1-1-10-3	装载机斗容量 3 m³ 以内土方	1 000 m³天然密实方	0.095	
						03			1-1-11-21	15 t 以内自卸汽车运输第一个 1 km	1 000 m³天然密实方	0.095	
		203-1	1							路基挖方			
				-a				3		开挖土方	m³	13 576.000	
						02			1-1-9-4	斗量 3 m³ 以内挖掘机挖装松土	1 000 m³天然密实方	1.358	

编制：　　　　　　　　　　　　复核：

第三章 公路工程工程量清单计价

建筑安装工程费计算数据表

建设项目名称：××高速公路　　编制范围：××高速公路　　数据文件编号：XCF2　　公路等级：高速公路

建设线路或桥梁长度（km）：5.0　　路基或桥梁宽度（m）：0.0　　第 2 页 共 3 页

合同：××高速公路2合同　　　　　　　　　　　　　　　　　　　　　　　　08-1 表

项目的代号	本项目的代号	本节的代号	本节细目数	细目的代号	定额个数	费率编号	定额代号	项或章节或细目或定额的名称	单位	数量	定额调整情况
5						02	1-1-9-5	斗容量 1.0 m³ 以内挖掘机挖装普通土	1 000 m³ 天然	4.073	
						02	1-1-9-6	斗容量 1.0 m³ 以内挖掘机挖装硬土	1 000 m³ 天然	8.145	
	403-2	2						第 400 章 桥梁、涵洞			
								下部结构钢筋			
				-a	1	13	4-6-4-11	光圆钢筋（Ⅰ级）	kg	96 272.540	
								盖梁钢筋	1 t	96.273	钢筋抽换
				-b	1	13	4-6-4-11	带肋钢筋（HRB335、HRB400）	kg	262	
								盖梁钢筋	1 t	262.370	钢筋抽换的：二级钢
	405-1	3						钻孔灌注桩			
				-b	3	09	4-4-5-18	桩径 1.2 m	m	2 852.000	
						09	4-4-7-14	桩径 120 cm 以内，孔深 40 m 以内黏土	10 m	285.200	
						13	4-4-8-7	回旋、潜水钻成孔桩径 150 cm 以内混凝土	10 m³ 实体	322.390	
								钢护筒埋设干处	1 t	5.000	
				-c	3	09	4-4-5-42	桩径 1.3 m	m	736.000	
						09	4-4-7-14	桩径 130 cm，孔深 40 m 以内黏土	10 m	73.600	
						13	4-4-8-7	回旋、潜水钻成孔桩径 150 cm 以内混凝土	10 m³ 实体	97.641	
								钢护筒埋设干处	1 t	3.000	
				-e	3	09	4-4-5-42	桩径 1.5 m	m	1 584.000	实际桩径
						09	4-4-7-14	桩径 150 cm 以内，孔深 40 m 以内黏土	10 m	158.400	
						13	4-4-8-7	回旋、潜水钻成孔桩径 150 cm 以内混凝土	10 m³ 实体	279.774	
								钢护筒埋设干处	1 t	4.000	
	410-2	3		-c	2	13		混凝土下部结构			
								C30 级混凝土	m³	4 124.180	

编制：　　　　　　　　　　　　　　　　　　　　　　　　复核：

建筑安装工程费计算数据表

建设项目名称：××高速公路 2 合同
编制范围：××高速公路
公路等级：高速公路
建设线路或桥梁长度（km）：5.0
路基或桥梁宽度（m）：0.0
数据文件编号：XCF2
第 3 页 共 3 页
表 08-1

项目的代号	本项目数	本目的节代号	本节的细目数	细目的代号	定额代号	定额个数	费率编号	项或目或节或细目或定额的名称	单位	数量	定额调整情况
					4-6-2-9		08	圆柱式墩台混凝土非泵送 10 m 以内	10 m³ 实体	206.209	
					4-6-4-2		08	盖梁混凝土非泵送钢模	10 m³ 实体	206.209	
				-d		1		C25 级混凝土	m³	149.340	
					4-6-4-9		08	耳背墙混凝土	10 m³ 实体	14.934	
				-e		1		C20 级混凝土	m³	1	
					4-6-2-25		08	肋形埋置式桥台高 8 m 以内混凝土	10 m³ 实体	148.678	[41119021]C25 普通混凝土 32.5 级 水泥 4 cm 碎石 换[41119020]C20 普通混凝土 32.5 级 水泥 4 cm 碎石
411-7	1							现浇预应力混凝土上部结构			
				-d		2		C40 级混凝土	m³	1 040.100	
					4-6-10-1		08	支架现浇箱梁混凝土非泵送	10 m³ 实体	104.010	
					4-9-3-8		08	满堂式轻型钢支架墩台高 6 m 以内	10 m² 立面	150.000	
411-8	1							预制预应力混凝土上部结构			
				-a		5		C50 级混凝土	m³	2 273.740	[41119014]C50 普通混凝土 42.5 级 水泥 2 cm 碎石 换[41119010]C40 普通混凝土 42.5 级 水泥 2 cm 碎石
					4-7-16-1		08	预制等截面箱梁混凝土非泵送	10 m³ 实体	84.738	
					4-7-16-5		08	安装双导梁架连续梁	10 m³ 实体	84.738	
					4-7-13-1		08	预制混凝土非泵送	10 m³ 实体	142.636	
					4-7-13-7		08	起重机安装跨径 20 m 以内	10 m³ 实体	142.636	
					4-11-9-1		08	平面底座	10 m² 底座	200.000	

编制：　　　　　　　　　　　　　　　　　　复核：

分项工程预算表

编制范围：××高速公路
工程名称：清理现场
08-2 表　第 1 页共 21 页

序号	工料机名称	单位	单价/元	工程项目：伐树、挖根、除草、清除表土 / 工作细目：135 kW 以内推土机推除草皮 / 单位：1 000 m² / 工程数量：0.630 / 定额代号：1-1-1-9			工程项目：装载机装土、石方 / 工作细目：装载机斗容量 3 m³ 以内土方 / 单位：1 000 m³ 天然密实方 / 工程数量：0.095 / 定额代号：1-1-10-3			工程项目：自卸汽车运土、石方 / 工作细目：15 t 以内自卸汽车运输第一个 1 km 土方 / 单位：1 000 m³ 天然密实方 / 工程数量：0.095 / 定额代号：1-1-11-21			合计	
				定额	数量	金额/元	定额	数量	金额/元	定额	数量	金额/元	数量	金额/元
1	135 kW 以内履带式推土机	台班	784.82	0.200	0.126	99							0.126	99
2	3.0 m³ 轮胎式装载机	台班	911.05				1.090	0.104	94				0.104	94
3	15 t 以内自卸汽车	台班	687.03							5.570	0.529	364	0.529	364
4	定额基价	元	1.00	237.000	149.000	149	985.000	94.000	94	3 816.000	363.000	363	606.000	605
	直接工程费	元				99			94			364		557
	其他工程费 Ⅰ	元		3.850		4	3.850		4	1.900		7		14
	其他工程费 Ⅱ	元												
	间接费 企业管理费	元		4.260		4	4.260		4	2.370		9		17
	利润及税金	元		7.000 / 0		8	7.000 / 0		7	7.000 / 0		27		41
	建筑安装工程费	元				115			109			406		630

编制：　　　　　复核：

分项工程预算表

编制范围：××高速公路
工程名称：开挖土方
第 2 页 共 21 页
08-2 表

序号	工料机名称	单位	单价/元	定额代号 工程数量	1-1-9-4 1.358 挖掘机挖装土、石方 斗容量1.0 m³以内 挖掘机挖装松土 1000 m³天然密实方			1-1-9-5 4.073 挖掘机挖装土、石方 斗容量1.0 m³以内 挖掘机挖装普通土 1000 m³天然密实方			1-1-9-6 8.145 挖掘机挖装土、石方 斗容量1.0 m³以内 挖掘机挖装硬土 1000 m³天然密实方			合计	
					定额	数量	金额/元	定额	数量	金额/元	定额	数量	金额/元	数量	金额/元
1	人工	工日	49.20		4.000	5.432	267	4.500	18.329	902	5.000	40.725	2 004	64.486	3 173
2	75 kW以内履带式推土机	台班	483.19		0.400	0.543	262	0.460	1.874	905	0.530	4.317	2 086	6.734	3 254
3	1.0 m³履带式单斗挖掘机	台班	550.11		1.850	2.512	1 382	2.150	8.757	4 817	2.460	20.037	11 022	31.306	17 222
4	定额基价	元	1.00		1 970.000	2 675.000	2 675	2 279.000	9 282.000	9 282	2 602.000	21 193.000	21 193	33 150.000	33 151
	直接工程费		元				1 912			6 624			15 112		23 648
	其他工程费 I		元		3.850		74	3.850		255	3.850		582		910
	其他工程费 II		元												
	间接费 规费		元												
	间接费 企业管理费		元		4.260		85	4.260		293	4.260		669		1 046
	利润及税金		元		7.000/0		145	7.000/0		502	7.000/0		1 145		1 792
	建筑安装工程费		元				2 215			7 675			17 508		27 397

编制：　　　　　　　　　　　　　　　　　　　　　　　　　　　复核：

分项工程预算表

编制范围：××高速公路
工程名称：光圆钢筋（Ⅰ级）

第 3 页共 21 页

08-2 表

序号	工程项目 工程细目 定额单 工程数 定额代 工料机名称	单位	单价/元	定额	数量	金额/元	定额	数量	金额/元	数量	金额/元
	工程项目				钢筋						
	工程细目				盖梁钢筋						
	定额单位				1 t						
	工程数量				96.273						
	定额代号				4-6-4-11 改						
1	人工	工日	49.20	9.000	866.457	42 630				866.457	42 630
2	光圆钢筋直径 10～14 mm	t	4 100.00	1.025	98.680	404 587				98.680	404 587
3	电焊条	kg	6.50	4.000	385.092	2 503				385.092	2 503
4	20～22 号铁丝	kg	5.00	3.700	356.210	1 781				356.210	1 781
5	50 kN 以内单筒慢动电动卷扬机	合班	104.31	0.310	29.845	3 113				29.845	3 113
6	32 kV·A 交流电弧焊机	合班	136.83	0.600	57.764	7 904				57.764	7 904
7	小型机具使用费	元	1.00	23.700	2281.670	2 282				2 281.670	2 282
8	定额基价	元	1.00	3 986.000	383 744.000	383 744				383 744.000	383 744
	直接工程费	元				464 800					464 800
	其他工程费	元		4.660		21 660					21 660
	间接费 企业管理费Ⅰ	元									
	规费 Ⅱ	元									
	利润及税金	元		3.480		16 929					16 929
		元		7.000 / 0		35 237					35 237
	建筑安装工程费	元				538 625					538 625

编制： 复核：

分项工程预算表

编制范围：××高速公路
工程名称：带助钢筋（HRB335、HRB400）

工 程 项 目	钢筋
工 程 细 目	盖梁钢筋
定 额 单 位	1 t
工 程 数 量	262.370
定 额 代 号	4-6~4-11 改

第 4 页共 21 页　　　08-2 表

序号	工料机名称	单位	单价/元	定额	数量	金额/元	定额	数量	金额/元	定额	数量	金额/元	合计数量	合计金额/元
1	人工	工日	49.20	9.000	2 361.330	116 177							2 361.330	116 177
2	带助钢筋直径15~24 mm，25 mm 以上	t	4 150.00	1.025	268.929	1 116 056							268.929	1 116 056
3	电焊条	kg	6.50	4.000	1 049.480	6 822							1 049.480	6 822
4	20~22号铁丝	kg	5.00	3.700	970.769	4 854							970.769	4 854
5	50 kN 以内单筒慢动电动卷扬机	台班	104.31	0.310	81.335	8 484							81.335	8 484
6	32 kV·A 交流电弧焊机	台班	136.83	0.600	157.422	21 540							157.422	21 540
7	小型机具使用费	元	1.00	23.700	6 218.169	6 218							6 218.169	6 218
8	定额基价	元	1.00	4 088.000	1 072 569.000	1 072 569							1 072 569.000	1 072 569
	直接工程费	元				1 280 152								1 280 152
	其他工程费	元		4.660		59 655								59 655
	间接费 规费 Ⅰ	元												
	Ⅱ	元												
	企业管理费	元		3.480		46 625								46 625
	利润及税金	元		7.000/0		97 050								97 050
	建筑安装工程费	元				1 483 482								1 483 482

编制：　　　　　　　　　　　　　　　　　　　　　　　　　复核：

分项工程预算表

编制范围：××高速公路
工程名称：桩径 1.2 m

第 5 页共 21 页
08-2 表

序号	工料机名称	单位	单价/元	工程项目 陆地上钻孔 桩径120 cm以内、孔深40 m以内黏土 10 m 285.200 4-4-5-18			工程项目 混凝土 回旋、潜水钻成孔桩径150 cm以内混凝土起重机配吊斗 10 m³ 实体 322.390 4-4-7-14			工程项目 钢护筒 钢护筒埋设于处 1 t 5.000 4-4-8-7			合计	
				定额	数量	金额/元	定额	数量	金额/元	定额	数量	金额/元	数量	金额/元
1	人工	工日	49.20	9.900	2 823.480	138 915	8.500	2 740.315	134 823	9.000	45.000	2214	5 608.795	275 953
2	锯材木中板δ=19～35	m³	1 700.00	0.010	2.852	4 848							2.852	4 848
3	电焊条	kg	6.50	0.200	57.040	371							57.040	371
4	钢护筒	t	5 000.00							0.100	0.500	2500	0.500	2 500
5	铁件	kg	5.00	0.100	28.520	143							28.520	143
6	32.5级水泥	t	330.00				5.128	1 653.216	545 561				1 653.216	545 561
7	水	m³	3.00	26.000	7 415.200	22 246	3.000	967.170	2 902				8 382.370	25 147
8	中（粗）砂	m³	60.00				6.130	1 976.251	118 575				1 976.251	118 575
9	黏土	m³	8.21	4.300	1 226.360	10 068	8.290	1 258.410	10 332				1 258.410	10 332
10	碎石（4 cm）	m³	80.00				1.400	451.346					2 672.613	213 809
11	其他材料费	元	1.00	0.800	228.160	228			451				679.506	680
12	设备摊销费	元	1.00	10.300	2 937.560	2 938	51.600	16 635.324	16 635				19 572.884	19 573
13	1.0 m³履带单斗挖掘机	台班	550.11	0.030	8.556	4 707							8.556	4 707
14	15 t以内载货汽车	台班	622.84	0.080	22.816	14 211							22.816	14 211
15	15 t以内履带式起重机	台班	333.04	0.080	22.816	7 599							22.816	7 599
16	5 t以内汽车式起重机	台班	297.93							0.160	0.800	238	0.800	238
17	12 t以内汽车式起重机	台班	526.35				0.400	128.956	67876				128.956	67 876
18	1 500 mm以内回旋钻机	台班	664.96	1.940	553.288	367 914							553.288	367 914
19	容量100～150 L泥浆搅拌机	台班	58.94	0.380	108.376	6 388							108.376	6 388
20	32 kV·A交流电弧焊机	台班	136.83	0.030	8.556	1 171							8.556	1 171

编制：　　　　　　　　　　　　　　　　　　　　　　　　　　　　　　　　复核：

编制范围：××高速公路
工程名称：桩径1.2 m

分项工程预算表

第 6 页共 21 页　　08-2 表

序号	工程项目	工程细目	定额单位	工程数量	定额代号	工料机名称	单位	单价/元	陆地上钻孔 桩径120 cm以内孔深40 m以内 黏土 10 m 285.200 4-4-5-18			混凝土 回旋、潜水钻成孔桩径150 cm以内混凝土起重机配吊斗 10 m³ 实体 322.390 4-4-7-14			钢护筒 钢护筒埋设干处 1 t 5.000 4-4-8-7			合　计	
									定额	数量	金额/元	定额	数量	金额/元	定额	数量	金额/元	数量	金额/元
21						小型机具使用费	元	1.00											516
22						定额基价	元	1.00	2 833.000	807 972.000	807 972	3 221.000	1 038 418.000	1 038 418	1 037.000	5 185.000	5 185	1 851 575.000	1 851 575
						直接工程费	元				581 746			1 101 149			5 215		1 688 110
						其他工程费	Ⅰ	元	6.065		35 283	6.065		66 785	4.660		243		102 311
							Ⅱ	元											
						间接费	企业管理费	元	6.820		42 081	6.820		79 653	3.480		190		121 924
							规费	元											
						利润及税金		元	7.000/0		46 138	7.000/0		87 331	7.000/0		395		133 864
						建筑安装工程费		元			705 248			1 334 918			6 044		2 046 209

编制：　　　　　　　　　　　　　　　　　　　　　　　　复核：

分项工程预算表

编制范围：××高速公路
工程名称：桩径 1.3 m

第 7 页 共 21 页　　　　　　　　　　　　　　　　　　　　　　　　　　　　08-2 表

序号	工程项目 工程细目	单位	工程数量	定额代号	单价/元	陆地上钻孔 桩径130 cm，孔深40 m以内黏土 10 m 73.600 4-4-5-42 改			混凝土 潜水钻成孔桩径150 cm以内混凝土起重机配吊斗实体 10 m³ 97.641 4-4-7-14			钢护筒 钢护筒埋设干处 1 t 3.000 4-4-8-7			合计	
						定额	数量	金额/元	定额	数量	金额/元	定额	数量	金额/元	数量	金额/元
1	人工	工日			49.20	10.716	788.698	38 804	8.500	829.949	40 833	9.000	27.000	1 328	1 645.646	80 966
2	锯材木中板δ=19～35	m³			1 700.00	0.015	1.104	1 877							1.104	1 877
3	电焊条	kg			6.50	0.282	20.755	135							20.755	135
4	钢护筒	t			5 000.00							0.100	0.300	1 500	0.300	1 500
5	铁件	kg			5.00	0.188	13.837	69							13.837	69
6	32.5级水泥	t			330.00				5.128	500.703	165 232				500.703	165 232
7	水	m³			3.00	38.540	2 836.544	8 510	3.000	292.923	879				3 129.467	9 388
8	中（粗）砂	m³			60.00				6.130	598.539	35 912				598.539	35 912
9	黏土	m³			8.21	6.307	464.195	3 811							483.425	3 969
10	碎石（4 cm）	m³			80.00				8.290	809.444	64 756				809.444	64 756
11	其他材料费	元			1.00	1.222	89.939	90	1.400	136.697	137				226.637	227
12	设备摊销费	元			1.00	12.972	954.739	955	51.600	5 038.275	5 038				5 993.015	5 993
13	1.0 m³履带式单斗挖掘机	台班			550.11	0.028	2.061	1 134							2.061	1 134
14	15 t以内载货汽车	台班			622.84	0.066	4.858	3 026							4.858	3 026
15	15 t以内履带式起重机	台班			333.04	0.066	4.858	1 618							4.858	1 618
16	5 t以内汽车式起重机	台班			297.93							0.160	0.480	143	0.480	143
17	12 t以内汽车式起重机	台班			526.35				0.400	39.056	20 557				39.056	20 557
18	1 500 mm以内回旋钻机	台班			664.96	2.059	151.542	100 770							151.542	100 770
19	容量100～150 L泥浆搅拌机	台班			58.94	0.564	41.510	2 447							41.510	2 447
20	32 kV·A交流电弧焊机	台班			136.83	0.028	2.061	282							2.061	282

编制：　　　　　　　　　　　　　　　　　　　　　　　　　　　　复核：

分项工程预算表

编制范围：××高速公路
工程名称：桩径 1.3 m

第 8 页 共 21 页　　　　　　　　08-2 表

序号	工程项目	工程细目	单位	数量	单价/元	定额代号		陆地上钻孔 桩径130 cm，孔深40 m 以内黏土		混凝土 回旋、潜水钻成孔桩径150 cm 以内混凝土起重机配吊斗		钢护筒 钢护筒埋设干处		合计	
							单位	10 m	10 m³ 实体		1 t				
							数量	73.600	97.641		3.000				
							定额号	4-4-5-42 改	4-4-7-14		4-4-8-7				
							定额	数量	金额/元	定额	数量	金额/元	定额	数量	金额/元	数量	金额/元
21	小型机具使用费		元		1.00				156	1.600	156.226	156				156.226	156
22	定额基价		元		1.00		3 028.000	222 861.000	222 861	3 221.000	314 502.000	314 502	1 037.000	3 111.000	3 111	540 474.000	540 473
	直接工程费		元						163 525			333 501			3 129		500 155
	其他工程费	Ⅰ	元					6.065	9 918		6.065	20 227		4.660	146		30 290
		Ⅱ	元														
	间接费	规费	元														
		企业管理费	元					6.820	11 829		6.820	24 124		3.480	114		36 067
	利润及税金		元					7.000/0	12 969		7.000/0	26 450		7.000/0	237		39 656
	建筑安装工程费		元						198 241			404 301			3 626		606 169

编制：　　　　　　　　　　　　　　　　　　　　　　　复核：

分项工程预算表

编制范围：××高速公路
工程名称：桩径 1.5 m

第 9 页 共 21 页　　　　08-2 表

序号	工程项目 工料机名称	定额工程数量单位代号	单价/元	陆地上钻孔 桩径150 cm以内， 孔深40 m以内黏土 10 m 158.400 4-4-5-42		混凝土 回旋、潜水钻成孔桩径150 cm 以内混凝土起重机配吊斗 10 m³ 实体 279.774 4-4-7-14		钢护筒 钢护筒埋设干处 1 t 4.000 4-4-8-7		合计	
				定额	数量	金额/元	定额	数量	金额/元	定额	数量	金额/元	数量	金额/元
1	人工	工日	49.20	11.400	1 805.760	88 843	8.500	2 378.079	117 001	9.000	36.000	1771	4 219.839	207 616
2	锯材木中板δ=19～35	m³	1 700.00	0.016	2.534	4 308							2.534	4 308
3	电焊条	kg	6.50	0.300	47.520	309							47.520	309
4	钢护筒	t	5 000.00							0.100	0.400	2000	0.400	2 000
5	铁件	kg	5.00	0.200	31.680	158							31.680	158
6	32.5级水泥	t	330.00				5.128	1 434.681	473 445				1 434.681	473 445
7	水	m³	3.00	41.000	6 494.400	19 483	3.000	839.322	2 518				7 333.722	22 001
8	中（粗）砂	m³	60.00				6.130	1 715.015	102 901				1 715.015	102 901
9	黏土	m³	8.21	6.710	1 062.864	8 726							1 088.504	8 937
10	碎石（4 cm）	m³	80.00				8.290	2 319.326	185 546				2 319.326	185 546
11	其他材料费	元	1.00	1.300	205.920	206	1.400	391.684	392				597.604	598
12	设备摊销费	元	1.00	13.800	2 185.920	2 186	51.600	14 436.338	14 436				16 622.258	16 622
13	1.0 m³履带式单斗挖掘机	台班	550.11	0.030	4.752	2 614							4.752	2 614
14	15 t以内载货汽车	台班	622.84	0.070	11.088	6 906							11.088	6 906
15	15 t以内汽车式履带起重机	台班	333.04	0.070	11.088	3 693							11.088	3 693
16	5 t以内汽车式起重机	台班	297.93							0.160	0.640	191	0.640	191
17	12 t以内汽车式起重机	台班	526.35				0.400	111.910	58 904				111.910	58 904
18	1 500 mm以内回旋钻机	台班	664.96	2.190	346.896	230 672							346.896	230 672
19	容量100～150 L泥浆搅拌机	台班	58.94	0.600	95.040	5 602							95.040	5 602
20	32 kV·A交流电弧焊机	台班	136.83	0.030	4.752	650							4.752	650

编制：　　　　　　　　　　　　　　　　复核：

分项工程预算表

编制范围：××高速公路
工程名称：桩径1.5 m

第 10 页 共 21 页　　　　　　08-2 表

序号	工程项目	工程细目	定额单位	工程数量	定额代号	单价/元								
						陆地上钻孔			混凝土			钢护筒		合计
						桩径 150 cm 以内、孔深 40 m 以内黏土			回旋、潜水钻成孔桩径 150 cm 以内混凝土起重机配吊斗			钢护筒埋设干处		
						10 m			10 m³ 实体			1 t		
						158.400			279.774			4.000		
						4-4-5-42			4-4-7-14			4-4-8-7		
						定额	数量	金额/元	定额	数量	金额/元	定额	数量	金额/元	金额/元
21	小型机具使用费		元	1.00		3 221.000	510 206.000	510 206	3 221.000	901 152.000	901 152	1 037.000	4 148.000	4 148	1 415 506
22	定额基价		元	1.00		1.600		448		447.638	448		447.638		448
	直接工程费		元					374 357			955 590			4 172	1 334 120
	其他工程费	Ⅰ	元			6.065		22 705	6.065		57 957	4.660		194	80 856
		Ⅱ	元												
	间接费	企业管理费	元			6.820		27 080	6.820		69 124	3.480		152	96 356
		规费	元												
	利润及税金		元			7.000 / 0		29 690	7.000 / 0		75 787	7.000 / 0		316	105 793
	建筑安装工程费		元					453 831			1 158 458			4 835	1 617 124

编制：　　　　　　　　　　复核：

分项工程预算表

编制范围：××高速公路
工程名称：C30级混凝土

第 11 页共 21 页　　　　　08-2 表

序号	工料机名称	单位	单价/元	圆柱式墩合混凝土非泵送10 m³以内 工程数量：206.209 定额代号：4-6-2-9 柱式墩合混凝土10 m³实体			盖梁混凝土非泵送钢模 工程数量：206.209 定额代号：4-6-4-2 混凝土10 m³实体			合计	
				定额	数量	金额/元	定额	数量	金额/元	数量	金额/元
1	人工	工日	49.20	19.600	4 041.696	198 851	22.600	4 660.323	229 288	8 702.020	428 139
2	原木	m³	1 200.00				0.042	8.661	10 393	8.661	10 393
3	锯材木中板 δ=19~35	m³	1 700.00	0.020	4.124	7 011	0.515	106.198	180 536	110.322	187 547
4	光圆钢筋直径10~14 mm	t	4 100.00	0.001	0.206	845				0.206	845
5	型钢	t	4 500.00	0.080	16.497	74 235	0.044	9.073	40 829	25.570	115 065
6	钢板	t	6 000.00	0.001	0.206	1 237				0.206	1 237
7	钢管	t	4 500.00	0.003	0.619	2 784				0.619	2 784
8	钢丝绳	t	7.00	0.002	0.412	3				0.412	3
9	钢模板	t	5 400.00	0.031	6.392	34 519				6.392	34 519
10	组合钢模支架	t	4 600.00				0.026	5.361	24 663	5.361	24 663
11	门式钢支架	t	4 600.00	0.007	1.443	6 640				1.443	6 640
12	铁件	kg	5.00	25.000	5 155.225	25 776	26.400	5 443.918	27 220	10 599.143	52 996
13	铁钉	kg	4.80				0.300	61.863	297	61.863	297
14	32.5级水泥	t	330.00	3.417	704.616	232 523	3.845	792.874	261 648	1 497.490	494 172
15	水	m³	3.00	12.000	2 474.508	7 424	12.000	2 474.508	7 424	4 949.016	14 847
16	中（粗）砂	m³	60.00	4.900	1 010.424	60 625	4.690	967.120	58 027	1 977.544	118 653
17	碎石（4 cm）	m³	80.00	8.470	1 746.590	139 727	8.470	1 746.590	139 727	3 493.181	279 454
18	其他材料费	元	1.00	15.300	3 154.998	3 155	75.400	15 548.159	15 548	18 703.157	18 703
19	12 t以内汽车式起重机	台班	526.35	0.740	152.595	80 318				152.595	80 318
20	20 t汽车式起重机	台班	660.30				0.920	189.712	125 267	189.712	125 267

编制：　　　　　　　　　　　　　　复核：

编制范围：××高速公路
工程名称：C30级混凝土

分项工程预算表

第 12 页 共 21 页　　　　08-2 表

序号	工程项目	工程细目	定额单位	工程数量	定额代号	单价/元	柱式墩台 圆柱式墩台混凝土非泵送10 m以内 10 m³实体 206.209 4-6-2-9			混凝土 盖梁混凝土非泵送钢模 10 m³实体 206.209 4-6-4-2			合计	
							定额	数量	金额/元	定额	数量	金额/元	数量	金额/元
21	小型机具使用费		元			1.00	6.700	1 381.600	1 382	8.600	1 773.397	1 773	3 154.998	3 155
22	定额基价		元			1.00	4 057.000	836 590.000	836 590	5 313.000	1 095 588.000	1 095 588	1 932 178.000	1 932 178
	直接工程费		元						877 057			1 122 640		1 999 697
	其他工程费	I	元				4.800		42 099	4.800		53 887		95 985
		II	元											
	间接费	规费	元											
		企业管理费	元				5.610		51 565	5.610		66 003		117 568
	利润及税金		元				7.000/0		67 950	7.000/0		86 977		154 928
	建筑安装工程费		元						1 038 671			1 329 507		2 368 178

编制：　　　　　　　　　　　　　　　　　　　　　　　　　　复核：

分项工程预算表

编制范围：××高速公路
工程名称：C25级混凝土

第 13 页 共 21 页　　　　08-2 表

序号	工料机名称	单位	单价/元	工程项目：耳背墙混凝土 工程细目：混凝土 定额单位：10 m³ 实体 工程数量：14.934 定额代号：4-6-4-9 定额	数量	金额/元		定额	数量	金额/元	合计 定额	合计 数量	合计 金额/元
1	人工	工日	49.20	34.000	507.756	24 982						507.756	24 982
2	原木	m³	1 200.00	0.108	1.613	1 935						1.613	1 935
3	型钢	t	4 500.00	0.013	0.194	874						0.194	874
4	组合钢模板	t	4 600.00	0.077	1.150	5 290						1.150	5 290
5	铁件	kg	5.00	38.500	574.959	2 875						574.959	2 875
6	32.5级水泥	t	330.00	3.417	51.029	16 840						51.029	16 840
7	水	m³	3.00	12.000	179.208	538						179.208	538
8	中（粗）砂	m³	60.00	4.900	73.177	4 391						73.177	4 391
9	碎石（4 cm）	m³	80.00	8.470	126.491	10 119						126.491	10 119
10	其他材料费	元	1.00	57.600	860.198	860						860.198	860
11	12 t以内汽车式起重机	台班	526.35	1.070	15.979	8 411						15.979	8 411
12	小型机具使用费	元	1.00	11.800	176.221	176						176.221	176
13	定额基价	元	1.00	5 135.000	76 686.000	76 686						76 686.000	76 686
	直接工程费	元				77 290							77 290
	其他工程费 规费 Ⅰ	元		4.800		3 710							3 710
	其他工程费 规费 Ⅱ	元											
	间接费 企业管理费	元		5.610		4 544							4 544
	利润及税金	元		7.000/0		5 988							5 988
	建筑安装工程费	元				91 532							91 532

编制：　　　　　　　　　　　　　　　　　　　复核：

分项工程预算表

编制范围：××高速公路
工程名称：C20级混凝土

第 14 页共 21 页　　08-2 表

序号	工料机名称	工程项目 单位	单价/元	工程细目 助形埋置式桥台 定额	数量 10 m³实体	金额/元 148.678	定额	合计 数量	金额/元
					4-6-2-25 改				
1	人工	工日	49.20	22.300	3 315.519	163 124		3 315.519	163 124
2	原木	m³	1 200.00	0.073	10.853	13 024		10.853	13 024
3	锯材木中板δ=19~35	m³	1 700.00	0.094	13.976	23 759		13.976	23 759
4	型钢	t	4 500.00	0.013	1.933	8 698		1.933	8 698
5	钢管	t	4 500.00	0.027	4.014	18 064		4.014	18 064
6	组合钢模板	t	4 600.00	0.033	4.906	22 569		4.906	22 569
7	铁件	kg	5.00	19.400	2 884.353	14 422		2 884.353	14 422
8	铁钉	kg	4.80	0.500	74.339	357		74.339	357
9	8~12号铁丝	kg	5.00	0.600	89.207	446		89.207	446
10	32.5级水泥	t	330.00	3.040	451.981	149 154		451.981	149 154
11	水	m³	3.00	12.000	1 784.136	5 352		1 784.136	5 352
12	中（粗）砂	m³	60.00	5.002	743.687	44 621		743.687	44 621
13	碎 石（4 cm）	m³	80.00	8.572	1 274.468	101 957		1 274.468	101 957
14	其他材料费	元	1.00	54.900	8 162.422	8 162		8 162.422	8 162
15	12 t以内汽车式起重机	台班	526.35	0.290	43.117	22 694		43.117	22 694
16	小型机具使用费	元	1.00	8.500	1 263.763	1 264		1 263.763	1 264
17	定额基价	元	1.00	3 805.000	565 720.000	565 720		565 720.000	565 720

编制：　　　　　　　　　　　　　　　　　　　　　　　　　　　复核：

分项工程预算表

编制范围：××高速公路
工程名称：C20级混凝土

第 15 页 共 21 页
08-2 表

序号	工程项目	工程细目	定额单位	工程数量	定额代号	工料机名称	单位	单价/元	定额数量	定额金额/元	数量	金额/元	定额	数量	金额/元	合计数量	合计金额/元
	框架、肋形埋置式桥台	肋形埋置式桥台 高8m以内混凝土	10 m³实体	148.678	4-6-2-25 改												
						直接工程费	元			597 668							597 668
						其他工程费 Ⅰ	元		4.800	28 688							28 688
						Ⅱ	元										
						间接费 规费	元										
						企业管理费	元		5.610	35 139							35 139
						利润及税金	元		7.000/0	46 305							46 305
						建筑安装工程费	元			707 799							707 799

编制：　　　　　　　　　　　　　　　　　　　　　　　　　　复核：

分项工程预算表

编制范围：××高速公路
工程名称：C40级混凝土

第 16 页 共 21 页　　　08-2 表

序号	工程项目 工料机名称	工程细目	单位	单价/元	现浇预应力箱梁上部构造 支架现浇箱梁混凝土非泵送 10 m³ 实体 104.010 4-6-10-1 改			钢支架 满堂式轻型钢支架搭合高6m以内 10 m²立面积 150.000 4-9-3-8			合计	
		定额编号			定额	数量	金额/元	定额	数量	金额/元	数量	金额/元
1	人工		工日	49.20	26.500	2 756.265	135 608	7.200	1 080.000	53 136	3 836.265	188 744
2	锯材木中板δ=19~35		m³	1 700.00	0.045	4.680	7 957	0.043	6.450	10 965	11.130	18 922
3	型钢		t	4 500.00	0.021	2.184	9 829	0.014	2.100	9 450	4.284	19 279
4	钢管		t	4 500.00	0.002	0.208	936	0.004	0.600	2 700	0.808	3 636
5	组合钢模板		t	4 600.00	0.037	3.848	17 703				3.848	17 703
6	门式钢支架		t	4 600.00	0.005	0.520	2 392	0.020	3.000	13 800	3.520	16 192
7	铁件		kg	12.600				1.600	240.000	1200	1 550.526	7 753
8	42.5级水泥		t	350.00	4.519	470.021	164 507				470.021	164 507
9	水		m³	3.00	15.000	1 560.150	4 680				1 560.150	4 680
10	中（粗）砂		m³	60.00	4.592	477.614	28 657				477.614	28 657
11	碎石（2 cm）		m³	80.00	8.058	838.113	67 049				838.113	67 049
12	其他材料费		元	1.00	10.100	1 050.501	1 051				1 050.501	1 051
13	12 t 以内汽车式起重机		台班	526.35				0.160	24.000	12 632	24.000	12 632
14	20 t 汽车式起重机		台班	660.30	1.060	110.251	72 798				110.251	72 798
15	100 mm以内电动多级离心清水泵 DA1-100-6		台班	282.98	0.300	31.203	8 830				31.203	8 830
16	小型机具使用费		元	1.00	11.900	1 237.719	1 238				1 237.719	1 238
17	定额基价		元	1.00	5 245.000	545 532.000	545 532	706.000	105 900.000	105 900	651 432.000	651 432

编制：　　　　　　　　复核：

分项工程预算表

编制范围：××高速公路
工程名称：C40级混凝土

第 17 页 共 21 页
08-2 表

序号	工程项目	工程细目	定额单位	工程数量	定额代号	单价/元	工料机名称		现浇预应力箱梁上部构造			支架现浇箱梁混凝土非泵送			钢支架			满堂式轻型钢支架墩合高 6 m 以内			合计	
												10 m³ 实体						10 m² 立面积				
												104.010						150.000				
												4-6-10-1 改						4-9-3-8				
									定额	数量	金额/元	定额	数量	金额/元	定额	数量	金额/元	定额	数量	金额/元		金额/元
直接工程费								元			529 788						103 883					633 671
其他工程费								元	4.800		25 430			4.800			4 986					30 416
间接费	规费							元														
	企业管理费	Ⅰ						元	5.610		31 148			5.610			6 108					37 255
		Ⅱ						元	7.000/0		41 046			7.000/0			8 048					49 094
利润及税金								元														
建筑安装工程费								元			627 411						123 026					750 437

编制：　　　　　　　　　　　　　　　　　　　　　　　　　复核：

分项工程预算表

编制范围：××高速公路
工程名称：C50级混凝土

第 18 页 共 21 页
08-2 表

序号	工程项目 工程细目	单位	数量 代号	工料机名称	单位	单价/元	预制等截面箱梁 预制、安装预应力箱梁 混凝土非泵送 10 m³ 实体 84.738 4-7-16-1		预制、安装双导梁连续梁 预制、安装预应力箱梁 10 m³ 实体 84.738 4-7-16-5		预制、安装预应力空心板 预制混凝土非泵送 10 m³ 实体 142.636 4-7-13-1		起重机安装跨径20 m以内 预制、安装预应力空心板 10 m³ 实体 142.636 4-7-13-7	
							定额	数量	金额/元	定额	数量	金额/元	定额	数量	金额/元	定额	数量	金额/元
1				人工	工日	49.20	30.700	2 601.457	127 992	7.400	627.061	30 851	23.000	3 280.628	161 407	3.800	542.017	26 667
2				原木	m³	1 200.00				0.002	0.169	288	0.042	5.991	7 189			
3				锯材木中板 δ=19~35	m³	1 700.00	0.026	2.203	3 745	0.005	0.424	1 907	0.062	8.843	15 034			
4				型钢	t	4 500.00	0.025	2.118	9 533	0.016	1.356	8 135	0.002	0.285	1 284			
5				钢板	t	6 000.00	0.003	0.254	1 144				0.022	3.138	18 828			
6				钢管	t	4 500.00												
7				电焊条	kg	6.50				5.200	440.638	2 864						
8				组合钢模板	t	4 600.00	0.038	3.220	14 812				0.009	1.284	5 905			
9				门式钢支架	t	4 600.00	0.009	0.763	3 508									
10				铁件	kg	5.00	13.000	1 101.594	5 508				8.600	1 226.670	6 133			
11				铁钉	kg	4.80							0.600	85.582	411			
12				32.5级水泥	t	330.00	5.292	448.433	156 952				0.032	4.564	1 506			
13				42.5级水泥	t	350.00	16.000	1 355.808	4 067				4.474	638.153	223 354			
14				水	m³	3.00							16.000	2 282.176	6 847			
15				中（粗）砂	m³	60.00	4.440	376.237	22 574				4.590	654.699	39 282			
16				碎石（2 cm）	m³	80.00	7.580	642.314	51 385				8.060	1 149.646	91 972			

编制：　　　　　　　　复核：

分项工程预算表

编制范围：××高速公路
工程名称：C50级混凝土

第 19 页 共 21 页　　　　　　08-2表

序号	工程项目 工程细目 定额工程数量 定额代号 工料机名称	单位	单价/元	预制等截面箱梁箱梁混凝土非泵送 10 m³实体 84.738 4-7-16-1		预制、安装预应力箱梁 安装双号梁连续梁 10 m³实体 84.738 4-7-16-5		预制、安装预应力空心板 预制混凝土非泵送 10 m³实体 142.636 4-7-13-1		预制、安装预应力空心板 起重机安装跨径20 m 以内 10 m³实体 142.636 4-7-13-7	
				定额	数量	定额	数量	定额	数量	定额	数量
					金额/元		金额/元		金额/元		金额/元
17	其他材料费	元	1.00	23.400	1 982.869	2.900	245.740	51.800	7 388.545	0.200	28.527
					1 983		246		7 389		29
18	30 t 汽车式起重机	台班	736.62							0.540	77.023
											56 737
19	30 kN 以内单筒慢动电动卷扬机	台班	86.78	1.520	128.802	0.420	35.590	0.450	64.186		
					11 177		3 088		5 570		
20	50 kN 以内单筒慢动电动卷扬机	台班	104.31	4.560	386.405	0.660	55.927	1.340	191.132		
					40 306		5 834		19 937		
21	32 kV·A 交流电弧焊机	台班	136.83			0.330	27.964			0.100	14.264
							3 826				14
22	小型机具使用费	元	1.00	10.800	915.170	6.700	567.745	8.500	1 212.406	937.000	133 650.000
					915		568		1 212		133 650
23	定额基价	元	1.00	5 138.000	435 384.000	628.000	53 215.000	3 997.000	570 116.000		
					435 384		53 215		570 116		
	直接工程费	元									
					455 602		57 607		613 259		83 447
	其他工程费 Ⅰ	元		4.800		4.800		4.800		4.800	
					21 869		2 765		29 436		4 005
	其他工程费 Ⅱ	元									
	间接费 企业管理费	元		5.610		5.610		5.610		5.610	
					26 786		3 387		36 055		4 906
	利润及税金	元		7.000/0		7.000/0		7.000/0		7.000/0	
					35 298		4 463		47 513		6 465
	建筑安装工程费	元									
					539 555		68 222		726 263		98 824

编制：　　　　　　　　　　　　　　　　　　　　　　　　复核：

分项工程预算表

编制范围：××高速公路
工程名称：C50级混凝土

第 20 页 共 21 页　　　　　　08-2 表

序号	工料机名称	单位	单价/元	工程定额代号 4-11-9-1 定额	工程数量 200.000 数量	10 m² 底座面积 金额/元	工程细目 平面底座 定额	工程项目 大型预制构件底座 数量	金额/元	合计 数量	合计 金额/元
				16.600	3 320.000	163 344				10 371.163	510 261
1	人工	工日	49.20								
2	原木	m³	1 200.00							5.991	7 189
3	锯材木中板δ=19～35	m³	1 700.00							11.216	19 067
4	光圆钢筋直径 10～14 mm	t	4 100.00	0.048	9.600	39 360				9.600	39 360
5	型钢	t	4 500.00	0.048	9.600	43 200				12.427	55 923
6	钢板	t	6 000.00	0.019	3.800	22 800				8.294	49 763
7	钢管	t	4 500.00							0.254	1 144
8	电焊条	kg	6.50	0.700	140.000	910				580.638	3 774
9	组合钢模板	t	4 600.00	0.001	0.200	920				4.704	21 637
10	门式钢支架	t	4 600.00							0.763	3 508
11	铁件	kg	5.00	6.800	1 360.000	6 800				3 688.264	18 441
12	铁钉	kg	4.80							85.582	411
13	32.5级水泥	t	330.00	0.836	167.200	55 176				171.764	56 682
14	42.5级水泥	t	350.00							1 086.587	380 305
15	水	m³	3.00	4.000	800.000	2 400				4 437.984	13 314
16	中（粗）砂	m³	60.00	2.700	540.000	32 400				1 570.936	94 256
17	片石	m³	50.00	4.500	900.000	45 000				900.000	45 000
18	碎石（2 cm）	m³	80.00	1.760	352.000	28 160				1 791.960	143 357
19	碎石（8 cm）	m³	80.00	1.100	220.000	28 160				352.000	28 160
20	其他材料费	元	1.00			220				9 865.681	9 866

编制：　　　　　　复核：

分项工程预算表

编制范围：××高速公路
工程名称：C50级混凝土

第 21 页共 21 页
08-2 表

序号	工程项目 工料机名称	工程细目 定额单位 工程数量 定额代号	单位	单价/元	定额	数量	金额/元	定额	数量	金额/元	数量	金额/元
		大型预制构件底座										
		平面底座										
		$10\ m^2$底座面积										
		200.000										
		4-11-9-1										
21	250 L 以内强制式混凝土搅拌机		台班	101.94	0.080	16.000	1 631				16.000	1 631
22	30 t 汽车式起重机		台班	736.62	0.010	2.000	174				77.023	56 737
23	30 kN 以内单筒慢动电动卷扬机		台班	86.78	0.040	8.000	834				230.578	20 010
24	50 kN 以内单筒慢动电动卷扬机		台班	104.31	0.120	24.000	3 284				641.465	66 911
25	32 kV·A 交流电弧焊机		台班	136.83	1.600	320.000	320				51.964	7 110
26	小型机具使用费		元	1.00							3 029.585	3 030
27	定额基价		元	1.00	1 975.000	395 000.000	395 000				1 587 365.000	1 587 365
	直接工程费		元				446 933					1 656 848
	其他工程费 Ⅰ		元		4.800		21 453					79 529
	其他工程费 Ⅱ		元									
	间接费 规费		元									
	企业管理费		元		5.610		26 276					97 411
	利润及税金		元		7.000/0		34 626					128 365
	建筑安装工程费		元				529 289					1 962 153

编制：   复核：

机械台班单价计算表

建设项目名称：××高速公路 2 合同
编制范围：××高速公路

第 1 页 共 2 页
表 11

序号	定额号	机械规格名称	台班单价/元	不变费用/元		可变费用/元													养路费及车船税	合计
				调整系数 0.0		机械工 49.2 元/工日		重油 0.0 元/kg		汽油 7.5 元/kg		柴油 7.0 元/kg		煤 0.0 元/t		电 1.0 元/kW·h		水 3.0 元/m³	木柴 0.0 元/kg		
				定额	调整值	定额	费用	定额	费用	定额	费用	定额	费用	定额	费用	定额	费用	定额 费用	定额 费用		
1	1003	75 kW 以内履带式推土机	483.19			2.000	98.40					54.970	384.79								483.19
2	1006	135 kW 以内履带式推土机	784.82			2.000	98.40					98.060	686.42								784.82
3	1035	1.0 m³ 履带式单斗挖掘机	550.11			2.000	98.40					64.530	451.71								550.11
4	1051	3.0 m³ 轮胎式装载机	911.05			2.000	98.40					115.150	806.05							6.60	911.05
5	1272	250 L 以内强制式混凝土搅拌机	101.94			1.000	49.20									52.740	52.74				101.94
6	1378	15 t 以内载货汽车	622.84			1.000	49.20					61.720	432.04							141.60	622.84
7	1388	15 t 以内自卸汽车	687.03			1.000	49.20					67.890	475.23							162.60	687.03
8	1432	15 t 以内履带式起重机	333.04			2.000	98.40					33.520	234.64								333.04
9	1449	5 t 以汽车式起重机	297.93			1.000	49.20			25.710	192.83									55.90	297.93
10	1451	12 t 以内汽车式起重机	526.35			2.000	98.40					44.950	314.65							113.30	526.35
11	1453	20 t 汽车式起重机	660.30			2.000	98.40					56.000	392.00							169.90	660.30
12	1455	30 t 汽车式起重机	736.62			2.000	98.40					62.860	440.02							198.20	736.62
13	1499	30 kN 以内单筒慢动电动卷扬机	86.78			1.000	49.20									37.580	37.58				86.78
14	1500	50 kN 以内单筒慢动电动卷扬机	104.31			1.000	49.20									55.110	55.11				104.31

机械台班单价计算表

建设项目名称：××高速公路 2 合同
编制范围：××高速公路

第 2 页 共 2 页
11 表

序号	定额号	机械规格名称	台班单价/元	不变费用/元 调整系数 0.0 定额 调整值	可变费用/元 机械工 49.2元/工日 定额	费用	重油 0.0元/kg 定额	费用	汽油 7.5元/kg 定额	费用	柴油 7.0元/kg 定额	费用	煤 0.0元/t 定额	费用	电 1.0元/kW·h 定额	费用	水 3.0元/m³ 定额	费用	木柴 0.0元/kg 定额	费用	养路费及车船税	合计
15	1600	1500 mm以内回旋钻机	664.96		2.000	98.40									566.560	566.56						664.96
16	1624	容量100~150 L泥浆搅拌机	58.94		1.000	49.20									9.740	9.74						58.94
17	1663	100 mm以内电动多级离心清水泵 DA1-100-6	282.98		1.000	49.20									233.780	233.78						282.98
18	1726	32 kV·A交流电弧焊机	136.83		1.000	49.20									87.630	87.63						136.83

工程量清单汇总表

合同段：××高速公路 标表 1

序号	科目名称	金额/元
1	第 100 章　总则	397 000
2	第 200 章　路基	28 054
3	第 400 章　桥梁、涵洞	12 170 132
4	第 100 章至第 700 章合计	12 595 186
5	已包含在清单合计中的专项暂定金额小计	90 000
6	清单合计减去专项暂定金额	12 505 186
7	计日工合计	
8	不可预见费（暂定金额）	10 000 000
9	投标价	22 595 186

工程量清单表

合同段：××高速公路 标表 2

第 100 章 总则					
细目号	细目名称	单位	数量	单价	合价
101-1	税金	总额	1.000		
101-2	保险费				
-a	按合同条款规定，提供建筑工程一切险	总额	1.000		
-b	按合同条款规定，提供第三方责任险	总额	1.000		
102-1	竣工文件	总额	3.000	30 000.00	90 000
102-3	施工安全专项费	总额	1.000		
103-1	临时道路修建、养护与拆除（包括原道路的养护费）	总额	1.000	50 000.00	50 000
103-3	临时供电设施				
-a	设施架设、拆除	总额	1.000	5 000.00	5 000
-b	设施维修	月	22.000	1 000.00	22 000
103-4	电讯设施的提供、维护和拆除	总额	1.000	10 000.00	10 000
103-5	供水和排污设施	总额	1.000	20 000.00	20 000
104-1	承包人驻地建设	总额	1.000	200 000.00	200 000
第 100 章 合计 人民币 397 000 元					

清单 第 1 页共 3 页

工程量清单表

合同段：××高速公路 标表 2

细目号	细目名称	单位	数量	单价	合价
202-1	清理与掘除				
-a	清理现场	m^2	630.000	1.00	630
203-1	路基挖方				
-a	开挖土方	m^3	13 576.000	2.02	27 424
	第 200 章 合计人民币 28 054 元				

清单　第 2 页共 3 页

工程量清单表

合同段：××高速公路 标表 2

第 400 章 桥梁、涵洞					
细目号	细目名称	单位	数量	单价	合价
403-2	下部结构钢筋				
-a	光圆钢筋（Ⅰ级）	kg	96 272.540	5.59	538 163
-b	带肋钢筋（HRB335、HRB400）	kg	262 369.620	5.65	1 482 388
405-1	钻孔灌注桩				
-b	桩径 1.2 m	m	2 852.000	717.46	2 046 196
-c	桩径 1.3 m	m	736.000	823.60	606 170
-e	桩径 1.5 m	m	1 584.000	1 020.91	1 617 121
410-2	混凝土下部结构				
-c	C30 级混凝土	m^3	4 124.180	574.22	2 368 187
-d	C25 级混凝土	m^3	149.340	612.91	91 532
-e	C20 级混凝土	m^3	1 486.780	476.06	707 796
411-7	现浇预应力混凝土上部结构				
-d	C40 级混凝土	m^3	1 040.100	721.50	750 432
411-8	预制预应力混凝土上部结构				
-a	C50 级混凝土	m^3	2 273.740	862.96	1 962 147
	第 400 章　合计人民币　12 170 132 元				

清单　第 3 页共 3 页

附录一 全国冬季施工气温区划分表

省、自治区、直辖市	地区、市、自治州、盟（县）	气温区	
北　京	全境	冬二	I
天　津	全境	冬二	I
河　北	石家庄、邢台、邯郸、衡水市（冀州市、枣强县、故城县）	冬一	II
	廊坊、保定（涞源县及以北除外）、衡水（冀州市、枣强县、故城县除外）、沧州市	冬二	I
	唐山、秦皇岛市	冬二	II
	承德（围场县除外）、张家口（沽源县、张北县、尚义县、康保县除外）、保定市（涞源县及以北）	冬三	
	承德（围场县）、张家口市（沽源县、张北县、尚义县、康保县）	冬四	
山　西	运城市（万荣县、夏县、绛县、新绛县、稷山县、闻喜县除外）	冬一	II
	运城（万荣县、夏县、绛县、新绛县、闻喜县）、临汾（尧都区、侯马市、曲沃县、翼城县、襄汾县、洪洞县）、阳泉（孟县除外）、长治（黎城县）、晋城市（城区、泽州县、沁水县、阳城县）	冬二	I
	太原（娄烦县除外，）阳泉（孟县）、长治（黎城县除外）、晋城（城区、泽州县、沁水县、阳城县除外）、晋中（寿阳县、和顺县、左权县除外）、临汾（尧都区、侯马市、曲沃县、翼城县、襄汾县、洪洞县除外）、吕梁市（孝义市、汾阳市、文水县、交城县、柳林县、石楼县、交口县、中阳县）	冬二	II
	太原（娄烦县）、大同（左云县除外）、朔州（右玉县除外）、晋中（寿阳县、和顺县、左权县）、忻州、吕梁市（离石区、临县、岚县、方山县、兴县）	冬三	
	大同（左云县）、朔州市（右玉县）	冬四	
内蒙古	乌海市、阿拉善盟（阿拉善左旗、阿拉善右旗）	冬二	I
	呼和浩特（武川县除外）、包头（固阳县除外）、赤峰、鄂尔多斯、巴彦淖尔、乌兰察布市（察哈尔右翼中旗除外）、阿拉善盟（额济纳旗）	冬三	
	呼和浩特（武川县）、包头（固阳县）、通辽、乌兰察布市（察哈尔右翼中旗），锡林郭勒（苏尼特右旗、多伦县）、兴安盟（阿尔山市除外）	冬四	

附录一 全国冬季施工气温区划分表

续　表

省、自治区、直辖市	地区、市、自治州、盟（县）	气温区	
内蒙古	呼伦贝尔市（海拉尔区、新巴尔虎右旗、阿荣旗），兴安（阿尔山市）、锡林郭勒盟（冬四区以外各地）	冬五	
	呼伦贝尔市（冬五区以外各地）	冬六	
辽宁	大连（瓦房店市、普兰店市、庄河市除外）、葫芦岛市（绥中县）	冬二	Ⅰ
	沈阳（康平县、法库县除外）、大连（瓦房店市、普兰店市、庄河市）、鞍山、本溪（桓仁县除外）、丹东、锦州、阜新、营口、辽阳、朝阳（建平县除外）、葫芦岛（绥中县除外）、盘锦市	冬三	
	沈阳（康平县、法库县）、抚顺、本溪（桓仁县）、朝阳（建平县）、铁岭市	冬四	
吉林	长春（榆树市除外）、四平、通化（辉南县除外）、辽源、白山（靖宇县、抚松县、长白县除外）、松原（长岭县）、白城市（通榆县除外）、延边自治州（敦化市、汪清县、安图县除外）	冬四	
	长春（榆树市）、吉林、通化（辉南县）、白山（靖宇县、抚松县、长白县）、白城（通榆县除外）、松原市（长岭县除外），延边自治州（敦化市、汪清县、安图县）	冬五	
黑龙江	牡丹江市（绥芬河市、东宁县）	冬四	
	哈尔滨（依兰县除外）、齐齐哈尔（讷河市、依安县、富裕县、克山县、克东县、拜泉县除外）、绥化（安达市、肇东市、兰西县）、牡丹江（绥芬河市、东宁县除外）、双鸭山（宝清县）、佳木斯（桦南县）、鸡西、七台河、大庆市	冬五	
	哈尔滨（依兰县）、佳木斯（桦南县除外）、双鸭山（宝清县除外）、绥化（安达市、肇东市、兰西县除外）、齐齐哈尔（讷河市、依安县、富裕县、克山县、克东县、拜泉县）、黑河、鹤岗、伊春市、大兴安岭地区	冬六	
上海	全境	准二	
江苏	徐州、连云港市	冬一	Ⅰ
	南京、无锡、常州、淮安、盐城、宿迁、扬州、泰州、南通、镇江、苏州市	准二	
浙江	杭州、嘉兴、绍兴、宁波、湖州、衢州、舟山、金华、温州、台州、丽水市	准二	
安徽	亳州市	冬一	Ⅰ
	阜阳、蚌埠、淮南、滁州、合肥、六安、马鞍山、巢湖、芜湖、铜陵、池州、宣城、黄山市	准一	
	淮北、宿州市	准二	
福建	宁德（寿宁县、周宁县、屏南县）、三明市	准一	

续 表

省、自治区、直辖市	地区、市、自治州、盟（县）	气温区	
江 西	南昌、萍乡、景德镇、九江、新余、上饶、抚州、宜春市	准一	
山 东	全境	冬一	Ⅰ
河 南	安阳、商丘、周口（西华县、淮阳县、鹿邑县、扶沟县、太康县）、新乡、三门峡、洛阳、郑州、开封、鹤壁、焦作、济源、濮阳、许昌市	冬一	Ⅰ
	驻马店、信阳、南阳、周口（西华县、淮阳县、鹿邑县、扶沟县、太康县除外）、平顶山、漯河市	准二	
湖 北	武汉、黄石、荆州、荆门、鄂州、宜昌、咸宁、黄岗、天门、潜江、仙桃市、恩施自治州	准一	
	孝感、十堰、襄樊、随州市、神农架林区	准二	
湖 南	全境	准一	
四 川	阿坝（黑水县）、甘孜自治州（新龙县、道浮县、泸定县）	冬一	Ⅱ
	甘孜自治州（甘孜县、康定县、白玉县、炉霍县）	冬二	Ⅰ
	阿坝（壤塘县、红原县、松潘县）、甘孜自治州（德格县）		Ⅱ
	阿坝（阿坝县、若尔盖县、九寨沟县）、甘孜自治州（石渠县、色达县）	冬三	
	广元市（青川县），阿坝（汶川县、小金县、茂县、理县）、甘孜（巴塘县、雅江县、得荣县、九龙县、理塘县、乡城县、稻城县）、凉山自治州（盐源县、木里县）	准一	
	阿坝（马尔康县、金川县）、甘孜自治州（丹巴县）	准二	
贵 州	贵阳、遵义（赤水市除外）、安顺市、黔东南、黔南、黔西南自治州	准一	
	六盘水市、毕节地区	准二	
云 南	迪庆自治州（德钦县、香格里拉县）	冬一	Ⅱ
	曲靖（宣威市、会泽县）、丽江（玉龙县、宁蒗县）、昭通市（昭阳区、大关县、威信县、彝良县、镇雄县、鲁甸县），迪庆（维西县）、怒江（兰坪县）、大理自治州（剑川县）	准一	
西 藏	拉萨市（当雄县除外）、日喀则（拉孜县）、山南（浪卡子县、错那县、隆子县除外）、昌都（芒康县、左贡县、类乌齐县、丁青县、洛隆县除外）、林芝地区	冬一	Ⅰ
	山南（隆子县）、日喀则地区（定日县、聂拉木县、亚东县、拉孜县除外）		Ⅱ
	昌都地区（洛隆县）	冬二	Ⅰ
	昌都（芒康县、左贡县、类乌齐县、丁青县）、山南（浪卡子县）、日喀则（定日县、聂拉木县）、阿里地区（普兰县）		Ⅱ
	拉萨市（当雄县），那曲（安多县除外）、山南（错那县）、日喀则（亚东县）、阿里地区（普兰县除外）	冬三	
	那曲地区（安多县）	冬四	

续 表

省、自治区、直辖市	地区、市、自治州、盟（县）	气温区	
陕 西	西安、宝鸡、渭南、咸阳（彬县、旬邑县、长武县除外）、汉中（留坝县、佛坪县）、铜川市（耀州区）	冬一	Ⅰ
	铜川（印台区、王益区）、咸阳市（彬县、旬邑县、长武县）		Ⅱ
	延安（吴起县除外）、榆林（清涧县）、铜川市（宜君县）	冬二	Ⅱ
	延安（吴起县）、榆林市（清涧县除外）	冬三	
	商洛、安康、汉中市（留坝县、佛坪县除外）	准二	
甘 肃	陇南市（两当县、徽县）	冬一	Ⅱ
	兰州、天水、白银（会宁县、靖远县）、定西、平凉、庆阳、陇南市（西和县、礼县、宕昌县），临夏、甘南自治州（舟曲县）	冬二	Ⅱ
	嘉峪关、金昌、白银（白银区、平川区、景泰县）、酒泉、张掖、武威市、甘南自治州（舟曲县除外）	冬三	
	陇南市（武都区、文县）	准一	
	陇南市（成县、康县）	准二	
青 海	海东地区（民和县）	冬二	Ⅱ
	西宁市，海东地区（民和县除外），黄南（泽库县除外）、海南、果洛（班玛县、达日县、久治县）、玉树（囊谦县、杂多县、称多县、玉树县）、海西自治州（德令哈市、格尔木市、都兰县、乌兰县）	冬三	
	海北（野牛沟、托勒除外）、黄南（泽康县）、果洛（玛沁县、甘德县、玛多县）、玉树（曲麻莱县、治多县）、海西自治州（冷湖、茫崖、大柴旦、天峻县）	冬四	
	海北（野牛沟、托勒）、玉树（清水河）、海西自治州（唐古拉山区）	冬五	
宁 夏	全境	冬二	Ⅱ
新 疆	阿拉尔市，喀什（喀什市、伽师县、巴楚县、英吉沙县、麦盖提县、莎车县、叶城县、泽普县）、哈密（哈密市泌城镇）、阿克苏（沙雅县、阿瓦提县）、和田地区，伊犁（伊宁市、新源县、霍城县霍尔果斯镇）、巴音郭楞（库尔勒市、若羌县、且末县、尉犁县铁干里可）、克孜勒苏自治州（阿图什市、阿克陶县）	冬二	Ⅰ
	喀什地区（岳普湖县）		Ⅱ
	乌鲁木齐市（牧业气象试验站、达板城区、乌鲁木齐县小渠子乡），塔城（乌苏市、沙湾县、额敏县除外）、阿克苏（沙雅县、阿瓦提县除外）、哈密（哈密市十三间房、哈密市红柳河、伊吾县淖毛湖）、喀什（塔什库尔干县）、吐鲁番地区，克孜勒苏（乌恰县、阿合奇县）、巴音郭楞（和静县、焉耆县、和硕县、轮台县、尉犁县、且末县塔中）、伊犁自治州（伊宁市、霍城县、察布查尔县、尼勒克县、巩留县、昭苏县、特克斯县）	冬三	

续 表

省、自治区、直辖市	地区、市、自治州、盟（县）	气温区
新 疆	乌鲁木齐市（冬三区以外各地），塔城（额敏县、乌苏县）、阿勒泰（阿勒泰市、哈巴河县、吉木乃县）、哈密地区（巴里坤县），昌吉（昌吉市、米泉市、木垒县、奇台县北塔山镇、阜康市天池）、博尔塔拉（温泉县、精河县、阿拉山口口岸）、克孜勒苏自治州（乌恰县吐尔尕特口岸）	冬四
	克拉玛依、石河子市，塔城（沙湾县）、阿勒泰地区（布尔津县、福海县、富蕴县、青河县），博尔塔拉（博乐市）、昌吉（阜康市、玛纳斯县、呼图壁县、吉木萨尔县、奇台县、米泉市蔡家湖）、巴音郭楞自治州（和静县巴音布鲁克乡）	冬五

注：① 表中行政区划以 2006 年地图出版社出版的《中华人民共和国行政区划简册》为准。为避免繁冗，各民族自治州名称予以简化，如青海省的"海西蒙古族藏族自治州"简化为"海西自治州"。
② 我国香港特别行政区、澳门特别行政区及台湾地区相关资料暂缺。

附录二　全国雨季施工雨量区及雨季期划分表

省、自治区、直辖市	地区、市、自治州、盟（县）	雨量区	雨季期/月数
北　京	全境	Ⅱ	2
天　津	全境	Ⅰ	2
河　北	张家口、承德市（围场县）	Ⅰ	1.5
	承德（围场县除外）、保定、沧州、石家庄、廊坊、邢台、衡水、邯郸、唐山、秦皇岛市	Ⅱ	2
山　西	全境	Ⅰ	1.5
内蒙古	呼和浩特、通辽、呼伦贝尔、（海拉尔区、满洲里市、陈巴尔虎旗、鄂温克旗）、鄂尔多斯（东胜区、准格尔旗、伊金霍洛旗、达拉特旗、乌审旗）、赤峰、包头、乌兰察布市（集宁区、化德县、商都县、兴和县、四子王旗、察哈尔右翼中旗、察哈尔右翼后旗、卓资县及以南）、锡林郭勒盟（锡林浩特市、多伦县、太仆寺旗、西乌珠穆沁旗、正蓝旗、正镶白旗）	Ⅰ	1
	呼伦贝尔市（牙克石市、额尔古纳市、鄂伦春旗、扎兰屯市及以东）、兴安盟		2
辽　宁	大连（长海县、瓦房店市、普兰店市、庄河市除外）、朝阳市（建平县）		2
	沈阳（康平县）、大连（长海县）、锦州（北宁市除外）、营口（盖州市）、朝阳市（凌原市、建平县除外）		2.5
	沈阳（康平县、辽中县除外）、大连（瓦房店市）、鞍山（海城市、台安县、岫岩县除外）、锦州（北宁市）、阜新、朝阳（凌源市）、盘锦、葫芦岛（建昌县）、铁岭市	Ⅰ	3
	抚顺（新宾县）、辽阳市		3.5
	沈阳（辽中县）、鞍山（海城市、台安县）、营口（盖州市除外）、葫芦岛市（兴城市）		2.5
	大连（普兰店市）、葫芦岛市（兴城市、建昌县除外）	Ⅱ	3
	大连（庄河市）、鞍山（岫岩县）、抚顺（新宾县除外）、丹东（凤城市、宽甸县除外）、本溪市		3.5
	丹东市（凤城市、宽甸县）		4

续 表

省、自治区、直辖市	地区、市、自治州、盟（县）	雨量区	雨季期/月数
吉 林	辽源、四平（双辽市）、白城、松原市	Ⅰ	2
	吉林、长春、四平（双辽市除外）、白山市，延边自治州	Ⅱ	2
	通化市		3
黑龙江	哈尔滨（市区、呼兰区、五常市、阿城市、双城市）、佳木斯（抚远县）、双鸭山（市区、集贤县除外）、齐齐哈尔（拜泉县、克东县除外）、黑河（五大连池市、嫩江县）、绥化（北林区、海伦市、望奎县、绥棱县、庆安县除外）、牡丹江、大庆、鸡西、七台河市，大兴安岭地区（呼玛县除外）	Ⅰ	2
	哈尔滨（市区、呼兰区、五常市、阿城市、双城市除外）、佳木斯（抚远县除外）、双鸭山（市区、集贤县除外）、齐齐哈尔（拜泉县、克东县）、黑河（五大连池市、嫩江县除外）、绥化（北林区、海伦市、望奎县、绥棱县、庆安县）、鹤岗、伊春市，大兴安岭地区（呼玛县）	Ⅱ	2
上 海	全境	Ⅱ	4
江 苏	徐州、连云港市	Ⅱ	2
	盐城市		3
	南京、镇江、淮安、南通、宿迁、扬州、常州、泰州市		4
	无锡、苏州市		4.5
浙 江	舟山市	Ⅱ	4
	嘉兴、湖州市		4.5
	宁波、绍兴市		6
	杭州、金华、温州、衢州、台州、丽水市		7
安 徽	亳州、淮北、宿州、蚌埠、淮南、六安、合肥市	Ⅱ	1
	阜阳市		2
	滁州、巢湖、马鞍山、芜湖、铜陵、宣城市		3
	池州市		4
	安庆、黄山市		5
福 建	泉州市（惠安县崇武）	Ⅰ	4
	福州（平潭县）、泉州（晋江市）、厦门（同安区除外）、漳州市（东山县）	Ⅱ	5
	三明（永安市）、福州（市区、长乐市）、莆田市（仙游县除外）		6

续 表

省、自治区、直辖市	地区、市、自治州、盟（县）	雨量区	雨季期/月数
福建	南平（顺昌县除外）、宁德（福鼎市、霞浦县除外）、三明（永安市、尤溪县、大田县除外）、福州（市区、长乐市、平潭县除外）、龙岩（长汀县、连城县）、泉州（晋江市、惠安县崇武、德化县除外）、莆田（仙游县）、厦门（同安区）、漳州市（东山县除外）	Ⅱ	7
	南平（顺昌县）、宁德（福鼎市、霞浦县除外）、三明（尤溪县、大田县）、龙岩（长汀县、连城县除外）、泉州市（德化县）		8
江西	南昌、九江、吉安市	Ⅱ	6
	萍乡、景德镇、新余、鹰潭、上饶、抚州、宜春、赣州市		7
山东	济南、潍坊、聊城市	Ⅰ	3
	淄博、东营、烟台、济宁、威海、德州、滨州市		4
	枣庄、泰安、莱芜、临沂、菏泽市		5
	青岛市	Ⅱ	3
	日照市		4
河南	郑州、许昌、洛阳、济源、新乡、焦作、三门峡、开封、濮阳、鹤壁市	Ⅰ	2
	周口、驻马店、漯河、平顶山、安阳、商丘市		3
	南阳市		4
	信阳市	Ⅱ	2
湖北	十堰、襄樊、随州市，神农架林区	Ⅰ	3
	宜昌（秭归县、远安县、兴山县）、荆门市（钟祥市、京山县）	Ⅱ	2
	武汉、黄石、荆州、孝感、黄岗、咸宁、荆门（钟祥市、京山县除外）、天门、潜江、仙桃、鄂州、宜昌市（秭归县、远安县、兴山县除外），恩施自治州		6
湖南	全境	Ⅱ	6
广东	茂名、中山、汕头、潮州市	Ⅰ	5
	广州、江门、肇庆、顺德、湛江、东莞市		6
	珠海市	Ⅱ	5
	深圳、阳江、汕尾、佛山、河源、梅州、揭阳、惠州、云浮、韶关市		6
	清远市		7
广西	百色、河池、南宁、崇左市	Ⅱ	5
	桂林、玉林、梧州、北海、贵港、钦州、防城港、贺州、柳州、来宾市		6

续 表

省、自治区、直辖市	地区、市、自治州、盟（县）	雨量区	雨季期/月数
海　南	全境	Ⅱ	6
重　庆	全境	Ⅱ	4
四　川	甘孜自治州（巴塘县）	Ⅰ	1
	阿坝（若尔盖县）、甘孜自治州（石渠县）		2
	乐山（峨边县）、雅安市（汉源市），甘孜自治州（甘孜县、色达县）		3
	雅安（石棉县）、绵阳（平武县）、泸州（古蔺县）、遂宁市，阿坝（若尔盖县、汶川县除外）、甘孜自治州（巴塘县、石渠县、甘孜县、色达县、九龙县、得荣县除外）		4
	南充（高坪区）、资阳市（安岳县）		5
	宜宾市（高县）、凉山自治州（雷波县）	Ⅱ	3
	成都、乐山（峨边县、马边县除外）、德阳、南充（南部县）、绵阳（平武县除外）、资阳（安岳县除外）、广元、自贡、攀枝花、眉山市，凉山（雷波县除外）、甘孜自治州（九龙县）		4
	乐山（马边县）、南充（高坪区、南部县除外）、雅安（汉源县、石棉县除外）、广安（邻水县除外）、巴中、宜宾（高县除外）、泸州（古蔺县除外）、内江市		5
	广安（邻水县）、达州市		6
贵　州	贵阳、遵义市，毕节地区	Ⅱ	4
	安顺市、铜仁地区、黔东南自治州		5
	黔西南自治州		6
	黔南自治州		7
云　南	昆明（市区、嵩明县除外）、玉溪、曲靖（富源县、师宗县、罗平县除外）、丽江（宁蒗县、永胜县）、思茅（墨江县）、昭通市，怒江（兰坪县、泸水县六库镇）、大理（大理市、漾濞县除外）、红河（个旧市、开远市、蒙自县、红河县、石屏县、建水县、弥勒镇、泸西县）、迪庆、楚雄自治州	Ⅰ	5
	保山（腾冲县、龙陵县除外）、临沧市（凤庆县、云县、永德县、镇康县）、怒江（福贡县、泸水县）、红河自治州（元阳县）		6
	昆明（市区、嵩明县）、曲靖（富源县、师宗县、罗平县）、丽江（古城区、华坪县）、思茅市（翠云区、景东县、镇沅县、普洱县、景谷县），大理（大理市、漾濞县）、文山自治州	Ⅱ	5
	保山（腾冲县、龙陵县）、临沧（临祥区、双江县、耿马县、沧源县）、思茅市（西盟县、澜沧县、孟连县、江城县），怒江（贡山县）、德宏、红河（绿春县、金平县、屏边县、河口县）、西双版纳自治州		6

续 表

省、自治区、直辖市	地区、市、自治州、盟（县）	雨量区	雨季期/月数
西 藏	那曲（索县除外）、山南（加查县除外）、日喀则（定日县）、阿里地区	I	1
	拉萨市、那曲（索县）、昌都（类乌齐县、丁青县、芒康县除外）、日喀则（拉孜县）、林芝地区（察隅县）		2
	昌都（类乌齐县）、林芝地区（米林县）		3
	昌都（丁青县）、林芝地区（米林县、波密县、察隅县除外）		4
	林芝地区（波密县）		5
	山南（加查县）、日喀则地区（定日县、拉孜县除外）	II	1
	昌都地区（芒康县）		2
陕 西	榆林、延安市	I	1.5
	铜川、西安、宝鸡、咸阳、渭南市，杨凌区		2
	商洛、安康、汉中市		3
甘 肃	天水（甘谷县、武山县）、陇南市（武都区、文县、礼县），临夏（康乐县、广河县、永靖县）、甘南自治州（夏河县）	I	1
	天水（北道区、秦城区）、定西（渭源县）、庆阳（西峰区）、陇南市（西和县），临夏（临夏市）、甘南自治州（临潭县、卓尼县）		1.5
	天水（秦安县）、定西（临洮县、岷县）、平凉（崆峒区）、庆阳（华池县、宁县、环县）、陇南市（宕昌县），临夏（临夏县、东乡县、积石山县）、甘南自治州（合作市）		2
	天水（张家川县）、平凉（静宁县、庄浪县）、庆阳（镇原县）、陇南市（两当县），临夏（和政县）、甘南自治州（玛曲县）		2.5
	天水（清水县）、平凉（泾川县、灵台县、华亭县、崇信县）、庆阳（西峰区、合水县、正宁县）、陇南市（徽县、成县、康县），甘南自治州（碌曲县、迭部县）		3
青 海	西宁市（湟源县）、海东地区（平安县、乐都县、民和县、化隆县）、海北（海晏县、祁连县、刚察县、托勒）、海南（同德县、贵南县）、黄南（泽库县、同仁县）、海西自治州（天峻县）	I	1
	西宁市（湟源县除外）、海东地区（互助县）、海北（门源县）、果洛（达日县、久治县、班玛县）、玉树自治州（称多县、杂多县、囊谦县、玉树县）、河南自治县		1.5
宁 夏	固原地区（隆德县、泾源县）	I	2
新 疆	乌鲁木齐市（小渠子乡、牧业气象试验站、大西沟乡），昌吉地区（阜康市天池），克孜勒苏（吐尔尕特、托云、巴音库鲁提）、伊犁自治州（昭苏县、霍城县二台、松树头）	I	1

注：① 表中未列的地区除西藏林芝地区墨脱县因无资料未划分外，其余地区均因降雨天数或平均日降雨量未达到计算雨季施工增加费的标准，故未划分雨量区及雨季期。
② 行政区划依据资料及自治州、市的名称列法同冬季施工气温区划分表说明，我国香港特别行政区、澳门特别行政区及台湾地区资料暂缺。

附录三　全国风沙地区公路施工区划表

区划	沙漠（地）名称	地理位置	自然特征
风沙一区	呼伦贝尔沙地、嫩江沙地	呼伦贝尔沙地位于内蒙古呼伦贝尔草原，嫩江沙地位于东北平原西北部嫩江下游	属半干旱、半湿润严寒区，年降水量280~400 mm，年蒸发量1 400~1 900 mm，干燥度1.2~1.5
	科尔沁沙地	散布于东北平原西辽河中、下游主干及支流沿河岸的冲积平原上	属半湿润温冷区，年降水量300~450 mm，年蒸发量1 700~2 400 mm，干燥度1.2~2.0
	浑善达克沙地	位于内蒙古锡林郭勒蒙南部和昭乌达盟西北部	属半湿润温冷区，年降水量100~400 mm，年蒸发量2 200~2 700 mm，干燥度1.2~2.0，年平均风速3.5~5 m/s，年大风日数50~80 d
	毛乌素沙地	位于内蒙古鄂尔多斯中南部和陕西北部	属半干旱暖热区，年降水量东部400~440 mm，西部仅250~320 mm，年蒸发量2 100~2 600 mm，干燥度1.6~2.0
	库布齐沙漠	位于内蒙古鄂尔多斯北部，黄河河套平原以南	属半干旱温热区，年降水量150~400 mm，年蒸发量2 100~2 700 mm，干燥度2.0~4.0，年平均风速3~4 m/s
风沙二区	乌兰布和沙漠	位于内蒙古阿拉善东北部，黄河河套平原西南部	属干旱温热区，年降水量100~145 mm，年蒸发量2 400~2 900 mm，干燥度8.0~16.0，地下水相当丰富，埋深一般为1.5~3 m
	腾格里沙漠	位于内蒙古阿拉善东南部及甘肃武威部分地区	属干旱温热区，沙丘、湖盆、山地、残丘及平原交错分布，年降水量116~148 mm，年蒸发量3 000~3 600 mm，干燥度4.0~12.0
	巴丹吉林沙漠	位于内蒙古阿拉善西南边缘及甘肃酒泉部分地区	属干旱温冷区，沙山高大密集，形态复杂，起伏悬殊，一般高200~300 mm，最高可达420 m，年降水量40~80 mm，年蒸发量1 720~3 320 mm，干燥度7.0~16.0
	柴达木沙漠	位于青海柴达木盆地	属极干旱寒冷区，风蚀地、沙丘、戈壁、盐湖和盐土平原交错分布，盆地东部年均气温2~4 ℃，西部为1.5~2.5 ℃，年降水量东部为50~170 mm，西部为10~25 mm，年蒸发量2 500~3 000 mm，干燥度16.0~32.0
	吉尔班通古特沙漠	位于新疆北部准噶尔盆地	属干温冷区，其中固定、半固定沙丘面积占沙漠面积的97%，年降水量70~150 mm，年蒸发量1 700~2 200 mm，干燥度2.0~10.0
风沙三区	塔克拉玛干沙漠	位于新疆南部塔里木盆地	属极干旱炎热区，年降水量20 mm左右，南部30 mm左右，西部40 mm左右，北部50 mm以上，年蒸发量在1 500~3 700 mm，中部达最高限，干燥度>32.0
	库姆达格沙漠	位于新疆东部、甘肃西部，罗布泊低地南部和阿尔金山北部	属极干旱炎热区，全部为流动沙丘，风蚀严重，年降水量10~20 mm，年蒸发量2 800~3 000 mm，干燥度>32.0，8级以上大风天数在100 d以上

附录四 设备与材料的划分标准

工程建设设备与材料的划分，直接关系到投资构成的合理划分、概（预）算的编制以及施工产值的计算等方面，为合理确定工程造价，加强对建设过程投资管理，统一概（预）算编制口径，现对交通工程中设备与材料的划分提出以下划分原则和规定。本规定如与国家主管部门新颁布的规定相抵触时，按国家规定执行。

一、设备与材料的划分原则

1. 设 备

凡是经过加工制造，有多种材料和部件按各自用途组成生产加工、动力、传送、储存、运输、科研等功能的机器、容器和其他机械、成套装置等均为设备。

设备分为标准设备和非标准设备。

（1）标准设备（包括通用设备和专用设备）：按国家规定的产品标准批量生产的已进入设备系列的设备。

（2）非标准设备：国家未定型、非批量生产的，由设计单位提供制造图纸，委托承制单位或施工企业在工厂或施工现场制作的设备。

设备一般包括以下各项：

（1）各种设备的本体及随设备到货的配件、备件和附属于设备本体制成型的梯子、平台、栏杆及管道等。

（2）各种计量器、仪表及自动化控制装置、实验的仪器及属于设备本体部分的仪器表等。

（3）附属于设备本体的油类、化学药品等设备的组成部分。

（4）用于生产或生活或附属于建筑物的水泵、锅炉与水处理设备及电气、通风设备等。

2. 材 料

为完成建筑、安装工程所需的原料和经过工业加工在工艺生产过程中不起单元工艺生产用的设备本体以外的零配件、附件、成品、半成品等均为材料。

材料一般包括：

（1）设备本体以外的不属于设备配套供货，需由施工企业进行加工制作或委托加工的平台、梯子、栏杆及其他金属构件等，以及以成品、半成品形式供货的管道、管件、阀门、法兰等。

（2）设备本体以外的各种行车轨道、滑触线、电梯的滑轨等。

二、设备与材料的划分界限

1. 设 备

（1）通信系统。市内、长途电话交换机，程控电话交换机，微波、载波通信设备，电报和传真设备，中、短波通信设备及中短波电视天馈线装置，移动通信设备、卫星地球站设备，通信电源设备，光纤通信数字设备，有线广播设备等各种生产及配套设备和随机附件等。

（2）监控和收费系统。自动化控制装置、计算机及其终端、工业电视、监测控制装置、各种探测器、除尘设备、分析仪器、显示仪器、基地式仪器、单元组合仪器、变送器、传送器及调节阀、盘上安装器及压力、温度、流量、差压、物位仪表，成套供应的盘、箱、柜、屏（包括箱和已经安装就位的仪表、元件等）及随主机配套供应的仪表等。

（3）电气系统。各种电力变压器、互感器、调压器、感应移相器、电抗器、高压断路器、高压熔断器、稳压器、电源调整器、高压隔离开关、装置式空气开关、电力电容器、蓄电池、磁力启动器、交直流报警器、成套箱式变压电站、共箱母线、封密式母线槽，成套供应的箱、盘、柜、屏及其随设备带来的母线和支持瓷瓶等。

（4）通风及管道系统。空气加热器、冷却器、各种空调机、风尘管、过滤器、制冷机组、空调机组、空调器、各类风机、除尘设备、风机盘管、净化工作台、风淋室、冷却塔及公称直径 300 mm 以上的人工阀门和电动阀门等。

（5）房屋建筑。电梯、成套或散装到货的锅炉及其附属设备、汽轮发电机及其附属设备、电动机、污水处理装置、电子秤、地中衡、开水炉、冷藏箱，热力系统的除氧器水箱和疏水箱，工业水系统的工业水箱，油冷却系统的油箱，酸碱系统的酸碱储存槽，循环水系统的旋转滤网、启闭装置的启闭机等。

（6）消防及安全系统。隔膜式气压水罐（气压罐）、泡沫发生器、比例混合器、报警控制器、报警信号前端传输设备、无线报警发送设备、报警信号接收机、可视对讲主机、联动控制器、报警联动一体机、重复显示器、远程控制器、消防广播控制柜、广播功放、录音机、广播分配器、消防通信电话交换机、消防报警备用电源、X 射线安全检查设备、金属武器探测门、摄像设备、监视器、镜头、云台、控制台、监视器柜、支台控制器、视频切换器、全电脑视频切换设备及音频、视频、脉冲分配器、视频补偿器、视频传输设备、汉字发生设备、录像、录音设备，电源、CRT 显示终端、模拟盘等。

（7）炉窑砌筑。装置在炉窑中的成品炉管、电机、鼓风机和炉窑传动、提升装置，属于炉窑本体的金属铸体、锻件、加工件及测温装置、仪器仪表，消烟、回收、除尘装置，随炉供应已安装就位的金具、耐火衬里、炉体金属预埋件等。

（8）各种机动车辆。

（9）各种工艺设备在试车时必须填充的一次性填充物材料（如各种瓷环、钢环、塑料环、钢球等），各种化学药品（如树脂、珠光砂、触煤、干燥剂、催化剂等）及变压器油等，不论是随设备带来的，还是单独订货购置的，均视为设备的组成部分。

2. 材 料

（1）各种管道、管件、配件、公称直径 300 mm 以内的人工阀门、水表、防腐保温及绝缘材料、油漆、支架、消火栓、空气泡沫枪、泡沫炮、灭火器、灭火机、灭火剂、泡沫液、水泵接合器、可曲橡胶接头、消防喷头、卫生器具、钢制排水漏斗、水箱、分气缸、疏水器、减压器、压力表、温度计、调压板、散热器、供暖器具、凝结水箱、膨胀水箱、冷热水混合器、除污器、分水缸（器）、各种风管及其附件和各种调节阀、风口、风帽、罩类、消声器及其部（构）件、散流器、保护壳、风机减震台座、减震器、凝结水收集器、单双人焊接装置、煤气灶、煤气表、烘箱灶、火管式沸水器、水型热水器、开关、引火棒、防雨帽、放散管拉紧装置等。

（2）各种电线、母线、绞线、电缆、电缆终端头、电缆中间头、吊车滑触线、接地母线、接地极、避雷线、避雷装置（包括各种避雷器、避雷针等）、高低压绝缘子、线夹、穿墙套管、灯具、开关、灯头盒、接线盒、插座、闸盒保险器、电杆、横担、铁塔、各种支架、仪表插座、桥架、梯架、立柱、托臂、人孔手孔、挂墙照明配电箱、局部照明变压器、按钮、行程开关、刀闸开关、组合开关、转换开关、铁壳开关、电扇、电铃、电表、蜂鸣器、电笛、信号灯、低音扬长器、电话单机、熔断器等。

（3）循环水系统的钢板闸门及拦污栅、启闭构架等。

（4）现场制作与安装的炉管及其他所需的材料或填料，现场砌筑用的耐火、耐酸、保温、防腐材料及捣打料，绝热纤维、天然白泡石、玄武岩、金具、炉门及窥视孔、预埋件等。

（5）所有随管线（路）同时组合安装的一次性仪表、配件、部件及元件（包括就地安装的温度计、压力表）等。

（6）制造厂以散件或分段分片供货的塔、器、罐等，在现场拼接、组装、焊接、安装内件或改制时所消耗的物料。

（7）各种金属材料、金属制品、焊接材料、非金属材料、化工辅助材料、其他材料等。

三、其 他

（1）对于一些在制造厂未整体制造完成的设备，或分片压制成型，或分段散装供货的设备，需要建筑安装工人在施工现场加工、拼装、焊接的，按上述划分原则和其投资构成应属于设备购置费。为合理反映建筑安装工人付出的劳动和创造的价值，可按其在现场加工组装焊接的工作量，将其分片或组装件按其设备价值的一部分以加工费的形式计入安装工程费内。

（2）供应原材料，在施工现场制作安装或施工企业附属生产单位为本单元承包工程制作并安装的非标准设备，除配套的电机、减速机外，其加工制作消耗的工、料（包括主材）、机等均应计入安装工程费内。

（3）凡是制造厂未制造完成的设备，已分片压制成型、散装或分段供货，需要建筑安装工人在施工现场拼装、组装、焊接及安装内件的，其制作、安装所需的物料为材料、内件、塔盘为设备。

参 考 文 献

[1] 交通公路工程定额站. 公路工程基本建设项目概算预算编制办法（JTG B06—2007）. 北京：人民交通出版社，2007.

[2] 交通公路工程定额站. 公路工程预算定额（JTG/T B06-02—2007）. 北京：人民交通出版社，2007.

[3] 交通公路工程定额站. 公路工程机械台班费用定额（JTG/T B06-03—2007）. 北京：人民交通出版社，2007.

[4] 赵晞伟. 公路工程定额应用释义. 北京：人民交通出版社，2007.

[5] 张英楠. 公路造价员一本通. 北京：中国建材工业出版社，2009.

[6] 雷书华. 公路工程预算与工程量清单计价. 北京：人民交通出版社，2008.

[7] 宁金成. 公路工程案例分析. 北京：人民交通出版社，2007.

[8] 丁永灿. 公路工程造价. 北京：人民交通出版社，2007.

[9] 中华人民共和国交通部公路司. 公路工程国内招标文件范本. 北京：人民交通出版社，2003.

[10] 袁方. 桥梁工程估算及概预算编制实例. 北京：人民交通出版社，2000.

[11] 柯洪. 工程造价计价与控制. 北京：中国计划出版社，2006.

[12] 周直，崔新媛. 公路工程造价原理与编制. 北京：人民交通出版社，2003.

[13] 张起森. 公路施工组织与概预算. 北京：人民交通出版社，1999.

[14] 杨子敏. 公路工程造价指南. 北京：人民交通出版社，1998.

[15] 邢凤歧. 公路工程投资估算与概、预算编制示例. 北京：人民交通出版社，1998.

[16] 陈进杰，许俊章，杨青军. 工程概预算与成本控制. 石家庄：新世纪出版社，1998.